AF608211

Le Premier Concile Plénier de Québec

ET

Le Code de Droit Canonique

THE CATHOLIC UNIVERSITY OF AMERICA
CANON LAW STUDY
No. 152

Le Premier Concile Plénier de Québec

ET

Le Code de Droit Canonique

PAR

L'ABBÉ BRUNO DESROCHERS
B.A., L.PH., B.TH., L.D.C.
prêtre de l'Archidiocèse de Québec

DISSERTATION

Soumise à la Faculté de Droit Canonique de
The Catholic University of America
en satisfaction partielle aux exigences du

DOCTORAT EN DROIT CANONIQUE

THE CATHOLIC UNIVERSITY OF AMERICA PRESS
WASHINGTON, D.C.
1942

NIHIL OBSTAT :

LUDOVICUS MOTRY, S.T.D., J.C.D.,
Censor deputatus ad hoc.

IMPRIMATUR :

† J. M. RODERICUS CARDINALIS VILLENEUVE, O.M.I.,
Archiepiscopus Quebecensis.

Quebeci, die 3*a* Augusti 1942.

Imprimé au Canada,
à L'ACTION SOCIALE, LIMITÉE, Québec.

À Son Éminence le Cardinal

JEAN-MARIE-RODRIGUE VILLENEUVE, O.M.I.

Archevêque de Québec

en hommage

de profonde reconnaissance

et de filiale dévotion

TABLE ANALYTIQUE

Avant-Propos XIII

Introduction 1

§1. Notes historiques 1

I. *Sur les collections particulières antérieures au Concile* .. 1

II. *Sur la tenue du Concile* 5

§2. Notes canoniques 8

PREMIÈRE PARTIE

De la doctrine

Chapitre premier: Des doctrines de foi 15

Chapitre deuxième: Des erreurs principales à éviter 17

DEUXIÈME PARTIE

Des personnes

(*Première section: Du Clergé séculier.*)

Chapitre troisième: Des Clercs en particulier 21

§ 1. Des Évêques 21
§ 2. Des Métropolitains 28
§ 3. Du Vicaire Capitulaire et de l'Administrateur 28
§ 4. Du Vicaire Général 29
§ 5. Des Chanoines et des Consulteurs 30
§ 6. Des Curés et Recteurs de missions 33
§ 7. Des Vicaires des curés 36
§ 8. Des Prêtres malades 37
§ 9. Des Prêtres étrangers de passage 38
§10. Des Prêtres tombés 39
§11. Du Concile provincial et du Synode diocésain 40
§12. De l'incardination et de l'excardination des prêtres 41

Chapitre quatrième: De la formation des Clercs 44
§ 1. Du discernement des vocations 44
§ 2. Des Petits Séminaires 44
§ 3. Des Grands Séminaires 47
§ 4. De l'étude de l'Écriture Sainte 52
§ 5. Du soutien des séminaires 53
§ 6. Des examens des jeunes prêtres 54
§ 7. Des conférences théologiques 55
§ 8. Du Collège Canadien à Rome 57

Chapitre cinquième: Des offices ecclésiastiques 58
§ 1. De la perfection spirituelle des clercs 58
§ 2. Des choses défendues aux clercs 63
§ 3. Du devoir des clercs au sujet des élections politiques . . 65

(Deuxième section: Des Religieux)

Chapitre sixième: Des Religieux 69
§ 1. Des Réguliers 69
§ 2. Des Instituts à vœux simples 70
§ 3. Des relations entre le clergé régulier et le clergé séculier 70
§ 4. Des Religieuses 73

(Troisième section: Du Peuple chrétien)

Chapitre septième: De l'éducation catholique de la jeunesse 77
§ 1. De l'éducation en général 77
§ 2. Des écoles acatholiques et neutres 77
§ 3. De l'éducation domestique des enfants 78
§ 4. Des écoles primaires 78
§ 5. Des écoles secondaires 81
§ 6. De l'étude de la philosophie 82
§ 7. Des universités catholiques 82

Chapitre huitième: De l'instruction chrétienne du peuple 85
§ 1. Du catéchisme 85
§ 2. De la sollicitude envers les enfants 86
§ 3. De la prédication 87

§ 4. Des retraites paroissiales 88
§ 5. Des missions pour les acatholiques 90
§ 6. De l'attention aux étrangers 90
§ 7. De l'attention aux travailleurs dans les bois 91
§ 8. Des bons livres 91
§ 9. Des mauvais livres et des bibliothèques publiques 92
§10. Des journaux quotidiens et périodiques 92
§11. Des sociétés à fuir 93

Chapitre neuvième: De la piété à promouvoir chez le peuple 96
§ 1. Des moyens de promouvoir la piété 96
§ 2. De la lecture des Saintes Écritures en langue vulgaire 98
§ 3. Des livres et feuillets de prières 99
§ 4. De la lutte contre les vices 99
§ 5. De l'intempérance et de ses remèdes 100
§ 6. Des relations avec les acatholiques 101

Chapitre dixième: Des divers offices des laics 102

TROISIÈME PARTIE

Des choses

Chapitre onzième: Des sacrements 105
§ 1. Des sacrements en général 105
§ 2. Du Baptême 105
§ 3. De la Confirmation 108
§ 4. De l'Eucharistie 109
§ 5. De la Pénitence 110
§ 6. De l'Extrême-Onction 112
§ 7. De l'Ordre 113
§ 8. Du Mariage 114
§ 9. Des empêchements de mariage 115
§10. De la solennité des fiançailles et du mariage 116
§11. Des mariages mixtes 118
§12. Des catholiques tentant mariage devant un ministre acatholique 120
§13. Du divorce 124

Chapitre douzième: Du culte 125
§ 1. Du culte à rendre à Dieu et aux saints 125
§ 2. De l'observance du dimanche et des fêtes 125
§ 3. De la messe 126
§ 4. Des rites sacrés à observer 127
§ 5. Du culte du Saint-Sacrement 129
§ 6. Du culte du Sacré-Cœur 130
§ 7. Du culte du Saint-Esprit 130
§ 8. Du culte de la Sainte-Famille 130
§ 9. Du culte de la Sainte-Vierge 130
§10. Du culte des autres saints 131
§11. Du culte des reliques et des images 131
§12. Des funérailles 132

Chapitre treizième: Des lieux sacrés 133
§ 1. Des édifices sacrés 133
§ 2. Du soin des églises 134
§ 3. Des cimetières 134
§ 4. De la sépulture ecclésiastique et de la crémation 135

Chapitre quatorzième: Des oeuvres pies 137

Chapitre quinzième: Des biens ecclésiastiques 138
§ 1. Du droit de l'Église 138
§ 2. Des moyens de pourvoir au culte divin 138
§ 3. Des modes défendus de recueillir de l'argent pour des causes pies 140
§ 4. De l'administration des biens ecclésiastiques 143
§ 5. De l'aliénation des biens ecclésiastiques 144

QUATRIÈME PARTIE

Des jugements

Chapitre seizième: Des jugements ecclésiastiques 147

Conclusion 149
Bibliographie 157
Notes biographiques 167
Table de correspondance des canons aux décrets 169
Table alphabétique 175
Canon Law Studies 179

AVANT-PROPOS

Moins de dix ans après la tenue du Premier Concile Plénier de Québec (1909) *paraissait le Code de Droit Canonique, répondant au vœu que dès le 8 février* 1870 [1], *à la suite de plusieurs Évêques européens, les Évêques canadiens* [2] *exprimaient au Saint-Siège, et qu'on attendait impatiemment depuis lors.*

La parution du nouveau Code attira justement l'attention de tous les ecclésiastiques: on y consacra pratiquement toutes les études juridiques, et partant, dans les Séminaires canadiens le Concile Plénier perdit du coup son actualité [3].

Même la génération des prêtres qui ont étudié avant le Code a peu à peu délaissé le Concile dans la suite, parce que trop souvent on ne savait pas au juste si et jusqu'à quel point ces décrets obligeaient encore, aucune étude particulière n'ayant jusqu'ici déterminé systématiquement ce que le Code a sanctionné, laissé subsister, ou abrogé de ces lois conciliaires. Sans doute, les canonistes ont eu souvent à donner des réponses isolées, pour des cas particuliers; mais la plupart du temps les prêtres s'en sont tenus, avec peu d'assurance toutefois, à leurs conclusions personnelles, ou bien, ne croyant plus trouver dans les décrets du Concile une discipline assez sûre, ils en ont négligé l'étude et bientôt aussi la pratique.

Si la présente étude remédiait pour une part à cette lacune, en redonnant au Concile la place que lui laisse le Code, son but serait atteint. En particulier, cette étude pourra peut-être rendre service aux membres des Commissions présynodales, qui se trouvent quelquefois mal à l'aise en face du

---

[1] Cimetier, *Les Sources du Droit ecclésiastique*, Bibliothèque des sciences religieuses ([Paris:] Bloud & Gay [1930]), p. 154.

[2] P. Gasparri, « Praefatio »—*Codex Iuris Canonici, Pii X Pontificis Maximi iussu digestus, Benedicti Papae XV auctoritate promulgatus, praefatione, fontium annotatione et indice analytico-alphabetico auctus* (Typis polyglottis Vaticanis, MCMXXX), p. XXXIII-XXXIV. La supplique y est rapportée comme venant des Archevêques et Evêques des provinces ecclésiastiques de Québec et de Halifax, mais le Canada ne comprenait alors que ces deux provinces ecclésiastiques.

[3] Ce fut d'ailleurs le sort des Conciles de Baltimore, aux États-Unis. Voir Barrett, *The Councils of Baltimore and The Code*, A dissertation submitted to the Faculty of the School of Canon Law of the Catholic University of America in partial fulfilment of the requirements for the Degree of licentiate in Canon Law [Manuscript], Washington, 1926.

Concile Plénier dans la préparation des décrets synodaux, lesquels se trouveraient invalides si contraires aux décrets conciliaires encore en vigueur (*can.* 291, §2). *Or le Code a sauvegardé le plus souvent la discipline, même particulière, jusque là en vigueur* (*can.* 6), *d'où l'on peut conclure, en thèse générale, que le Concile Plénier a encore force de loi.*

Voilà la raison et le but pratique du présent travail.

Le plan de ce travail aurait pu être celui du Code, plus logique en soi, sur lequel on est habitué maintenant de greffer nos lois particulières, et suivant lequel il est plus facile d'éviter les répétitions; mais, malgré les désavantages qu'il présente, le plan normal et logique d'une étude du Concile semble bien le plan du Concile lui-même [4].

Pour rester strictement canonique, cette étude ne discutera ni les énoncés dogmatiques, ni les exhortations pastorales, ni les interprétations doctrinales qu'on trouve parmi les décrets disciplinaires du Concile: ceux-ci retiendront autant que possible toute l'attention.

* * *

A tous les professeurs de la Faculté de Droit Canonique de l'Université Catholique d'Amérique, *nous sommes heureux d'exprimer ici notre sincère reconnaissance; on nous permettra d'y joindre le souvenir cher des professeurs qui à* l'Angélique *nous ont initié à la science canonique.*

---

[4] Pour faciliter le rattachement des décrets conciliaires aux canons du Code, se trouve en appendice la table de correspondance des canons aux décrets. Quant à la correspondance des décrets aux canons, elle se trouve faite à l'étude de chacun des décrets.

Mais par conformité aux *Canon Law Studies*, les *titres* et les *chapitres* du Concile font respectivement les *chapitres* et les *paragraphes* de cette dissertation.

INTRODUCTION

Avant d'aborder l'étude systématique du Concile, il paraît utile de donner ici quelques notes historiques sur le droit ecclésiastique québecois antérieur au Code, et sur le Concile lui-même, puis un résumé des critères qui doivent nous guider dans l'étude canonique du Concile.

§1.—Notes historiques [1]

Monseigneur de Laval « a posé les fondements de la belle discipline ecclésiastique et paroissiale » [2] de Québec; « il est de notre devoir, disait-il, d'apporter tous nos soins à donner une forme et établissement solide à tout ce qui regarde cette église naissante » [3]. Et pendant deux siècles ses successeurs sur le siège de Québec mettront aussi tous leurs soins à garder et à préciser cette discipline dans l'immense diocèse canadien [4]; après la division du diocèse, les Évêques des Églises filiales, animés du même zèle, tiendront plusieurs conciles provinciaux pour que reste une et intacte cette belle discipline; puis le Concile Plénier réunira, toujours dans le même but, tout l'Épiscopat canadien, comprenant alors sept Archevêques.

I.—*Sur les collections particulières antérieures au Concile*

L'Église de Québec avait donc, et bien avant le Concile Plénier, sa législation particulière.

---

[1] Cette introduction historique est extraite de la thèse que nous avons présentée l'an dernier: *Le Premier Concile Plénier de Québec, Étude historique*, Dissertation soumise à la Faculté de Droit Canonique de *The Catholic University of America* en satisfaction partielle aux exigences de la Licence en Droit Canonique ([Manuscrit], Washington, D.C., 1941), et que nous avons l'intention de publier sous le titre: *Histoire du Droit ecclésiastique canadien*, après que seront faits les ajoutés nécessaires.

[2] Card. Taschereau, Lettre à M. l'Abbé Auguste Gosselin (8 décembre 1889), dans: Gosselin, *Vie de Mgr. de Laval, premier évêque de Québec et apôtre du Canada*, 1622-1708 (2 v., Québec, 1890), I, xi.

[3] *Mandements, Lettres pastorales et Circulaires des Évêques de Québec* [1659——] (Québec, 1887-—), I, 98.

[4] La première division n'a lieu qu'en 1852, alors que Halifax fut érigé en Archevêché.

Dès 1703, Monseigneur de Saint-Vallier, deuxième Évêque de Québec, publiait deux recueils de lois: son *Rituel du diocèse de Québec* [5], et ses *Statuts, Ordonnances et Lettres pastorales* [6]. Le premier contient: une liste des fêtes chômées, jeûnes et abstinences; un résumé de la doctrine et un exposé des cérémonies sur chacun des sacrements, avec des modèles de formules d'annonces, de registres, etc.; une partie sur les bénédictions diverses; puis des extraits du Pontifical Romain sur la visite pastorale, avec des avis pratiques aux curés et aux délégués de l'Évêque pour cette visite; enfin, un chapitre sur le revenu temporel des fabriques. Le second est un recueil des statuts synodaux déjà promulgués séance tenante, aux synodes qu'il présida [7], et des principales ordonnances qu'il avait déjà données.

Mais, pendant près d'un siècle et demi, aucun événement juridique vraiment important n'a lieu dans l'Église de Québec. La lutte se fait pour l'existence même de cette jeune Église dans un pays sans cesse aux prises avec la guerre, définitivement conquis en 1759 par l'Angleterre, et encore molesté par ses voisins d'Amérique jusqu'en 1815. La domination anglaise particulièrement jeta l'Église dans une terrible épreuve en lui enlevant pratiquement le droit de cité; le nouveau gouvernement s'opposait à la tenue des synodes, à la division du diocèse, et à tout ce qui aurait pu donner du prestige au catholicisme; les vocations sacerdotales sont rares et il ne peut pourtant plus être question d'avoir des missionnaires français [8].

Ferme devant l'hérésie autant que loyale au Gouvernement établi, l'Église regagna par là même et peu à peu sa liberté, de sorte qu'en 1844 Monseigneur Signay obtint l'érection de la Province ecclésiastique de Québec, qui ouvrit l'ère des conciles provinciaux.

---

[5] *Rituel du diocèse de Québec, publié par l'ordre de Monseigneur l'Évêque de Québec*, Paris: Simon Langlois, 1703. 673 p., 19.5 cm.

[6] *Statuts, Ordonnances et Lettres pastorales de Monseigneur de Saint-Vallier, Évêque de Québec, pour le règlement de son diocèse*, Paris: S. Langlois, 1703. 150 p., 22 cm.

Monseigneur de Saint-Vallier avait publié ce recueil en même temps que la première édition de son *Rituel du diocèse de Québec*, dont il avait fait comme une seconde partie, reliée avec la première.

[7] Ces synodes avaient eu lieu le premier à Québec le 9 novembre 1690, le second à Ville-Marie (Montréal) les 10 et 11 mars 1694, le troisième et le quatrième à Québec le 27 février 1698 et le 8 octobre 1700.

[8] Le clergé canadien ne comptait que 146 prêtres en 1790.

Dans l'entre-temps, les mandements [9] des Évêques furent leur seul moyen de légiférer. Des *Extraits du Rituel de Québec* furent publiés, en français et en anglais [10], mais sans faire de changements à la législation, sauf quelques précisions apportées particulièrement dans les notes sur les comptes de fabrique et les bancs d'église, dans l'édition que prépare Monseigneur Signay en 1849, et qu'il intitula: *Formules des annonces des fêtes et des solennités qui doivent être faites au prône des églises du diocèse de Québec* [11].

L'ère des conciles provinciaux, de 1850 au Concile Plénier, fut féconde en publications canoniques. Par ordre du premier Concile parurent, en 1853, le *Compendium Ritualis romani* [12] qui est extrait du Rituel romain, et l'*Appendice au Compendium du Rituel romain* [13], ouvrage bilingue contenant divers formulaires et renseignements utiles aux curés. Mais nous devons à Monseigneur Charles-François Baillargeon le premier recueil de lois systématique et assez complet publié à Québec, c'est le *Recueil d'Ordonnances synodales et épiscopales du diocèse de Québec* [14]. Ce Recueil est un « supplément aux deux

---

[9] Voir plus bas, p. 13.

[10] *Extraits du Rituel de Québec, contenant l'administration des sacrements de Baptême, de la Confirmation, de Pénitence, de l'Eucharistie, de l'Extrême-Onction et de Mariage; et aussi les bénédictions, et diverses formules d'actes. Publié par l'ordre de Monseigneur l'Évêque de Québec* [Joseph Signay], Québec: Cary et Cie, 1836. 324 p., 21 cm.

Extract from the Quebec Ritual, containing the administration of the sacrements, the benedictions, the order of the episcopal visitation of parishes and also the form of several acts to be drawn up by the curates, &c, which is to be annexed to the book intitled Formulas extracted from the Quebec Ritual for announcing feasts, solennities, &c, published at Quebec, by authority, in the year 1850, *Compiled by order of His Lordship The Bishop of Quebec* [Joseph Signay], Quebec: Cary and Co., 1836. 375 p., 20.5 cm.

[11] *Formules des annonces des fêtes et des solennités qui doivent être faites au prône des églises du diocèse de Québec, publiées par l'ordre et avec l'approbation de Monseigneur l'Archevêque de Québec* [Joseph Signay], Québec: Fréchette, 1849. 157 p., 22 cm.

[12] *Compendium Ritualis romani ad usum Diocesium Provinciae Quebecensis, jussu Concilii Provincialis Quebecensis I editum,* Quebeci: A. Côté, 1853. 330 p., 22 cm.

[13] *Appendice au Compendium du Rituel romain, à l'usage des diocèses de la province ecclésiastique de Québec, publié par l'ordre et avec l'approbation de NN. SS. l'Archevêque et les Évêques de la province de Québec. Seconde partie.* Québec: A. Côté, 1853. 364 p., 22 cm.

La mention *Seconde partie* se refère au *Compendium* avec lequel l'Appendice se trouvait souvent relié.

[14] *Recueil d'Ordonnances synodales et épiscopales du diocèse de Québec, publié par Monseigneur l'Administrateur du diocèse* [Charles-François Baillargeon], Québec: J.-T. Brousseau, 1859. IV-351 p., 24.5 cm.

premiers Conciles et à l'Appendice du Rituel romain » comme le dit l'auteur en *Avertissement;* c'est, pourrait-on dire, la première Discipline diocésaine, ouvrage de vulgarisation ordonné alphabétiquement, et qui n'a d'autorité que celle des documents auxquels elle se réfère. En 1879, Monseigneur Elzéar-Alexandre Taschereau, plus tard le Cardinal Taschereau, rééditera le *Recueil d'Ordonnances* en le complétant et lui donnant force de loi; ce sera la *Discipline du diocèse de Québec* [15].

Mentionnons enfin deux *Appendice au Rituel romain* [16], publiés en 1874 et 1890, qui sont plutôt des rééditions de l'*Appendice au Compendium du Rituel romain.*

Ce ne fut qu'en 1870 qu'on publia les décrets des quatre premiers conciles provinciaux de Québec; puis en 1875 ceux du cinquième concile, en 1882 ceux du sixième, et enfin, en 1888 ceux du septième. La collection reliée vient sous le titre général *Concilia Provinciae Quebecensis VII* [17].

---

[15] *Discipline du diocèse de Québec, par Monseigneur E. A. Taschereau, archevêque de Québec,* Québec: P.-G. Delisle, 1879. 252 p., 22.5 cm.

[16] *Appendice au Rituel romain, à l'usage de la province ecclésiastique de Québec, publié par l'ordre et avec l'approbation de NN. SS. l'Archevêque et les Évêques de la province ecclésiastique de Québec,* Québec: P.-G. Delisle, 1874. 396 p., 22 cm.

Appendice au Rituel romain, à l'usage des provinces ecclésiastiques de Québec, Montréal, Ottawa, publié par l'ordre et avec l'approbation de NN. SS. les Archevêques et Évêques de ces provinces. Québec: N.-S. Hardy, 1890. 406 p., 22 cm.

[17] La collection comprend en réalité quatre volumes:

Concilia Provinciae Quebecensis: I, II, III, IV, in Quebecensi civitate [annis 1851, 1854, 1865, 1868] *celebrata et a Sancta Sede revisa et recognita,* Quebeci: P.-G. Delisle, 1870. 320 p., 21.5 cm.

Acta et Decreta Quinti Concilii Provinciae Quebecensis, in Quebecensi civitate anno Domini MDCCCLXXIII celebrati, a Sancta Sede revisa et recognita, Quebeci: P.-G. Delisle, 1875. 127 p., 21.5 cm.

Acta et Decreta Sexti Concilii Provinciae Quebecensis, in Quebecensi Civitate anno Domini MDCCCLXXVIII celebrati, a Sancta Sede revisa et recognita, Quebeci: P.-G. Delisle, 1882. 84 p., 21.5 cm.

Acta et Decreta Septimi Concilii Provinciae Quebecensis in Quebecensi Civitate anno Domini MDCCCXXXVI celebrati, a Sancta Sede revisa et recognita, Quebeci: Côté et Soc., 1888. 92 p., 21.5 cm.

Le concile provincial de Montréal, tenu en 1895 et publié en 1901 [18], doit aussi être mentionné ici, parce que les théologiens du Concile Plénier s'en souvent inspirés.

Enfin, une autre collection antérieure au Concile Plénier et très importante: les *Mandements*, *Lettres pastorales et Circulaires des Évêques de Québec*. Ces documents ont été recueillis et édités en 1887 par Monseigneur Henri Têtu et l'abbé Charles-Octave Gagnon, et sont publiés depuis par la Chancellerie de l'Archevêché de Québec [19].

II.—*Sur la tenue du Concile* [20]

La question d'un Concile Plénier canadien s'était posée dès 1876, le Canada comptant à cette époque quatre provinces ecclésiastiques [21], mais ce n'est qu'en 1904 qu'on en décida la tenue et que commencèrent les travaux préparatoires.

---

[18] *Acta et Decreta Concilii provincialis Marianopolitani primi A.D. MDCCCXCV, praeside Illmo et Rmo* [*Eduardo Carolo Fabre Archiepiscopo Marianopolitano.* Marianopoli: Arbour & Laperle, 1901. 339-223-XLIV p., 24.5 cm.

[19] *Mandements, Lettres pastorales et Circulaires des Évêques de Québec* [1659-—], Québec: Côté et Cie — Chancellerie de l'Archevêché, 1887-—. (15 v. parus.)

[20] Les *Archives de l'Archevêché de Québec* sont bien la principale source de l'histoire du Concile.

Comme bibliographie, les publications suivantes sont à consulter, outre les *Acta et Decreta Concilii Plenarii Quebecensis Primi, anno Domini MCMIX*, Quebeci: Typis « L'Action Sociale Limitée », 1912.

Acta et Decreta Concilii Plenarii Quebecensis Primi [Pro manuscripto], Quebeci [Laflamme et Proulx], 1909.

Cérémonial du Premier Concile Plénier du Canada, ouvert solennellement à Québec le 19 *septembre* 1909, Québec: L'Action Sociale, 1909.

Concilium Plenarium Quebecense Primum, Congregationum synodalium relationes, Quebeci [Laflamme et Proulx], 1909.

Concilium Plenarium Quebecense Primum, Relatio amplior Congregationum particularium Patrum Concilii, Quebeci [Laflamme et Proulx], 1909.

Manuale practicum Concilii Plenarii Canadensis Primi, Quebeci: L'Événement, 1909.

Schemata Decretorum Conc. Plen. Quebec. I, Theologorum examini proposita [Pro Manuscripto, Quebeci: Laflamme et Proulx, 1909].

[Lindsay, Abbé Lionel], *Le premier Concile Plénier de Québec* (10 *septembre* — 1er *novembre* 1909), *Travaux préparatoires — Séances solennelles — Fêtes religieuses et civiques — Allocutions*, Québec, 1910.

[21] Québec; puis Halifax, érigée en 1852; Toronto en 1870; et Saint-Boniface en 1871.

Au début de 1904, chaque Archevêque [22] nommait deux délégués représentant leur province ecclésiastique, qui devaient former la première Commission préparatoire du Concile.

Le 2 mars de la même année se tenait à Ottawa la première session de cette commission. Monseigneur Donat Sbaretti, plus tard le Cardinal Sbaretti, Délégué Apostolique au Canada, y fit le discours d'ouverture; puis Monseigneur C.-A. Marois, délégué de Québec, fut élu président de la Commission. On y étudia le plan général du Concile, sur un projet déjà préparé par Monseigneur Marois. Après trois jours d'étude et de discussion, les membres se dispersèrent pour travailler individuellement, une tranche spéciale du travail étant confiée à plusieurs d'entre eux; puis des titres de décrets projetés étaient envoyés à chacun des Évêques avec prière de les faire étudier et rédiger par des canonistes et des théologiens de son diocèse.

Une autre session se tint au même lieu à la mi-octobre de la même année, et déjà on prévoyait soumettre bientôt aux Évêques les premiers schémas; on avait même entrevu la possibilité de tenir le Concile dès l'été 1905.

Les premiers schémas imprimés sont envoyés à tous les Évêques canadiens le 16 février 1905, les invitant à faire les remarques qu'ils jugeront opportunes. En réponse, les Évêques soulignent un certain manque d'unité dans la rédaction, et demandent que les décrets soient plus courts, redigés sous forme plus dispositive, plus *canonique*. À cette fin, on propose que la revision soit confiée à un ou deux membres seulement.

Ce travail fut d'abord confié à une Commission de trois membres, sous la présidence de Monseigneur O'Brien, Archevêque de Halifax, puis en définitive il échut à Monseigneur Louis-Adolphe Pâquet.

Monseigneur Pâquet venait d'accepter de reprendre la rédaction des décrets quand il fut nommé agent du diocèse de Québec à Rome. Mais il y apporta son travail pour l'y continuer. En 1908, les sché-

---

[22] Trois nouvelles provinces avaient été créées depuis 1876: Montréal et Ottawa en 1886, et Kingston en 1889.

mas étaient prêts et le Concile devait avoir lieu prochainement, malgré les hésitations que provoquaient les importantes Constitutions émanant du Saint-Siège en vue du nouveau Code [23]. Ne valait-il pas mieux attendre la parution du Code pour tenir un concile et y conformer pleinement notre législation particulière ? Mais le 17 février 1909, le Cardinal Gennari, Préfet de la S. Congrégation du Concile, chargeait le Délégué Apostolique de convoquer le Concile dès que possible.

Le 16 septembre arrivait donc à Québec le Délégué Apostolique, pour présider le Concile à titre de Légat papal. La réception liturgique solennelle et une réception civique eurent lieu le même jour. Trois séances préparatoires au Concile se tinrent avant l'ouverture officielle: assemblée des Archevêques sous la présidence du Délégué Apostolique; assemblée des Pères du Concile pour examiner les procurations, nommer les officiers, constituer officiellement les Commissions, adopter le *Manuale practicum Concilii*, et désigner ceux qui auraient voix délibérative [24]; assemblée plénière enfin où lecture est faite de la liste de tous les synodaux, de la constitution définitive des diverses Commissions, et de la procédure à suivre dans la confection des décrets.

Ouverture solennelle du Concile le dimanche, 19 septembre, à la cathédrale, où, après la messe pontificale, on donne lecture des premiers décrets et l'on émet la profession de foi, selon le Pontifical. Pendant six semaines durera le Concile et travailleront ferme les synodaux: réunions des Commissions cinq fois la semaine; assemblées synodales plénières trois fois la semaine; assemblées des Évêques cinq fois la semaine; sessions solennelles à la cathédrale, selon le Pontifical: le 19 septembre, le 26 septembre, où déjà une partie des décrets particuliers sont lus, et le 10 octobre, puis le 1er novembre où les derniers décrets sont lus et le Concile prend fin. Les décrets sont examinés d'abord par les Commissions ordinaires, présentés

---

[23] « *Vacante Sede Apostolica* », en 1904; « *Sacra Tridentina Synodus* » en 1905; « *Ne Temere* » en 1907; « *Sapienti Consilio* », en 1908; etc.

[24] On donna voix délibérative aux Évêques titulaires, aux Administrateurs des sièges vacants, aux délégués des Évêques absents et à l'Abbé de Notre-Dame-du-Lac. L'ancien droit ne déterminait pas comme le Code (can. 282, §2 et 3) ceux qui doivent avoir voix délibérative ou seulement consultative (Wernz, *Ius Decretalium*, Tom. II, pars II (3 ed., Prati, 1915), p. 748).

ensuite aux assemblées synodales, puis aux assemblées épiscopales, et enfin ratifiés en séance solennelle.

Quelques semaines plus tard, les décrets étaient imprimés dans un volume intitulé *Acta et Decreta Concilii Plenarii Quebecensis Primi* (Quebeci [Laflamme et Proulx], 1909), pour soumission au Saint-Siège. Le volume contenait deux parties: la première était sous-intitulée seulement *Acta Concilii* et comptait XCIX pages; la deuxième portait le sous-titre complet *Decreta Concilti Plenarii Quebecensis Primi* et comptait 424 pages comprenant les décrets conciliaires puis le décret de promulgation signé par les Pères du Concile, devant prendre effet après l'approbation du Saint-Siège.

L'autorisation de publier et promulguer le Concile fut donnée le 30 avril 1911, sans qu'on exigeât de grands changements: «*paucis haud magni momenti praesertim quoad dicendi modum exceptis* ».

Le travail de revision ou de retouche fut encore confié à Monseigneur Pâquet; et le 25 avril 1912 le texte *ne varietur* était promulgué. Le volume, publié en juin, s'intitule *Acta et Decreta Concilii Plenarii Quebecensis Primi anno Domini MCMIX* (Quebeci: Typis «L'Action Sociale Limitée», 1912. VIII-711 p., 22.5 cm.). Il contient, outre les Actes du Concile et les 688 décrets conciliaires, la Lettre pastorale des Pères du Concile et des documents pontificaux en appendice, puis les tables, synthétique et analytico-alphabétique.

§2.—Notes canoniques

Les principaux critériums qui nous permettront d'apprécier les décrets du Concile se trouvent dans les canons 2, 4, 5 et 6 du Code de Droit Canonique. Évidemment ces canons ne peuvent être étudiés ici, mais quelques remarques sur le canon 6, n. 1, regardant les lois particulières d'avant le Code, semblent s'imposer.

Toutes et seulement les lois particulières opposées aux prescriptions du Code sont abrogées, sauf exception expresse. Les lois particulières *praeter ius* restent donc en vigueur de même que les lois *secundum ius*. Quelques auteurs ont soutenu que les lois particulières *praeter ius* étaient abolies par le Code[25], et que le canon 6, n. 6,

[25] Ces auteurs, principalement Eppler et Falco, sont rapportés et réfutés par Van Hove, *De Legibus ecclesiasticis*, Commentarium Lovaniense in Codicem Iuris canonici, vol. I, tom. II (Mechliniae — Romae: Dessain, 1930), p. 71.

s'étendait à ces lois; mais il semble n'y avoir plus de doute à ce sujet [26]. En effet, on ne peut soutenir cette opinion sans dénier pratiquement aux Évêques le pouvoir législatif [27]; la Commission Pontificale d'interprétation du Code et la Sacrée Congrégation du Concile ont d'ailleurs donné des décisions qui maintiennent les lois particulières *praeter ius* [28]. Seules donc, les lois particulières antérieures *contra ius* sont abolies.

Mais les décrets contenus dans le Concile ne sont pas tous strictement conciliaires; beaucoup ne font que formuler ou rappeler les dispositions du droit commun; voilà qui complique le tri à faire.

Pour appliquer méthodiquement les normes générales aux décrets conciliaires, on doit pratiquement appliquer à chacun d'eux la première qui lui convient des règles suivantes:

1. Le décret donné est absolument conforme au Code [29]: il a force de loi générale [30];

2. Le décret donné est opposé au Code[31]: il se trouve abrogé, à

---

[26] Neuberger, *Canon 6 or The Relation of the Codex Juris Canonici to Preceding Legislation*, The Catholic University of America Canon Law Studies, n. 44 (Washington, D.C.: The Catholic University of America, 1927), p. 62.

[27] Van Hove, *De Legibus ecclesiasticis*, p. 70-71.

[28] *Acta Apostolicae Sedis, Commentarium officiale*, X (1918), 365; XI (1919), 476; XII (1920), 43-47; XXIV (1932), 242-243. (Cette collection sera désormais désignée par le sigle *AAS*.)

Cf. Bouscaren, *Canon Law Digest, officially published Documents affecting the Code of Canon Law* (2 v., Supplement — 1941, Milwaukee: The Bruce Publishing Company, 1934-1941), I, 51-52, 123, 188-189, etc.

[29] *Iuxta Codicem;* s'il s'agit de droit *praeter* ou *secundum ius Codicis*, voir les règles 3, 4 et 5.

[30] « *Codex vigentem huc usque disciplinam plerumque retinet* » (can. 6). Même si le décret était de droit particulier avant le Code, si ces dispositions sont maintenant dans le Code, le décret passe dans le domaine du droit commun, c'est évident, et conséquemment les Évêques ne peuvent en dispenser qu'aux termes du canon 81, et non plus aux termes du canon 291, § 2.

[31] *Contra Codicem.* Une difficulté se présente ici: quelle est la compétence précise d'un concile en ce qui regarde des matières expressément soumises aux Ordinaires des lieux, comme par exemple, les examens des prêtres (can. 130), les conférences théologiques (can. 131), l'habit ecclésiastique (can. 136), etc. ? Le concile peut-il « ad unam eandemque disciplinam servandam » (can. 290) légiférer en ces matières,

moins que le Code y pourvoie autrement [32], ou à moins qu'il soit basé sur un concordat [33], sur un indult, privilège ou *droit acquis* [34], ou sur une coutume immémoriale non expressément réprouvée par le Code et tolérée par l'Ordinaire [35];

3. Le décret donné est opposé au droit commun antérieur [36]: il n'a pas force de loi [37];

---

ou bien sa compétence est-elle restreinte au point qu'il ne peut enlever aux Ordinaires, en se les attribuant, les droits et devoirs que le Code leur donne expressément ?

La question ne semble pas avoir été spécialement étudiée depuis longtemps, depuis Bouix (*Tractatus de Concilio Provinciali*, 2 ed., Parisiis-Lugduni, 1862), pourrait-on dire, et pourtant le droit a évolué depuis lors. L'article de Nevin, *Power of Plenary Council to reserve sins* (The Australasian Catholic Record, VIII (1931), 288-331), ne touche pas la question posée, et nous ne le discutons pas ici (voir plus bas, p. 111); les commentateurs du canon 6 parlent bien d'opposition d'une loi à une autre, mais toujours par rapport à l'objet (cause matérielle) des lois, disciplinaires ou permissives, et non en raison de la cause efficiente ou du sujet actif. (Voir Michiels, *Normae generales iuris canonici* (2 v., Lublin: Universitas catholica, 1929), I, 94, 112; Neuberger, *Canon 6 or The Relation of the Codex Juris canonici to Preceding Legislation*, p. 35-38, 65.)

Pour ce qui concerne la présente étude, une solution pratique suffira, et elle se trouve dans une réponse de la S. C. Consistoriale (31 mars 1916) aux Évêques canadiens, moins de quatre ans après la promulgation du Concile Plénier: « Concilii praescriptum circa alterutrius vestis usum, hoc est, morem servandum esse qui actu in loco viget, ceu facile quisque intelligit, non est nec esse potest absolutum et perpetuum, sed natura sua conditionatum et transitorium. Mores scilicet, temporum decursu novisque supervenientibus adiunctis, mutationibus obnoxii evadere possunt. Quo eveniente, expedit ut etiam vestis, quaecumque demum sit, novis aptetur moribus et conformetur, dummodo semper ecclesiastica. Supponi autem nequit Concilium voluisse hac in re, per se minoris momenti et fluxa, nativum Ordinariorum ius auferre vel circumscribere: id namque neque prudens neque sapiens fuisset» (*ASS*, VIII (1916), 149).

[32] Can, 6, n. 1.

[33] Can. 3.

[34] Can. 4.

[35] Can. 5.

[36] *Contra ius*, soit écrit, soit coutumier, alors en vigueur.

[37] Tel décret n'aurait jamais eu, en fait, force de loi. Il n'est pas impossible que les Pères du Concile se soient mépris sur un point particulier, ou, plus vraisemblablement, qu'ils aient basé un décret sur une opinion ou sur une interprétation doctrinale plus tard authentiquement définie, ou enfin qu'ils aient issu une disposition basée sur l'épikie.

On pourra objecter l'approbation des décrets conciliaires par le Saint-Siège. Cependant, l'approbation *in forma communi*, ou plutôt la simple *récognition* des décrets n'est

4. Le décret donné est conforme au droit commun antérieur [38]: il subsiste, si le Code en fait mention implicitement ou explicitement, mais soumis aux corrections apportées par le Code [39];

5. Le décret donné est de droit particulier, *praeter* ou *secundum ius*, à la fois en regard du Code et du droit antérieur: il reste en vigueur [40].

---

qu'une nouvelle présomption de droit (*iuris tantum*), si forte soit-elle, que les décrets sont valides, et non une preuve; la S. Congrégation *reconnaît* par là que tel concile s'est tenu légitimement, et permet la promulgation des décrets ainsi reconnus comme légitimes et présumés valides; on peut dire que c'est comme un *imprimatur* accordé par l'Ordinaire, qui ne prend cependant par là qu'une mince responsabilité et n'engage pas son autorité dans telle publication: la récognition de Rome est « seulement une condition de légitime promulgation » (S.C.C., 19 fév. 1921 — *AAS*, XIII (1921), 228). Dans le décret de récognition des récents conciles, la S. Congrégation ne dit même pas qu'elle a trouvé les lois conciliaires y contenues « conformes au droit »; voici par exemple avec quelle sobriété et même quelle réserve on se prononce: « Eminentissimi autem Patres eiusdem Sacrae Congregationis, diligenti ac matura revisione peracta, in coetu plenario diei 9 Decembris 1939 decreta memorata recognoscenda censuerunt, nonnullis inductis emendationibus » —*Acta et Decreta Concilii Provincialis Torontini secundi* [? , 1940], p. X; et le même texte se retrouve dans *Concilii Provincialis Kingstoniensis Primi, Acta et Decreta* [? , 1940], p. X. Les décrets des deux conciles précités étant identiques et portant les mêmes numéros (l'impression est d'ailleurs la même: les mêmes, et rares, imperfections typographiques se trouvent dans les deux volumes), ces conciles seront désormais cités ensemble sous l'abréviation suivante: Toronto-Kingston, *Conc. prov.*, d . . .

Et donc, même en admettant avec Wernz-Vidal (*Ius canonicum ad norman Codicis exactum* (7 v. in 8, Romae: apud Aedes Universitatis Gregorianae, 1927-1938), II (2 ed., 1928), 578) que cette récognition est une condition *sine qua non* de la validité des décrets conciliaires, elle n'en est certes pas la condition *unique*.

Il peut aussi ressortir de l'étude de telle disposition conciliaire « *qu*'il n'y a pas ici un décret disciplinaire, qui par lui-même oblige; *qu*'il ne s'agit que d'une opinion probable, que la Congrégation du Concile n'a pas approuvée positivement, certainement pas *in forma specifica*, approbation qui semble nécessaire pour donner au texte force de loi » — Van Hove, « Le V*e* concile provincial de Malines, » — *Ephemerides Theologicae Lovanienses*, XV (1938), 600.

Au sujet de la récognition des décrets conciliaires par le Saint-Siège, on trouve un article passionné mais bien documenté dans Smith, *Counter-points in Canon Law* (Newark, N.J., 1879), p. 5-21.

[38] C'est-à-dire *iuxta ius;* si *praeter* ou *secundum*, voir la règle suivante.

[39] Can. 6, n. 2-6. Remarquons ici qu'une loi universelle, du fait de sa présence dans une collection particulière, ne perd pas son caractère de loi générale, et partant reste soumise à cette règle concernant le droit commun.

[40] Ceci découle normalement du can. 6, énoncé général et n. 1.

Ces règles simplifieront le travail, en dispensant de recourir toujours à l'ancien droit, quand l'une des premières règles pourra s'appliquer au décret à étudier.

PREMIÈRE PARTIE

DE LA DOCTRINE

CHAPITRE PREMIER

DES DOCTRINES DE FOI

Toute cette première partie est plutôt dogmatique. On peut toutefois souligner la connexion de quelques décrets aux canons du Code, et les quelques mesures disciplinaires qui s'y trouvent.

Les premiers chapitres (décrets **1-31**) se rattacheraient aux canons préliminaires *de cultu divino* et *de magisterio ecclesiastico* [1].

Les décrets **32-34** traitent des indulgences, et le décret 34 [2], obligeant les pasteurs d'âmes à étudier et à enseigner les indulgences, garde sa valeur en tant que droit particulier non opposé au Code [3] :

> Tria in ea re [de indulgentiis] attendenda parochis, aliisque animarum curam gerentibus, proponit Plenaria haec Synodus, videlicet: primo, ut opportuno tempore in mentem Christifidelium revocent « indulgentiarum usum Christiano populo maxime salutarem » (Conc. Trid., Sess. XXV, *de Indulg.*) esse; secundo, ut authenticam, quandocumque opus fuerit, indulgentiarum collectionem consulant, inde quidquid profuturum aestimaverint dili-

---

[1] Can. 1255, 1322-1326; le décret 11 se retrouve dans le canon 1325, §1; au décret 31, cf. can. 809.

[2] On peut comparer ce décret aux canons 467, 468, 911-936, et surtout 1332 où il est implicitement compris.

[3] L'*Appendice au Rituel Romain*, réédité par ordre des Pères du premier Concile plénier de Québec (Québec: L'Action Sociale Ltée, 1919), dans l'annonce des Fêtes que le Curé doit faire chaque dimanche, semble avoir été rédigé avec l'intention de satisfaire au présent décret. Voir les indications données aux pages 18, 19, 29, 46, 76, 79, 83, 90-91, 106, 111.

On retrouve ce décret, en substance, dans les statuts synodaux de Saint-Hyacinthe (*Ecclesiae Sancti Hyacinthi duodecima synodus, ab illustrissimo ac reverendissimo Domino Fabiano Zoello Decelles, Episcopo Sancti Hyacinthi, diebus* 20-21-22 *maii A.D. MCMXXX celebrata* (Sancti Hyacinthi: Le Courrier de Saint-Hyacinthe, MCMXXX), décret 105.

Voir aussi: *Constitutions synodales du diocèse de Montréal publiées et promulguées par Son Excellence Révérendissime Monseigneur Georges Gauthier, Archevêque Titulaire de Tarona, Coadjuteur* cum futura successione *de Montréal. En la fête de la Présentation de la Très Sainte Vierge, le* 21 *novembre* 1938 (Archevêché de Montréal, 1938), art. 178, § 1.

Les renvois à ces sources se feront désormais comme suit: *Appendice au Rituel;* S.-Hyacinthe, 12 *Syn.*, d . . . ; et Montréal, *Const. syn.*, a . . .

> genter hausturi; tertio, ut caveant ne populus, aut ignorantiae, aut negligentiae causa, varias indulgentias multiformiter concessas lucrari praetermittat.

Viennent ensuite plusieurs décrets (**35-69**) énonçant les principes du droit public de l'Église [4].

Le décret **70**, sur la profession de foi publique, est complété et partiellement changé par le Code. La première partie du décret, rapportant le droit commun d'avant-Code [5], est remplacée par le canon 1406 [6]; de même le canon 2403 tient place du dernier paragraphe de ce décret. L'avant-dernier paragraphe toutefois, étant de droit particulier, *praeter ius*, demeure:

> Demum, Concilio Romano anni 1725 [7] adhaerentes, decernimus Fidei professionem etiam emittendam esse ... a Vicariis foraneis, a ministris Curiae episcopalis [8]...

---

[4] Les décrets 45-46 et 48-50 sont résumés aux canons 218 et 329 principalement; le décret 47 est dogmatique. Il ne faut pas voir dans le décret 51 un énoncé des droits et devoirs des Délégués Apostoliques: ce qui ne relève pas d'un Concile; ce décret ne sort donc pas du droit commun, brièvement énoncé au canon 267, §2. (Cf. Boucaren, *Canon Law Digest*, I, 175-187.) Enfin, les accords du Latran (11 fév. 1929 — *AAS*, XXI (1929), 207-221), redonnant au Pape sa royauté temporelle sur la Cité du Vatican, ont répondu aux vœux et réclamations du décret 52.

[5] Wernz, *Ius Decretalium*, III, pars I (2 ed., Romae, 1908), 9-11.

Le décret lui-même renvoie au Concile de Trente (Sessio XXIV, *de ref.*, c. 12) aux actes de Pie IV et de Pie IX. Ces actes de Pie IV et de Pie IX se trouvent dans: *Codicis Iuris Canonici Fontes, cura Em. Petri Card. Gasparri* [v. I-VIII, et] *Emi Iustiniani Card. Serédi* [v. VII-IX] *editi* (9 v., Romae-Typis polyglottis Vaticanis, 1923-1939), n. 107, 108, 4236, 4886, 4887. (Cette collection sera désormais citée simplement par *Fontes*, n . . .)

Quant au Concile de Trente, l'édition suivante est celle qui sera citée dans le présent travail: *Canones et Decreta Sacrosancti Œcumenici Concilii Tridentini, sub Paulo III, Julio III et Pio IV Pontificibus Maximis, cum appendice theologiæ canditatis perutili* (Taurini: Marietti, 1913).

[6] Cf. aussi can. 405, 1408, 1443.

[7] Tit. I, cap. I, n. V. Les décrets de ce Concile provincial, tenu par Benoît XIII, se trouvent dans *Acta et Decreta Sacrorum Conciliorum recentiorum, Collectio Lacensis, Auctoribus Presbyteris S.J. e domo B.V.M. sine Labe Conceptae ad Lacum* (7 v., Friburgi Brisgoviae, 1870-1892), I, col. 341-466.

[8] Ces ministres de la Curie, les décrets 650-651 nous indiquent que ce sont les officiers du tribunal ecclésiastique: les juges, les promoteurs de la justice, les notaires, les assesseurs, les juges instructeurs.

CHAPITRE DEUXIÈME

DES ERREURS PRINCIPALES À ÉVITER

Parmi les mises en garde faites par le Concile contre les erreurs dont traitent les vingt décrets suivants (71-90), on trouve l'obligation faite aux pasteurs de prêcher contre le libéralisme doctrinal [1]:

> ...Omnibus pastoribus mandamus ut sanam de libertate doctrinam ejusque corruptelam a Leone XIII, in litteris quae incipiunt: *Libertas praestantissimum* [2], expositam, edoceant et inculcent.

Cette obligation demeure, puisque de droit particulier non opposé au Code [3].

Quant à la partie dispositive du décret 83 contre les publications modernistes [4], elle est comprise dans le canon 1399, n. 6.

La théologie morale nous enseigne que la divination spiritiste ou hypnotiste est un péché mortel de superstition [5]; le Concile le rappelle dans le décret 87 [6], et déclare ou ajoute l'obligation de consulter son Ordinaire ou son confesseur avant d'assister aux séances de spiritisme.

> Peccant igitur et quidem graviter, qui animas seu spiritus evocant et consulunt, quique spiritistarum coetus frequentant iisve, etiam semel, sine gravissima et justissima causa et inconsulto Ordinario vel confessore assistunt.

---

[1] Décret 78; et app. I, p. 563.

[2] Lettre encyclique donnée le 20 juin 1888—*Fontes*, n. 600.

[3] Cette prescription est d'ailleurs implicite aux canons 469, 1332, 1345.

[4] . . . « Nemo autem incautus se decipi sinat libris multis et commentariis periodicis quae, vana scientiae specie et usurpato catholico nomine, venenum modernismi subtiliter spargunt; verum haec periculose scripta et insidiose diffusa longe prorsus absint a catholicorum manibus catholicisque institutis et seminariis » (décret 83).

[5] Merkelbach, *Summa Theologiae Moralis ad mentem D. Thomae et ad norman iuris novi* (3 v., Parisiis: Desclée de Brouwer et Soc. [1936-1938]), II, 766.

[6] Le Code effleure la question aux canons 684, 1261, 1324, et prévoit une peine au canon 2325.

Et donc, même si quelqu'un croit avoir de très justes et graves raisons d'assister à telles scéances où d'autre part il lui paraît ne pas y avoir de danger pour sa foi, il reste obligé de consulter. Toutefois, on voit l'allure plutôt morale de ce décret: cette obligation est plutôt déclarée qu'imposée par le Concile [7].

---

[7] Cette obligation se trouve suggérée dans la lettre encyclique de la S.C. du Saint-Office, le 4 août 1836 (*Fontes*, n. 937). Aussi, nous ne croyons pas qu'un péché de désobéissance s'ajoute au péché de superstition pour ceux qui enfreignent cette règle.

DEUXIÈME PARTIE

DES PERSONNES

PREMIÈRE SECTION

DU CLERGÉ SÉCULIER

CHAPITRE TROISIÈME

DES CLERCS EN PARTICULIER

§1.—Des Évêques

Décrets 91-106.

Deux prescriptions particulières seulement [1] retiendront notre attention: on les trouve aux décrets 101 et 104.

Le décret 101 traite à la fois de la visite pastorale des paroisses et de la visite canonique des Communautés religieuses.

De la visite pastorale des paroisses [2]

Après avoir rappelé que l'Évêque doit visiter souvent son diocèse, personnellement si possible, ou, si non, par un autre, le décret continue (alinéa *b*):

> Insuper pro viribus, opportuno tempore, accedat Episcopus etiam ad loca quae per alium a se delegatum inspecta fuere: ad quod facilius assequendum utile erit dioecesim in regiones dividere, quarum unaquaeque successive visitetur, ita ut unoquoque saltem quadriennio tota dioecesis episcopali visitationi subsit.

Deux interprétations peuvent être faites du présent décret: l'une, pour être moins plausible, est cependant plus logique et plus conforme

---

[1] Les autres décrets sont soit de droit commun (e.g. le décret 103 est repris et précisé par le Code), soit de droit public de l'Église (e.g. décret 92), soit de théologie ascétique ou pastorale (e.g. décrets 95, 96, 102).

On peut rapprocher ces décrets des canons suivants: décret 92, cf. can. 335-336, 1261, 1326; décret 93, cf. can. 108, 329; décret 94, cf. can. 127; décrets 96 et 102, cf. can. 2214, qui reproduit d'ailleurs la même citation du Concile de Trente; décret 97, cf. can. 336, 1326, 1327; décret 98, cf. can. 1354, 1357, et suivants; décret 99, cf. can. 152-155, 455, 458-459, 1432; décret 100, cf. can. 336, 1381-1382; décret 103, cf. can. 338; décret 105, cf. can. 340-342; décret 106, cf. can. 608.

[2] Les alinéas *a* et *c* sont de droit commun actuel (can. 343, 785).

au droit; mais l'autre doit aussi être étudiée parce qu'elle a ses adeptes.

Selon la première, le sens du décret serait celui-ci: le diocèse doit être visité tous les deux ans, selon le Concile de Trente [3], et par l'Évêque personnellement si possible, si non, que l'Évêque tâche du moins de visiter personnellement [4] chaque paroisse en quatre ans. Ainsi, l'Évêque pourra partager avec son Délégué l'obligation de visiter le diocèse: chacun d'eux visitera chaque année le quart du diocèse, de sorte que tout le diocèse sera visité en deux ans, alternativement par l'Évêque et par le Visiteur délégué [5].

Ainsi entendu, le décret ne contient rien de particulier, il ne sort pas de la loi du Concile de Trente [6] et donc on doit maintenant s'en remettre au Code, qui a refait la loi et n'exige plus la visite pastorale que tous les cinq ans [7].

---

[3] « *Propriam dioecesim* [Episcopi] *per se ipsos, aut, si legitime impediti fuerint, per suum generalem Vicarium aut Visitatorem, si quotannis totam propter eius latitudinem visitare non poterunt, saltem maiorem eius partem, ita tamen, ut tota biennio per se vel Visitatores suos compleatur, visitare non praetermittant*»—Sess. XXIV, *de ref.*, c. 3.

[4] Nous concédons volontiers que le décret ne porte pas le mot *personnellement*, qui en éclarcirait pourtant bien le sens; mais on a opposé dans le décret le mot « visitatio dioeceseos » (titre du décret) au mot « visitatio episcopalis » (alinéa *b*), en donnant à cette dernière expression le sens de « personalis ».

[5] De cette façon, chaque paroisse sera visitée par l'Évêque personnellement tous les quatre ans: le diocèse étant divisé en quatre zones, la première année l'Évêque visitera la zone *N*, le Délégué la zone *S*, la deuxième année l'Évêque prendra la zone *E* et le Délégué la zone *O* (tout le diocèse sera visité en ces deux ans); les deux années suivantes l'Évêque ira dans les zones *S* et *O*, le Délégué dans les zones *N* et *E* (chaque paroisse aura eu la visite personnelle de l'Évêque en quatre ans).

[6] La visite personnelle de l'Évêque était aussi comprise dans la loi du Concile de Trente: « *per se ipsos* » au moins tous les deux ans, ou bien, s'ils étaient légitimement empêchés une fois, ils n'ont pas à reprendre la visite faite par la Délégué; mais cette obligation personnelle les tient toujours de faire *personnellement* la visite, s'ils le peuvent, tous les deux, quatre, six ans . . . chaque fois que c'est possible.

[7] Can. 343, § 1. Quant à l'obligation pour l'Évêque de visiter personnellement son diocèse, elle reste la même que dans l'ancien droit, et un concile n'y peut rien changer en enlevant aux Évêques la faculté de déléguer un Visiteur, que le Code leur accorde expressément dans le cas d'empêchement légitime.

Selon la deuxième interprétation [8] le diocèse devait être visité non plus tous les deux ans, mais tous les quatre ans seulement, et par l'Évêque personnellement, même dans les endroits que le Délégué aurait déjà visités [9].

Mais en ce cas, si c'est là le sens du décret, le cycle de quatre ans obligerait-il encore les Évêques ? [10]

Il semble que non, en considérant les trois hypothèses suivantes.

1. Si nous avons ici une simple loi particulière, elle a été invalide dès sa confection, du fait de son opposition au droit commun [11].

2. Ce décret pourrait n'être qu'une interprétation doctrinale, ou une simple déclaration doctrinale, de l'épikie, ou une sorte d'auto-

---

[8] C'est celle que donne Slafkosky, dans sa dissertation *The Canonical Episcopal Visitation of the Diocese*, The Catholic University of America Canon Law Studies, n. 142 (Washington, D.C.: The Catholic University of America Press, 1941), p. 63; le fait qu'on observe actuellement dans la plupart des diocèses canadiens, et malgré leur étendue, le cycle de quatre ou trois ans (voir plus bas, note 15) pourrait inciter à croire qu'on a pris en ce sens le décret conciliaire et qu'on le pense encore en vigueur, mais une preuve du contraire se trouve dans le fait qu'on s'en est librement écarté en ce qui regarde la visite des maisons religieuses (alinéa *e*, cf. plus bas, note 23), pour s'en tenir au minimum imposé par le Code (can. 512).

[9] Si cette interprétation est celle qui se présente à première lecture du décret, elle n'en rend point le sens plus clair, au contraire, avec elle tout s'embrouille: on admet expressément d'une part le droit de déléguer un Visiteur, on en dénie en même temps la pratique en obligeant l'Évêque à reprendre les visites faites par le Délégué. Au point qu'on ne peut plus expliquer la raison d'être et le rôle de ce Délégué: il n'en a plus.

[10] Ce décret n'est pas simplement *iuxta Codicem*, il est *secundum* ou *praeter can.* 343, et ceci n'est pas suffisant pour mener à conclure qu'il garde sa force: il faut en ce cas recourir au droit antérieur.

Barrett, dans sa dissertation *A Comparative Study of the Councils of Baltimore and the Code of Canon Law*, The Catholic University of America Canon Law Studies, n. 83 (Washington, D.C.: The Catholic University of America, 1932), p. 87, soutient que la loi analogue du Troisième Concile de Baltimore (d. 14) est encore en vigueur du fait que le Code laisse place à une législation particulière plus sévère. L'argument ne vaut pas parce qu'incomplet; pour apprécier une loi particulière portée avant le Code et qui se trouve maintenant *praeter Codicem*, il faut recourir à l'ancien droit; ainsi, une loi se trouvant actuellement *praeter Codicem* mais qui aurait été invalide parce que *contra ius* au temps de sa promulgation ne serait pas revalidée par le Code (can. 10).

[11] Selon le décret de la S.C. Consist., en date du 31 décembre 1909 (*Fontes*, n. 2064, can. VII), la loi du Concile de Trente restait encore en vigueur.

risation à suivre une coutume non encore formelle; il n'aurait dans ce cas jamais été vraiment loi [12].

3. Le décret aurait eu force de loi particulière en raison d'une coutume *contra legem* établie par l'Épiscopat canadien, avec l'intention de se libérer de la loi trop dure du Concile de Trente [13]; mais avec la parution du Code, cette coutume devient *praeter legem*, contraire à sa fin, contraire à l'intention de ceux qui l'ont établie, et l'obligation qui en surgit cesse *ab intrinseco* [14].

---

[12] Les Évêques canadiens se trouvaient dans l'impossibilité de visiter chaque année en entier ou en majeure partie leurs immenses diocèses, du moins personnellement, il n'y a aucun doute. Et le décret, avec les expressions « pro viribus », « utile erit », n'est pas très formel, c'est vrai.

Même en France et en Allemagne, on considérait la chose comme très difficile, et une coutume universelle tentait de s'établir de ne faire la visite que tous les trois ou cinq ans, proposition que portaient les schèmes du Concile du Vatican. Cf. Wernz-Vidal, *Ius canonicum ad Codicis norman exactum* II, 646; [Icard,] *Praelectiones Juris canonici habitae in Seminario Sancti Sulpitii* (3 v., 6 ed., Parisiis, 1886), I, 305; Melchers, *De Canonica Dioecesium Visitatione, cum appendice de Visitatione Sacrorum Liminum* (Coloniae ad Rhenum, 1893), p. 8; Slafkosky, *The Canonical Episcopal Visitation of the Diocese*, p. 60-63.

[13] Il s'agirait d'une coutume locale; la coutume ne pouvait s'être établie universellement (S.C. Consist., 31 déc. 1909 — *Fontes*, n. 2064; cf. auteurs cités à la note précédente). Mais une coutume locale aurait bien pu s'établir, surtout du temps où le Canada relevait de la Propagande (jusqu'en 1908, où la constitution «*Sapienti Consilio*», donnée par Pie X le 29 juin 1908, le soumit au droit commun—*Fontes*, n. 682), qui, on le conçoit facilement, n'urgeait pas aussi sévèrement que la S.C. du Concile l'observance de la loi du Concile de Trente à ce sujet (S.C. de la Prop., instruction, 25 juin 1791 — *Fontes*, n. 4631; 14 janv. 1798 — *Fontes*, n. 4659; cf. can. 301, § 2).

[14] En raison de la similitude existant entre la loi et la coutume légitimement établie, on peut appliquer à la coutume (Michiels, *Normae Generales*, II, 112-113; Van Hove, *De Consuetudine et Temporis Supputatione*, Commentarium Lovaniense, Vol. I, Tom. III (Mechliniae-Romae: Dessain, 1933), p. 216) ce que les auteurs disent de la cessation de la loi *ab intrinseco* (cf. Van Hove, *De Legibus ecclesiasticis*, p. 346-348); ce qui mène à la conclusion donnée, avec l'explication suivante.

Il est hors de doute que l'intention de ceux qui ont introduit et établi cette coutume, comme de ceux qui l'ont écrite dans le Concile, et donc que la fin de cette coutume et de cette loi était de libérer l'Épiscopat canadien d'une loi commune trop sévère pour les conditions particulières du pays; cette coutume et cette loi ont été établies en regard toujours du droit commun alors en force. Or, la persistance de l'obligation qui en surgirait maintenant serait contraire à cette intention et à cette fin, qui se trouveraient trompées par la loi du Code maintenant plus large que le décret.

Et donc, on peut soutenir que les Évêques ne sont pas liés par le Concile à ce sujet, quelle que soit l'interprétation qu'on donne du présent décret; ils peuvent s'en tenir au Code prescrivant la visite annuelle, et personnelle si possible, d'au moins la cinquième partie du diocèse [15].

Au sujet des décrets du Visiteur [16], le Concile règle ce qui suit, pour ce qui en regarde l'exécution:

Voici, paraphrasée dans des parenthèses qui sont de nous, une citation de Capitant rapportée par Van Hove (*De Legibus ecclesiasticis*, p. 347): « La (coutume a été établie, ou la) loi a été faite pour un milieu social déterminé et pour répondre à des nécessités dont ce milieu révélait l'existence. Le jour où, par suite des transformations accomplies (comme la parution du Code en a apporté une considérable à ce sujet) elle n'a plus sa raison d'être (comme la coutume ou la loi particulière relâchant à quatre ans la loi du Concile de Trente), où ses dispositions ont perdu leur utilité (le Code prévoit maintenant qu'en tels endroits la visite quinquennale suffit), elle cesse naturellement de s'appliquer; elle n'est plus qu'un corps mort sans importance ».

Pour résumer, la raison d'être de telle coutume particulière était la trop grande difficulté d'observer la loi commune; or cette raison d'être s'est évanouie avec la parution du Code, de même que toute obligation qui pourrait maintenant en surgir: la fin de cette coutume a été adéquatement atteinte et même dépassée à la parution du Code.

[15] La plupart des Évêques ont d'ailleurs adopté le cycle de quatre ou de trois ans, et restent partant en plein accord avec le Code et avec le Concile. Cf. *Acta et Decreta Synodi Dioecesanae Quebecensis (post promulgatum Codicem Iuris canonici secundae), Emo ac Revmo Ioanne Roderico Cardinali Villeneuve Archiepiscopo Quebecensi convocante ac praeside, anno* 1940 *Quebeci celebratae* (Quebeci: Cancellaria Curiae metropolitanae, 1940), d. 70; Montréal, *Const. syn.*, a. 143; *Constitutions synodales du diocèse de Saint-Boniface, publiées et promulguées par Son Excellence Révérendissime Monseigneur Emile Yelle, P.S.S., Archevêque titulaire d'Arcadiopolis, Coadjuteur* cum futura successione *de Saint-Boniface, en la fête de l'Immaculée Conception de la Bienheureuse Vierge Marie* (Archevêché de Saint-Boniface, 1939), a. 143; *Synodus Dioecesana Prima, die XIX mensis Maii anno Domini MCMXXXVII in ecclesia cathedrali metropolitana in honorem Beatae Mariae Virginis sub titulo sacratissimi Rosarii Deo dicata Vancuveriae celebrata, Praeside Excellentissimo ac Reverendissimo Domino Gulielmo Marco Duke, Archiepiscopo Vancuveriensi* [Vancuveriae: ?, 1937], 59 a.

Les références aux synodes précités seront désormais faites comme suit: Québec, *Syn.* 1940, d . . . ; S.-Boniface, *Const. syn.*, a . . . ; Vancouver, *Syn.* 1937, . . .

[16] Décret 101, *d.* Que les décrets soient conservés aux archives paroissiales et épiscopales, c'est du droit commun (can. 447, n. 2, et 470, §4). De même la dernière partie de ce paragraphe ne fait que reproduire presque textuellement le Concile de Trente (Sess. XXIV, *de ref.*, c. 3), qui a été repris et défini par le Code (can. 345).

> ...Infra annum a die visitationis, parochi, et rectores ad quos spectat, Episcopum certiorem faciant de executione et observantia decretorum sacrae visitationis: quod si omiserint, opportune moneantur.

Les curés et recteurs ne sont plus tenus personnellement de faire ce rapport à l'Évêque; avec le Code, l'obligation en est dévolue au Vicaire Forain [17].

Avant le Code, les attributions des Vicaires Forains n'étaient pas bien déterminées par le droit commun [18]: cela relevait du droit particulier [19]; et même la division des diocèses en Vicariats ou Doyennés n'était pas obligatoire [20]. Le Code a maintenant défini leurs pouvoirs et attributions, dont le rapport sur l'exécution des décrets du Visiteur, et c'est donc par leur intermédiaire que désormais doivent se faire ces rapports.

De la visite canonique des maisons religieuses [21]

Le décret se lit comme suit:

> Quolibet saltem triennio, aut saltem quadriennio, per se vel per sacerdotem idoneum, domus religiosarum Episcopus canonice visitet in iis quae spectant ad catholicam fidem, divinum cultum, sacrorum canonum et decretorum SS. Congregationum observantiam. Totus in eo sit ut observentur regulae et constitutiones. Curet Episcopus ut, singulis annis, dentur exercitia spiritualia hisce religiosis ab aliquo viro ecclesiastico pio et in disciplina regulari versato.

---

[17] Can. 447, §1, n. 2, cf. can. 449; Zaplotnik, *De Vicariis Foraneis*, The Catholic University of America Canon Law Studies, n. 47 (Washingtonii, D.C.: Catholica Universitas Americae, 1927), p. 127.

[18] Les Décrétales (C. 4, X, *de officio archipresbyteri*, I, 24) supposent bien l'existence des Archidiacres et leur attribuent un vague devoir de surveillance ; le Concile de Trente (Sess. XXIV, *de ref.*, c. 3, 20), n'est pas plus explicite.

[19] *Le Canoniste contemporain*, XLVI (1924), 21 ; Cance, *Le Code de Droit canonique, Commentaire succinct et pratique* (5 éd., 3 v., Paris: Gabalda et Fils, 1930), I, 399, note 2.

[20] Wernz-Vidal, *Ius canonicum*, II, 766; Zaplotnik, *De Vicariis Foraneis*, p. 46-47.

[21] Décret 101, *e*.

Pour les maisons religieuses d'hommes, rien de statué; pour les « maisons des religieuses », visite tous les trois ou quatre ans: les Évêques peuvent suivre cette règle [22], mais n'y sont pas tenus en vertu du décret conciliaire, qui restait en deçà de l'ancien droit [23].

Quant au reste du décret il ne peut s'y trouver rien de droit particulier: le Code a déterminé dans beaucoup plus de détails les droits et devoirs des Évêques à l'égard des Communautés religieuses [24].

Du testament des Évêques

> Décret 104: Intra tres menses a consecratione, curent Episcopi ut suum testamentum conficiant folio duplici, quorum unum ab ipso testatore servetur, et alterum committatur custodiendum personae probatae fidei. Quod si de Metropolitani testamento agatur, ad antiquiorem suffraganeum mittatur: quae documenta accurate custodiantur et in armario contra incendium praemunito deponantur [25].

Ceci est bien de droit particulier, *praeter* ou même *secundum ius* [26]. D'abord le temps est fixé: maximum de trois mois après la consécration; puis une double copie est prescrite; enfin la personne de con-

---

[22] Les cinq ans que donne le canon 512 sont un minimum, et cette règle est la même que celle de la visite pastorale générale dont parle le canon 343. Les canons 512-513 ne sont que des précisions spéciales apportées aux canons 343-345.

« Quinto quoque anno saltem Ordinarius loci visitare debet, potest autem frequentius visitare, quia vita religiosa ei subest » — Schaefer, *De Religiosis ad normam Codicis iuris canonici* (Roma: S.A.L.E.R. [1940]), p. 198.

[23] Cf. plus haut, p.23-25. Les Évêques se sont ici beaucoup plus librement écartés de la loi du Concile: on a la visite à tous les cinq ans seulement dans les provinces de Toronto et Kingston (Toronto-Kingston, *Conc. prov.*, d. 104), dans les diocèses de Québec (*Syn.* 1940, d. 138), de Montréal (*Const. syn.*, a. 85), etc.

[24] Aux canons 344, 500, 512-513, 532-535, 603-604, 607, 615, 618, 619, 1191, 1261, 1269, etc.

[25] Ce décret est calqué sur celui du Concile de Montréal auquel il réfère d'ailleurs: *Acta et Decreta Concilii Provincialis Marianopolitani Primi*, p. 126-127.

[26] Les canons 1298-1301, auxquels se rattache le décret, reproduisent à grands traits la lettre « *Quum illud* » de Pie IX, donnée le 1 juin 1847 (*Fontes*, n. 505). Notons toutefois que pour rester *secundum ius*, c'est un prêtre qui doit être désigné comme gardien du testament (can. 1301, §2, cf. can. 380).

fiance est déterminée pour les Archevêques [27]. Toutes prescriptions qui restent en vigueur parceque non opposées au Code.

§2.—Des Métropolitains

Les deux premiers décrets (**107-108**) de ce chapitre étaient de droit commun [28], et sont donc sujets aux modifications apportées par le Code en la matière [29].

Le décret **109** n'est qu'une exhortation, dont le Code a fait une obligation en imposant les réunions provinciales d'Évêques tous les cinq ans [30].

§3.—Du Vicaire Capitulaire ou de l'Administrateur

Les dispositions du décret **110*a*** concernant l'élection du Vicaire Capitulaire sont de droit commun [31] encore en vigueur [32]. Quant à la désignation de l'Administrateur (décret 110 *b-f*) [33], ce droit est maintenant totalement refait [34]; et donc l'Administrateur diocésain

---

[27] Il est cependant curieux qu'on impose cette personne au Metropolitain seulement: on s'attendrait en retour que les suffragants soient obligés de remettre la copie de leurs testaments au Métropolitain. Ici, l'Évêque choisit un prêtre, aux termes du canon 380 (can. 1301, §2), et le Concile en désigne un à l'Archevêque, en la personne du plus vieux suffragant.

[28] Les sources en sont indiquées en marge même du décret 108.

[29] Rien n'est changé au décret 107 (cf. can. 272). Le décret 108 doit subir quelques modifications, conformément aux canons 274, n. 4, 5, et 432, §2; il est d'ailleurs en accord avec les canons 284 et 1594, §1.

[30] Can. 292. Le Concile proposait la tenue de ces réunions tous les trois ans; le Code les étend à cinq ans, mais les rend obligatoires.

[31] Conc. Trident., sess. XXIV, *de ref.*, c. 16; Pie IX, const. «*Romanus Pontifex*», 28 août 1873 — *Fontes*, n. 565. Cf. [Icard,] *Praelectiones Juris Canonici*, I, 354-357.

[32] Can. 430-435, 274.

[33] Il n'est évidemment pas question ici de l'Administrateur Apostolique au sens des canons 312-318.

[34] Le décret conciliaire est basé sur la lettre encyclique de Benoit XIV «*Quam ex sublimi*», du 8 août 1755 (*Fontes*, n. 436), pour les diocèses relevant de la Propagande. Cf. Jaeger, *The Administration of Vacant and Quasi-vacant Episcopal Sees in the United States*, The Catholic University of America Canon Law Studies, n. 81 (Washington, D.C.: The Catholic University of America, 1932), p. 62-70.

doit maintenant être élu selon le Code, c'est-à-dire comme le Vicaire Capitulaire, mais par les consulteurs diocésains [35].

Les obligations et pouvoirs du Vicaire Capitulaire (ou de l'Administrateur) [36] rapportés aux décrets **111** et **112** étaient, pour les diocèses n'ayant pas de chapitre diocésain [37], de droit commun avant le Code [38], et sont donc soumis aux changements apportés par le Code [39].

§4.—Du Vicaire Général

Sous ce titre non plus, il ne se trouve rien que de droit commun, soit actuel, soit d'avant-Code.

Le décret **113** concorde avec le droit actuel [40].

Mais le décret «*Maxima Cura*» de la S. C. Consistoriale, en date du 20 août 1910, et le décret du 3 octobre suivant, émanant de la même Congrégation (*Fontes*, n. 2074, 2076), donnèrent aux consulteurs diocésains la charge d'élire l'Administrateur *sede vacante*. Les canons 423-428 reproduisent ces décrets.

[35] Can. 427, 430-435; *AAS*, XI (1919), 75-76 et 233. Cf. Klekotka, *Diocesan Consultors*, The Catholic University of America Canon Law Studies, n. 8 (Washington, D.C.: The Catholic University of America, 1920), p. 162.

[36] L'Administrateur diocésain n'est autre chose que le Vicaire Capitulaire, il n'y a que son élection qui n'est pas «capitulaire»; ses obligations et pouvoirs sont ceux du Vicaire Capitulaire; ceci, avant le Code comme depuis le Code. Cf. Jaeger, *Administration of Vacant and Quasi-vacant Episcopal Sees in the United States*, p. 67-68, 157-199; can. 431, §2.

[37] [Icard,] *Praelectiones Juris Canonici*, I, 354.

[38] Le décret 111 reproduit textuellement le décret XVI du cinquième Concile provincial de Québec, lequel décret est emprunté aux Constitutions «*Quam ex sublimi*» de Benoit XIV (8 août 1755—*Fontes* n. 436) et «*Romanus Pontifex*» de Pie IX (28 août 1873 — *Fontes*, n. 565), puis au Concile de Trente (Sess. XXIV, *de ref.*, c. 16.)

Les restrictions du décret 112 sont basées sur le Concile de Trente (Sess. VII, *de ref.*, c. 10), sur l'axiome juridique «*Sede vacante, nihil innovetur*» et sur l'interprétation des juristes. Cf. Gignac, *Compendium Juris Canonci ad usum Cleri Canadensis, De Personis* (Quebeci, 1901), p. 336-338.

[39] Can. 430-444.

[40] Can. 366, 159 et 364, 368.

Le décret **114** est de droit commun antérieur au Code [41]; le droit actuel en garde à peu près les dispositions [42], sauf que l'Évêque n'est plus obligé d'avoir un Vicaire Général [43].

La même appréciation doit être faite du décret **115**: droit commun antérieur au Code [44], dont peu a été changé [45].

§5.—Des Chanoines et des Consulteurs [46]

Tout est conforme au Code dans les premiers décrets **(116-118)** de ce chapitre [47], sauf une incidente dans le décret 118*b:*

> Consultores ab Episcopo eligendi sunt, inter eos quos plena sua fiducia dignos censuerit, cum praevio consilio nonnullorum, scilicet Vicarii Generalis pro prima deputatione, et antiquiorum Consultorum pro subsequentibus electionibus.

Cette obligation pour l'Évêque de consulter son Vicaire Général avant la nomination des premiers consulteurs n'est contenue ni dans le Code ni dans le droit antérieur. Il semble cependant que cette obligation ne tient pas, pour deux raisons. *Premièrement*, cette partie du décret est contraire au droit en ce sens que jamais dans le Code obligation n'est faite à l'Évêque de consulter son Vicaire

---

[41] Campagna, *Il Vicario Generale del Vescovo*, The Catholic University of America Canon Law Studies, n. 56 (Washington, D.C.: The Catholic University of America, 1931), p. 79, 91-92; [Icard,] *Praelectiones Juris Canonici*, I, 329.

[42] Can. 366.

[43] « Quoties rectum dioecesis regimen id exigat, constituendus est ab Episcopo Vicarius Generalis . . . » (can. 366).

[44] Gignac, *Compendium Juris Canonici*, p. 309-310; Wernz, *Ius Decretalium*, Tom. V (Prati, 1914), lib. I, 87, 93, et lib. II, 29.

[45] Can. 368, 366, 369. Le droit actuel toutefois attribue régulièrement à l'Official la fonction du juge (can. 1573), et non au Vicaire Général. Le décret 115 insinue déjà ici ce qu'on retrouve au décret 651*a*, selon l'ancien droit.

[46] Il ne s'agit ici que des Consulteurs diocésains, et non pas des Curés consulteurs.

[47] On retrouve le décret 116 aux canons 391 et 397; le décret 117 aux canons 423 et 425; le décret 118*a* est implicitement compris dans les canons 392, 396 et 404, et 118*b* se retrouve presque textuellement aux canons 424, 426 et 428, sauf le point particulier dont il sera immédiatement question.

Général: l'Évêque doit souvent consulter d'autres personnes [48] mais l'obligation ne lui est jamais faite de consulter son Vicaire Général qui est un *Alter ego* [49] et non une personne juridique distincte de lui-même. *Deuxièmement*. Cette prescription est fondée sur l'ancien droit où l'Évêque devait avoir un Vicaire Général [50], alors que le Code a retranché cette obligation, au canon 366.

Le décret **119** contient une prescription particulière:

> Antequam munus suum suscipiant, Canonici et Consultores juramentum emittant de munere fideliter, absque ulla personarum acceptione, exequendo, necnon de secreto servando, quatenus id rei gravitas expostulet.

La première partie est de droit commun actuel pour ce qui regarde les Consulteurs [51], elle est *praeter ius codicis* pour le reste, et en tout ce qui regarde les Chanoines. Les Pères du Concile étendent ainsi à ces officiers ayant leur responsabilité dans l'administration diocésaine le serment que doivent prêter les membres de la Curie [52]. Cette prescription est donc encore en vigueur.

Convocation du Chapitre doit avoir lieu au moins quatre fois par année selon le décret **120**; ceci est une disposition *praeter ius* [53] qui reste en vigueur.

---

[48] Par exemple son Chapitre, les consulteurs diocésains, les curés consulteurs, les examinateurs synodaux (mais jamais l'*un* d'eux), qui sont des personnes morales ou juridiques distinctes de lui-même; il ne consulte les personnes physiques que lorsqu'elles sont elles-mêmes immédiatement intéressées à tel projet, comme le Curé dans la nomination de son vicaire ou la division de sa paroisse.

[49] Cocchi, *Commentarium in Codicem Iuris Canonici* (8 v., Taurinorum Augustae: Marietti, 1931-1938), II, 268.

[50] C'était du moins l'opinion la plus commune, et celle qu'on avait admise au décret 114.

[51] Can. 425, §2.

[52] Can. 364, §2.

[53] Canon 411; pour l'ancien droit, voir les sources indiquées à ce canon. Le canon 411 insinue d'ailleurs que ces assemblées ordinaires se tiennent normalement plusieurs fois par année; et la fréquence en est réglée dans les statuts du Chapitre (cf. can. 410).

Le décret **121** ne contient que de l'ancien droit [54], et doit donc subir les changements apportés par le Code [55].

Après un court résumé des devoirs liturgiques des Chanoines [56], le décret **122** continue sous la lettre *b:*

> Metropolitanum aut Episcopum antiquiorem certiorem facere debet Capitulum de morte proprii Episcopi, ac postea electionem Vicarii Capitularis eisdem denuntiare. Volumus ut utrumque a Capitulo, tum Delegato Apostolico, tum singulis provinciae Episcopis notificetur.

Ceci était de droit particulier, et se trouve encore en vigueur, parceque *praeter* si non *secundum codicem.* Et donc le chapitre doit notifier le Saint-Siège [57] par l'intermédiaire du Délégué Apostolique, pour satisfaire en même temps au Concile, puis chacun des Évêques de la province [58] et de la mort de l'Évêque et de l'élection du Vicaire Capitulaire.

Ne se trouvant pas expressément corrigé par le Code, le décret **123** reste en vigueur [59], mais le nouveau droit étend considérablement ce

---

[54] Benoît XIV, *De Synodo dioecesana* (Romae, 1748), Lib. III, c. 1, n. 5, 6; [Icard,] *Praelectiones Juris Canonici*, II, 162, 163; Gignac, *Compendium Juris Canonici, De Personis* p. 321, 322.

[55] La liste donnée dans le décret n'est pas exhaustive; mais on pourrait la corriger comme suit: (*a*) L'avis du Chapitre ou des Consulteurs n'est plus requis pour la con, vocation du Synode (can. 357; *ASS*, X (1919), 504); (*b* et *c*) cet avis est encore requis pour diviser ou démembrer les bénéfices (can. 1428), mais l'Ordinaire ne peut confier à des réguliers un bénéfice séculier sans autorisation du Saint-Siège (can. 1423, 1430, 1442); enfin quant à la prescription *d*, le Code précise maintenant plusieurs cas où l'Ordinaire doit prendre l'avis du Chapitre ou des Consulteurs, (can. 386, 388, 394, 403, 406, 895, 1234, 1292, 1359, 1428, 1520, 2292) et tous les cas où il doit en obtenir le consentement (can. 373, 394, 712, 1532, 1541).

[56] Ces devoirs sont plus explicites aux canons 391, 397 et surtout 412.

[57] Can. 429, §4.

[58] Ceci est *praeter ius.* Seule la notification au Métropolitain ou au Suffragant *senior* est *secundum codicem*, en considération des canons 274, n. 1, et 432, §2.

[59] Can. 2, et S.C.R., *Decretum generale*, 31 mai 1817, n. 2579, ad 2, dans les *Decreta Authentica Congregationis Sacrorum Rituum* (Romae, 1898-1912).

Et donc le Chapitre, en corps, peut porter ses insignes en dehors de son église, même en dehors du diocèse. Cf. Moretti, *Caeremoniale iuxta Ritum Romanum seu De Sacris functionibus Episcopo celebrante, assistente, absente* (4 v., Taurini: Marietti, 1936-1939), I, 58-59.

privilège: à tout le diocèse, et même au dehors en certaines circonstances [60].

Les chanoines honoraires doivent être maintenant nommés conformément au Code [61], qui comporte quelques nuances le différenciant du décret **124**, tout inspiré de l'ancien droit [62].

§6.—Des Curés et Recteurs de missions

Le terme « mission » est-il employé ici dans le sens de « partie de diocèse » ?—Le droit actuel n'admet pas cette terminologie: les « missions » sont des parties de territoire relevant encore de la S. C. de la Propagande [63]; mais l'incidente « *ubi fieri nequeat* » du décret 125 peut aussi vouloir dire « dans les lieux soumis à la S. C. de la

[60] Can. 409, §2: s'ils accompagnent l'Évêque ou s'ils représentent officiellement l'Évêque ou le Chapitre.

[61] Can. 406.

[62] Voir les sources citées en marge du décret 124.

[63] Can. 216; S.C. Consist., déclaration du 1 août 1919 — *ASS*, XI (1919), 346-347. Bernier, dans sa thèse *De Patrimonio paroeciali* (Quebeci, 1938), p. 45, 144-145, émet l'opinion qu'encore actuellement on peut avoir des *missions* dans nos diocèses, en s'appuyant sur les canons 533 et 1182 tirés de la Constitution « *Romanos Pontifices* » (Léon XIII, 8 mai 1881 — *Fontes*, n. 582). Mais en regard de la déclaration et du canon cités, son argumentation ne nous paraît pas décisive: aucun auteur, à notre connaissance, n'interprète ainsi le mot « mission » des canons 533 et 1182; et la Constitution « *Romanos Pontifices* » étant adressée à l'Angleterre qui releva de la Propagande jusqu'en 1908 (Pie X, const. « *Sapienti Consilio* », 29 juin 1908 — *Fontes*, n. 682), il est normal qu'on y trouve l'expression *missio;* et même en admettant une différence entre *mission* et *quasi-paroisse*, il ne s'ensuit pas que des *missions* peuvent se trouver dans un diocèse: il reste que tout le territoire de tout diocèse soumis au droit commun et non à la S.C. de la Propagande doit être divisé en paroisses (can. 216, §1 et 3), et que dans les Vicariats et Préfectures Apostoliques les parties confiées à un recteur particulier sont des quasi-paroisses (can. 216, §2 et 3), les autres parties sans limites encore fixées (cf. can. 296, §1; 740; S.C. de la Prop., instr., 25 juillet 1920 — *AAS*, XII (1920), 331-333; décret, 9 déc. 1920 — *AAS*, XIII (1921), 17-18), seraient des *missions*, (cf. can. 296, § 1) ou *stationes missionales* comme disent les auteurs (Vromant, *Jus Missionariorum — De Personis* (Louvain: Éditions du Museum Lessianum, 1929), p. 264-265).

D'autre part, le mot *mission* étant admis dans notre droit civil pour désigner un « commencement de paroisse » (cf. Mignault, *Le Droit paroissial* (Montréal, 1893), p. 15-35), il est normal qu'on le retrouve dans les documents canoniques faisant foi au for civil, et dans certains ouvrages canoniques canadiens.

Propagande» [64], vu que les décrets suivants sont aussi applicables aux quasi-curés [65].

Les décrets **125** et **126** sont de droit commun actuel [66].

Au décret **127** on ne fait que référer au droit commun ou particulier pontifical [67] auquel le Code a apporté de graves modifications [68].

Le décret **128** est conforme au Code [69].

La loi de la résidence donnée au décret suivant (**129**) est conforme au canon 465 [70], mais ce dernier est plus précis sur le lieu de la résidence : *in domo paroeciali prope suam ecclesiam.*

En plus de rappeler du droit commun encore en vigueur [71], le décret **130** contient deux prescriptions particulières:

---

[64] Le Canada comptait au temps du Concile quatre Vicariats et une Préfecture Apostoliques: Athabaska, Mackenzie, Golfe S.-Laurent, Témiscamingue et Yukon. Cf. *La Gerarchia cattolica, anno* 1910 (Roma: Tipografia poliglotta Vaticana, 1910); *The Official Catholic Directory* (v. XXIV (1909), New York-Milwaukee: The M. H. Wiltzius Co., 1909).

[65] Pour ce qui est du droit commun, cf. can. 451, §2; 454, §4; Suarez, *De Remotione Parochorum* (Romae: Pontificium Internationale Institutum « Angelicum » de Urbe, 1931), p. 109-110.

Pour ce qui est du droit particulier conciliaire, bien qu'ils ne soient pas mentionnés dans les documents émanés du Saint-Siège et publiés dans les Actes du Concile (p. VIII, 4, 5), les Ordinaires de ces lieux ont été convoqués et ont assisté légitimement au Concile (Actes, p. 6, 16-17), ils en ont signé les décrets (p. 484-485) promulgués ensuite pour leurs territoires (p. V-VI); le tout d'ailleurs en accord avec les canons 281-282, qui ne font pas de doute pour les Vicaires et Préfets Apostoliques appartenant à des provinces ecclésiastiques, comme sont ceux du Canada.

[66] Canon 216, puis 451, 455, 457-459, 1414-1427, 1432.

[67] S.C. Consist, décret « *Maxima Cura* », 20 août 1910 — *Fontes*, n. 2074 ; « *Cum Magnopere* », Instruction de la S.C. de la Prop. donnée pour les États-Unis en 1884 — Smith, *The new Procedure in criminal and disciplinary causes of Ecclesiastics* (3. ed., New York, 1898), Appendix, I; réponse de la même Congrégation, le 28 mars 1887 — *Fontes*, n. 4917. Cf. Gignac, *Compendium Juris Canonici*, p. 397.

[68] Can. 454, 2142-2194.

[69] Can. 462, 464, 467, 469, 1330-1333, 1344-1345.

[70] Le canon 465 ne distingue toutefois pas expressément entre résidence *matérielle* et *formelle* dont parlent leurs auteurs d'avant-Code (Bouix, *Tractatus de Parocho* (Parisiis, 1855), p. 547; Gignac, *Compendium Juris Canonici*, p. 37) mais les canons suivants y pourvoient.

[71] Can. 467, 470.

a. Bonus pastor cognoscit oves suas. Studeat igitur parochus aut rector omnes et singulos intra suae paroeciae limites commorantes apprime dignoscere: de eorum conditione, necessitatibus, indole et moribus nihil ipsum lateat. Quod ut facilius assequatur, una vice per annum, nisi quid obsit, pastoralem singularum familiarum visitationem peraget.

b. Librum de statu animarum habeat, quem quotannis recognoscat, in quo describantur familiae, cum nomine singulorum membrorum, adnexis signis quibus confirmati a non confirmatis, communicantes a non communicantibus discriminentur, et liber ostendatur Episcopo statis temporibus.

c. Libros, juxta formulas in Rituali Romano, et etiam ab Ordinario praescriptas, describendi baptizatos, confirmatos, conjugatos, et defunctos, summa cura teneat. Horum acta statim exarentur, et extemplo subscribantur a rectore et omnibus ad quos pertinet.

La fin du paragraphe *a*, obligeant les curés à faire la visite paroissiale annuelle est bien selon le droit actuel [72] et persiste donc [73]. De même pour la dernière prescription donnée sous la lettre *c*, concernant la signature des actes par qui de droit, en plus du recteur [74]: *praeter ius*, elle subsiste.

Tout le reste du chapitre (décrets **131-133**) est de droit commun actuel ou de théologie pastorale [75], sauf une nuance au décret 132*a*: le Code oblige les curés qui sont empêchés le dimanche à dire la

---

[72] Can. 467, 470; *Rituale Romanum*, tit. XII, cap. 6.

[73] Cette prescription se retrouve d'ailleurs dans les récents Conciles provinciaux et Synodes: Toronto-Kingston, *Conc. prov.*, d. 79; Québec, *Syn.* 1940, d. 90; Montréal, *Const. syn.*, a. 52; Vancouver, *Syn.* 1937, d. 24; Saint-Boniface, *Const. syn.*, a. 72; Saint-Hyacinthe, 12 *Syn.*, 35; etc.

[74] Le Concile entend ici par *qui de droit*, les personnes qui selon le droit civil, dans les diocèses où les pasteurs sont chargés des registres civils doivent aussi signer les actes; ainsi par exemple le *Code Civil de la Province de Québec*, aux articles 55 pour ce qui regarde les baptêmes, 64 pour les mariages, 67 pour les sépultures.

[75] La correspondance des décrets aux canons se fait comme suit: décret 131*a* — can. 462, 468; décret 131*b* — can. 467, 468; décret 131*c* — can. 684; décret 131*d* — can. 467, 469, 1329-1333, 1381; décret 132 — can. 466; décret 133*a* — can. 344, 470, 1522, 1525, puis 127 et 451; décret 133*b* — can. 476, §7; décret 133*c* — can. 465, §5, 6.

messe *pro populo* « aussitôt que possible » [76], au lieu de « au cours de la semaine », comme disait l'ancien droit [77].

§7.—Des Vicaires des curés

Décret **134**. *Deputatio vicarii*. *a*. Vicarii parochorum deputantur ad adjuvandum parochum in paroecia degentem eamque administrantem, sive ob parochi infirmitatem, sive ob magnum numerum fidelium.

b. Eorum deputatio, secundum usum qui in nostra regione invaluit, et quem servare volumus usquedum aliter S. Sedes declaraverit, exclusive ad Episcopum pertinet a quo ipsi delegatam jurisdictionem obtinent.

Il n'est donc question ici que des vicaires *auxiliaires* (*adjutores*) et des vicaires *coopérateurs*, le titre du chapitre l'indique déjà et la description qu'en donne le premier paragraphe cité [78]. L'alinéa *b* reste vrai, pourvu qu'on l'interprète correctement en ce qui regarde les vicaires coopérateurs [79]; il est évident que leur nomination relève exclusivement de l'Ordinaire, mais non jusqu'au point de faire la nomination sans consulter le Curé intéressé [80].

---

[76] Can. 466, §1, et 339, §6.

[77] Benoît XIV, lettre encycl. « *Cum semper oblatas* », 17 août 1744, §8 — *Fontes*, n. 345. Cf. Gignac, *Compendium Juris Canonici*, p. 381.

[78] La description donnée se retrouve, et plus explicite, aux canons 475 et 476.

[79] Pour ce qui regarde la nomination des Vicaires auxiliaires, le Code n'exige pas que l'Évêque entende le Curé (can. 475).

[80] Le Concile de Trente (Sess. XXI, *de ref.*, c. 4), donnait au curé le pouvoir de nommer ces vicaires, à qui toutefois l'Évêque était libre de refuser les facultés si le sujet n'était pas compétent (Innocent XIII, const. « *Apostolici Ministerii* », 23 mai 1723, § 13—*Fontes*, n. 280). En France toutefois le fait existait depuis longtemps que les Évêques nommaient les vicaires coopérateurs et que les docteurs discutaient la question (Cf. Bouix, *Tractatus de Parocho*, p. 440-447; [Icard,] *Praelectiones Juris Canonici*, I, 457-460); les Pères du Concile adoptent une pratique uniforme et c'est tout. Le Code laisse la nomination aux Évêques, mais ajoute *audito parocho* (can. 476, §4; 477, §1; S.C.C., 14 nov. 1920 — *AAS*, XIII (1921), 43-46.

On trouve dans Bastnagel, *The Appointments of Parochial Adjutants and Assistants*, The Catholic University of America Canon Law Studies, n. 58 (Washington, D.C.: The Catholic University of America, 1930), un excellent exposé de la question, tant au point de vue historique (particulièrement aux pages 44-45) que canonique (p. 187-237).

La juridiction des vicaires déclarée au décret **135** est celle que le Code donne comme normale [81] excepté pour les vicaires *auxiliaires* remplaçant en tout le Curé, qui ont, eux, juridiction ordinaire [82].

La loi de la résidence appliquée aux vicaires est de droit particulier:

> ...Quae de parochorum residentia dicta sunt etiam de vicariis intelligenda volumus... (décret **136**.)

Mais cette disposition est bien dans l'esprit du Code [83], et reste en vigueur.

Enfin le dernier décret, **137**, est de droit commun actuel [84].

§8.—Des Prêtres malades

Après les considérations générales du décret **138**, le décret **139** statue ce qui suit:

> *a*. Qui ad missionis vel *servitii Ecclesiae* titulum ordinati sunt, jus perpetuae sustentationis ex missione vel ecclesia habent; quod jus culpa dumtaxat gravi amittitur.
>
> *b*. Cum vero ordinarii dioeceseon redditus plerumque sint exigui, infirmorum presbyterorum necessitatibus aliter subveniendum est.
>
> *c*. Pluribus jam in dioecesibus exstant societates dictae « Caisses de retraite », « Infirm Priests' Fund », pro infirmis sacerdotibus constitutae, praesideque Episcopo, a presbyterorum concilio moderatae; quibus quilibet sacerdos, sive patrimonii sive missionis, sive *servitii ecclesiae* titulo ordinatus, in sua dioecesi adscribi potest, dummodo taxam statutam solvat, neque indignus ab Episcopo judicatus fuerit.

---

[81] Can. 475, §2; 476, §6 et §7.

[82] Can. 475, §2; Cocchi, *Commentarium in Codicem Iuris Canonici*, III, 454; Coronata, *Institutiones Iuris Canonici ad usum utriusque Cleri et Scholarum* (5 v., Taurini-Romae: Marietti, 1933-1939), I, 594, et les auteurs cités là.

[83] Can. 475, §2; 476, §5. Le décret admet-il pour le vicaire aussi le principe des deux mois de vacances permis aux curés dans la loi de la résidence ? La pratique est de deux semaines. Cf. Toronto-Kingston, *Conc. prov.*, d. 99; Québec, *Syn.* 1940, d. 124; Montréal, *Const. syn.*, a. 65, §2; Vancouver, *Syn.* 1937, d. 29*a*; Saint-Hyacinthe, 12 *Syn.*, 42; etc.

[84] Can. 463, 1234.

d. Has igitur societates, ubi jam existunt, firmius constituere volumus, ideoque sacerdotes omnes enixe hortamur ut eis sponte nomen dent regulasque servando libenter faveant. Ubi vero non sunt, statuimus ut Episcopi media opportuna ad decentem infirmorum sacerdotum sustentationem quamprimum instituant, sive laudatas societates condendo, sive formando aerarium per taxam singulis paroeciis impositam.

a. Ceci subsiste encore [85], pourvu qu'on l'interprète correctement: ainsi, premièrement, notons que, dans les diocèses soumis au droit commun, les prêtres canadiens qui avaient été ordonnés à titre de *mission* sont censés avoir été ordonnés à titre de service de l'Église [86]; deuxièmement la perte de ce privilège par faute grave, dont il est question à la fin du paragraphe, doit s'entendre au sens du Code [87].

Le reste (sous les lettres *b*, *c*, *d*,) est de droit particulier, *praeter* ou plutôt *secundum ius* [88], et encore en force [89].

§9.—Des Prêtres étrangers de passage

Les décrets (**140-142**) ici donnés sont de l'ancien droit commun [90] que le Code a élargi; on doit donc maintenant s'en tenir au Code, tant pour la partie impérative que pour la partie permissive du canon 804 [91].

---

[85] Can. 974, 979-981.

[86] S.C.C., 7 fév. 1912 — *Acta* du Concile, p. 104. Cf. Gariépy, *Nouveau Code de Droit Canonique et Théologie morale* (2 éd., Québec: L'Action Sociale, 1920), p. 174.

[87] Can. 213, 2298-2304. Cf. Meier, « Provisions for the Pastor affected by penal administrative deprivation, » — *The Jurist*, I (1941), 199-209.

[88] Cf. can. 981, 1429, 1505.

[89] Le décret toutefois n'ajoute pas grand chose au droit commun: une suggestion plutôt qu'une disposition particulière.

[90] Conc. Trident., sess. XXIII, *de ref.*, c. 16; S. C. de la Propagande, lettre encycl., 20 avril 1873 — *Fontes*, n. 4884.

[91] Blat, *Commentarium textus Codicis Iuris canonici*, (6 v. in 8 (v. II et IV, 2 ed.; v. III, 3 ed.), Romae: Typ. Pontificia in Instituto Pii IX — Institutum Pontificium Internationale « Angelicum », 1921-1934), III, 108; Cappello, *Tractatus canonico-moralis de Sacramentis* (3 v. in 6, Romae : Marietti, 1932-1939) I, 749; Vermeersch-Creusen, *Epitome Iuris canonici* (3 v., 3 ed., Mechliniae-Romae: Dessain, 1927), III, 36.

Le principal changement apporté est que les prêtres sans *celebret*, même inconnus, peuvent être admis à célébrer une fois ou deux.

§10.—Des Prêtres tombés

Sous ce paragraphe (décrets **143-145**) ne viennent que des prescriptions générales renvoyant au droit commun, ou particulier pontifical du moins [92], et qui sont à ajuster au Code [93].

Le décret 145*b* vaut toutefois qu'on le cite pour ce qu'il contient de particulier dans la dernière partie:

> Quapropter si quam vel minimam conversionis spem exhibeant, in aliquam domum religiosam seu monasticum refugium recipiantur, ubi, per tempus ab Episcopo statuendum, spiritualibus exercitiis vacent. Tunc spiritu confortati, vel committantur sollicitudini alicujus confratris de cujus caritate et prudentia tuta habeatur fiducia vel, si existat in dioecesi aut in provincia ecclesiastica recessus pro sacerdotibus aetate vel infirmitate debilitatis, eis lapsi prudenter adjungantur ut eorum consilio et praesertim exemplo ad spem et virtutem erigantur. Attamen cum experientia constet miserandos lapsos, sibi ipsis relictos, nullum afferre fructum emendationis, Episcoporum erit ipsis praeficere aliquem sacerdotem pietate, patientia et zelo praecellentem et quasi speciali vocatione praeditum, qui de ipsis sollicitam curam habeat, non uti superior et magister sed uti confrater et amicus.

La surveillance fraternelle et amicale, comportant de sa nature les monitions privées et bienveillantes, voilà un remède qui garde souvent l'efficacité de la surveillance proprement autoritaire dont il est question au canon 2311, mais qui en fait disparaître ce qu'elle peut avoir d'odieux et d'exaspérant. Le ton du décret indique toutefois qu'on a là une directive morale plutôt qu'une loi formelle.

---

[92] Le décret 143 porte expressément « iuxta sacros canones » ; et le décret 144 renvoie à l'Instruction «*Cum magnopere*» et au décret du 28 mars 1887 de la S.C. de la Propagande.

Voir plus haut, au décret 127, p. 134.

[93] Can. 2142-2194, 2278-2290, 2298-2305. Cf. note 87 au décret 139.

Le décret 145 se rattacherait aux canons 2214, 2306-2309, puis 2311, 2313, et enfin 608.

§11.—Du Concile provincial et du Synode diocésain

L'énoncé général du décret 146 doit être corrigé selon le Code [94], mais la disposition finale reste de droit actuel [95].

On peut dire aussi que la première partie du décret suivant (147) est conforme au Code tant elle est générale, mais non la seconde:

> Nostrum igitur erit, pro viribus, has Synodos, juxta leges canonicas et Sedis Apostolicae adhortationes, convocare, ut ovium nobis commissarum bonum spirituale foveatur et amplietur. Cui celebrationi si quid obsist, annua saltem cleri exercitia spiritualia Synodi locum teneant.

Notons d'abord que les lois canoniques ne requièrent plus la célébration annuelle des synodes [96], mais fixent un maximum de dix ans entre chacun [97]. Devant la difficulté que présentaient ces assemblées annuelles on en était venu à une interprétation très large de la loi, et en France, dès 1850, on admettait la théorie, commandée par la pratique, que les retraites annuelles pouvaient remplacer les synodes [98]. Nous retrouvons cette déclaration ici, avec la réserve *cui celebrationi si quid obsit*. Dans la ligne pure du droit et telle quelle, cette disposition est contraire à la loi générale et ne peut tenir [99]: la loi antérieure restait, et la loi actuelle est en vigueur qui oblige à tenir un synode tous les dix ans au moins.

---

[94] Le canon 283 étend à vingt ans la fréquence des conciles provinciaux.

[95] Can. 336, §1.

[96] C'était la loi en vigueur jusqu'au Code. Conc. Trident., sess. XXIV, *de ref.*, c. 2; Bouix, *Tractatus de Episcopo, ubi et de Synodo diœcesana* (Parisiis, 1859), II, 350-355. On trouve un excellent aperçu historico-juridique de la question dans : Donnelly, *The Diocesan Synod*, The Catholic University of America Canon Law Studies, n. 74 (Washington D.C.: The Catholic University of America, 1932), p. 7-33.

[97] Can. 356.

[98] [Icard,] *Praelectiones Juris Canonici*, I, 308-310.

[99] Si la tenue de tel synode est impossible, «*Nemo potest ad impossible obligari*» (Reg. 6, R.J. in VI°), qu'il n'y ait pas de synode, mais cela ne change en rien la loi, le principe. Cf. Bouix, *Tractatus de Episcopo*, II, 352-353.

Qu'on dise: les synodes se tiendront *à l'occasion* des retraites annuelles; que l'Évêque convoque le Synode pour cette occasion, en forme les Commissions et tienne les quel-

Enfin, le décret **148**, les canons 290 et 356, §1, en tiennent lieu [100].

§12.—De l'incardination et de l'excardination des prêtres

Les canons 111, §1, et 116 contiennent la discipline du décret **149**; le décret **150** n'est qu'une exhortation [101]; mais le décret suivant doit être étudié:

> **151**. *Excardinationis et incardinationis modus.*—Si quis ex clericis alicujus dioeceseos alteri diœcesi adscribi seu incardinari velit, haec observanda sunt nempe:
>
> *a*. Debet imprimis clericus ille sui Episcopi litteras commendatitias praesentare.
>
> *b*. Debet insuper triennii probationem in sacro ministerio exercendo subire, vel, si opportunum judicaverit Episcopus *ad quem*, etiam quinquennii: quo in casu, antequam triennium expiret, de ulterioris probationis proposito clericum in scriptis moneat Episcopus. Numquam tamen ultra quinquennium probatio extendatur.
>
> *c*. Ex communi consensu utriusque Episcopi atque ipsius clerici poterit tempus probationis praetermitti.
>
> *d*. Durante probatione, peculiares, si opus sit, informationes etiam sub secreto ab Ordinario petantur.
>
> *e*. Sub fine probationis, si clericus idoneus non inveniatur, Episcopus *ad quem* illum in scriptis moneat et ad priorem dioecesim remittat; si vero idoneus inveniatur, Episcopus *ad quem*, praehabitis litteris excardinationis ab Episcopo dimittente, teneatur facere incardinationem,

---

ques sessions synodales obligatoires, mais il reste qu'une simple retraite annuelle ne répond pas aux exigences essentielles des canons 358-361, du Cérémonial des Évêques (L. I, c. XXXI) et du Pontifical Romain (Tit. *Ordo ad Synodum*).

[100] En ce qui regarde la sobriété dans les lois, le décret est conforme aux canons cités, comme à la règle de droit « *Utile non debet per inutile vitiari* » (Reg. 37, R.J. in VI°). Mais en ce qui regarde l'insistance sur les lois communes et conciliaires, cette dispositions est contraire aux mêmes canons, et en particulier quant aux synodes, le canon 356 disant: « *de iis* tantum *agendum quae ad* particulares *cleri populique* dioecesis *necessitates* » . . ; il est vrai que le canon 336, §1 (cf. can. 362) serait un argument contre cette affirmation, mais le canon 336 est une règle générale spécifiée par les canons sur le synode, auxquels il faut s'en tenir d'abord : « *Generi per speciem derogatur* » (Reg. 34, R.J. in VI°).

[101] Ce décret se rattacherait aux canons 143-144.

> et quidem « non oretenus, sed in scriptis, absolute et in perpetuum, id est nullis sive expressis sive tacitis limitationibus obnoxiam» (S. C. C., 20 Jul. 1898.—Cf. resp. ejusdem Cong. 24 Nov. 1906.); idque Episcopo dimittenti significet.
>
> *f*. Clericus incardinandus juramentum praestare debet ad instar illius quod constitutio *Speculatores* pro domicilio acquirendo praescribit. (Cf. decr. *A primis* diei 20 Jul. 1888 et 24 Nov. 1906.)
>
> *g*. Valde optamus ut status omnium sacerdotum, qui a pluribus annis extra propriam dioecesim sacro ministerio funguntur, clare definiatur. Curent igitur hi sacerdotes, adjuvantibus ipsis Ordinariis, ut, in quantum fieri potest, litteras incardinationis obtineant.

Remarquons d'abord que malgré le mot *clerici* employé au début du décret, il s'agit ici des prêtres: le contexte l'indique [102]. Deuxièmement, ce décret n'est pas exhaustif, ne comprend pas tous les modes d'excardination-incardination [103].

La probation dont il est question dans ce décret est de droit particulier [104] : elle ne peut engager la validité de l'excardination-incardination [105], mais elle reste une directive *praeter ius* [106] gardant

[102] Sous la lettre *b*, on parle de ces clercs comme exerçant le sacré ministère; le dernier paragraphe et le titre du chapitre disent expressément « *sacerdotes* ».

[103] Cf. can. 114, 641.

[104] McBride, *Definition, Origin, Development and Modes of Incardination and Excardination*, A dissertation submitted to the Faculty of Canon Law of the Catholic University of America in partial fulfilment of the requirements for the Degree of Licentiate in Canon Law ([Manuscript,] Washington, D.C., 1928), p. 44-45.

Cette législation, empruntée en partie au Troisième Concile de Baltimore (*Acta et Decreta Concilii Plenarii Baltimorensis Tertii, A.D. MDCCCLXXXIV* (Baltimoræ, 1886), n. 66), se retrouve en substance au canon 641, §2; mais il n'en est pas question pour les séculiers.

[105] Le décret lui-même ne l'insinue pas non plus.

[106] L'incardination tacite, automatique, telle que réglée au canon 641, §2, serait *contra ius* (can. 112) pour les séculiers, mais rien ne s'oppose à la probation elle-même conduisant à l'incardination dont il est question au paragraphe *e*.

Cette disposition se trouve d'ailleurs en harmonie avec les canons 143-144.

La fin de ce décret est d'éviter les changements fréquents d'allégeance en donnant à l'Évêque l'opportunité de connaître celui qu'il va incardiner, et au prêtre celle de connaître le diocèse auquel il doit s'engager; puis d'éviter aussi les retours à l'ancien diocèse après plusieurs années d'absence sans avoir toutefois jamais obtenu l'excardination.

sa valeur juridique pour ce qui regarde la licéité du changement de diocèse.

Le paragraphe *f* se retrouve au canon 117, n. 3; et la fin du décret est une exhortation et une directive qui gardent leur valeur.

Décret **152**. Le premier paragraphe est de droit commun pour les régions soumises à la Propagande [107], et ne reste en force qu'en ces régions [108]. Les deux alinéas suivants (*b* et *c*) sont encore en vigueur mais tels qu'explicités dans le décret « *Magni semper* » [109]. Quant à la discipline regardant les prêtres orientaux, on la trouve maintenant dans les décrets publiés depuis le Code par la S. C. pour l'Église Orientale [110].

L'incardination des religieux a été reformée par le Code et donc les prescriptions, de droit commun, données au décret **153** ne valent plus [111].

De droit actuel [112], il n'est plus question d'excardination et d'incardination des laïcs [113]: le décret **154** n'a donc plus de valeur.

Le dernier décret de ce chapitre commande l'uniformité des formules à employer pour l'incardination et l'excardination; décret encore en force, *praeter ius:*

> **155**. *Uniformitas in formulis.*—Optandum est ut in provinciis nostris formulae excardinationis et incardinationis uniformi ratione redigantur. Quem ad finem formulas typis impressas adhibendas esse decerminus, quarum exemplar in Appendice inseri jubemus.

---

[107] S.C. de la Prop., instruction du 27 avril 1871, n. 11 — *Fontes*, n. 4878; [Icard,] *Praelectiones Juris Canonici*, II, 25 ; can. 542, n. 1 ; 981, §1.

[108] Les prêtres des diocèses soumis maintenant au droit commun sont considérés comme ordonnés au titre de *service de l'Église*, même s'ils ont été ordonnés au titre de *mission* (Indult du 7 février 1912, cité en marge du présent décret), et telle dispense n'est pas requise. (Cf. Coronata, *Institutiones Iuris Canonici*, I, 209, note 4.)

[109] On peut dire que les décrets sur lesquels sont basés ces prescriptions avaient été abrogés par le Code; mais ces décrets ont vite été repris et mieux déterminés dans le décret « *Magni semper* » de la S.C. Consist., 30 déc. 1918 — *AAS*, XI (1919), 39-43.

[110] Décrets du 23 décembre 1929, du 2 et du 7 janvier 1930 — *AAS*, XXII (1930), 99-110; Instruction du 26 septembre 1932 — *AAS*, XXIV (1932), 344-346; « Monitum » du 20 juillet 1937 — *AAS*, XXIX (1937), 342-343; et décret du 16 novembre 1938 — *AAS*, XXXI (1939), 169-170.

[111] L'incardination des religieux est réglée par le canon 641. Cf. can. 117, n. 1 ; 980.

[112] Can. 956.

[113] Cf. Coronata, *Institutiones Iuris Canonici*, I, 205.

CHAPITRE QUATRIÈME

DE LA FORMATION DES CLERCS

§1.—Du discernement des vocations

Le présent chapitre (décrets **156-159**) est plutôt de théologie pastorale, rappelant aux curés et autres prêtres le devoir de découvrir et de cultiver les vocations sacerdotales. Inutile d'ajouter que rien n'y est contraire au droit [1].

§2.—Des Petits Séminaires

Après avoir cité le Concile de Trente [2] au premier décret (**160**) de ce chapitre, les Pères du Concile confessent au décret **161** l'impossibilité pratique d'observer le droit commun sur ce point, et remarquent l'inopportunité de changer brusquement tout le système d'éducation secondaire canadien.

Voilà donc pour l'aspect moral de la question [3]; mais vu que les Pères eux-mêmes expriment [4] le souhait de conformer bientôt nos Petits Séminaires ou collèges ecclésiastiques à la loi universelle [5], il semble que cette étude doive établir les relations strictement juridiques entre le droit commun et chacun des décrets conciliaires.

---

[1] Les décrets 156-158, se rattachant au canon 1353, peuvent être comparés au § 12 de la lettre encyclique « *A quo die* » de Clément XIII (13 sept. 1758), à la lettre « *Gratissime Nobis* » de Pie XI (aux Évêques de Tchécoslovaquie, le 20 fév. 1927), et à celle de la S. C. Consistoriale « *Le Visite Apostoliche* » (aux Ordinaires d'Italie, le 16 juillet 1912) — *Enchiridion Clericorum* (Typis polyglottis Vaticanis, 1938), n. 242, 1225 (*AAS*, XIX (1927), 135), et 862 (*Fontes*, n. 2084).

On peut dire la même chose du décret 159, qui de plus rapportait certains points de la lettre «*Depuis le jour*» de Léon XIII aux Évêques et au clergé de France (8 sept. 1899) — *Enchiridion Clericorum*, n. 589-590 (*Fontes*, n. 642).

[2] Sess. XXIII, *de ref.*, c. 18.

[3] On pourrait même dire aspect juridique en appliquant la règle de droit « *Nemo potest ad impossibile obligari* » (Reg. 6, R.J. in VI°), si cette impossibilité même n'était pas contestée.

[4] « *Vehementer optamus ut seminaria minora ad mentem Tridentini Concilii mox, in dioecesibus nostris, haberi queant* » . . . (décret 161).

[5] Concile de Trente, sess. XXIII, *de ref.*, c. 18; et maintenant canons 1352-1371.

Le décret 160, emprunté au Concile de Trente, se retrouve substantiellement aux canons 1354 et 1363 [6].

La partie dispositive du décret 161, après les considérations dont il vient d'être question [7], statue ce qui suit, et qui est bien dans l'esprit du droit actuel [8]:

> ... Volumus autem ut, quamdiu clerici una cum laicis in collegiis ecclesiasticis educabuntur, moderatores iique omnes quibus talium collegiorum incumbit cura, prae oculis semper teneant finem a Tridentino Concilio propositum, studeantque cuncta ita componere, ut pueri divinitus vocati vere clericalem formationem accipiant.

Les canons 1363 et 1371 contiennent le décret **162** [9] de même le décret **163** se retrouve dans le Code [10].

Sous la réserve constante que tous les élèves des séminaires doivent se destiner au sacerdoce [11], le décret **164** est conforme aux canons 1364, n. 1, et 1367, mais ajoute une remarque particulière qui se rattacherait au canon 1371:

> . . . Cavendum quoque est ut contra mundi illecebras et praesertim contra intemperantiae incitamenta muniantur.

Les décrets suivants entrent dans des détails particuliers *secundum* et *praeter ius* [12], qu'il faut citer parce qu'encore en force:

---

[6] Notons toutefois que l'ancien droit comme tel ne subsiste pas après le Code; la matière en a été entièrement remaniée et considérablement augmentée; ainsi les 12 ans dont il est ici question ne sont plus un minimum, le canon 972 disant seulement « *a teneris annis* ».

[7] Ces considérations admettent l'opposition du droit particulier au droit commun, actuellement trouvé aux canons 972, 1354, 1363, 1371.

[8] Can. 1360, 1369.

[9] Les canons cités comprennent de plus, particulièrement, qu'on ne doit pas admettre les illégitimes, et qu'on doit renvoyer ceux qui ne semblent pas aptes à l'état ecclésiastique.

[10] Can. 1360; 1369, §3.

[11] En retranchant l'incidente « . . . *iis praesertim qui probabilia dent clericalis vocationis signa* . . . »

[12] Décret 165:—La langue latine est encore à la fois prescrite par la nature des choses et par le canon 1364, n. 2; la manière de la parler, à la romaine, est de droit particulier

165. *Classica institutio.*—Alumni omne impendant opus discendae linguae latinae quae, perpetuo Ecclesiae usu consecrata, catholicae habetur traditionis interpres atque ad ecclesiasticam scientiam quasi necessarius est aditus, et in qua legenda pronunciationem romanam, uniformitatis causa, ab omnibus adhiberi desideramus. Curandum etiam pro viribus ut linguae graecae studium non desit in collegiis vel seminariis. Uno verbo classica ac traditionalis institutio, quam tam saepe recentibus temporibus Romani Pontifices commendarunt, omnino retineatur. (Cf. epist. Leonis XIII ad Episcopos Galliae, Hungariae, etc., de formatione cleri.)

166. *Linguae hujus regionis.*—Patriam linguam non modo alumni non negligant, sed sic ejus principiis et regulis instituantur, ut recte et eleganter ea loqui et scribere valeant.—Valde item optandum est his in regionibus, ut qui gallice loquuntur non gallicam tantum, nec qui anglice loquuntur tantum anglicam linguam, sed utrique

---

dans l'esprit de la lettre de Pie X à Monseigneur Dubois (le 10 juillet 1912—*Enchiridion Clericorum*, n. 861 (*AAS*, IV (1912), 577-578), de même pour l'enseignement du grec et la formation classique traditionnelle. Cf. Clément XIII, const. ap. « *Cum Scriptura* », 18 août 1760 — *Enchiridion Clericorum*, n. 247-250; Léon XIII, lettre encyclique « *Providentissimus Deus* », 18 nov. 1893 — *ibidem*, n. 519 (*Fontes*, n. 621, 9); Pie XI, lettre encyclique « *Divini illius Magistri* », 31 déc. 1929—*AAS*, XXII (1930), 80; « *Ad catholici Sacerdotii* », 20 déc. 1935 — *Enchiridion Clericorum*, n. 1384 (*AAS*, XXVIII (1936), 28).

Décret 166:—Naturellement et de par le Code (can. 1364, n. 2), la langue paternelle doit être bien apprise au séminaire; le reste du décret est un vœu, qui se rattacherait au canon 1364, n. 3, et à la théologie pastorale.

Décret 167:—Nous avons ici, parce que regardant les petits séminaires, une loi particulière *secundum ius*, basée sur l'axiome *fiant oratores*, et pour que soient plus sûrement atteintes les fins des canons 1347, §2; 1365, §2, cf. 1354, §2. Cf. aussi S.C. Consist., *Normae*, 28 juin 1917, n. 34-38 — *Enchiridion Clericorum*, n. 1059-1063 (*AAS*, IX (1917), 334).

Décret 168:—De droit commun, les séminaristes même des petits séminaires doivent prendre part aux cérémonies (can. 1367, n. 3); le chant ecclésiastique n'est prescrit dans le Code que pour le Grand Séminaire (can. 1365, §2), mais il l'est aussi pour les Petits Séminaires dans la Constitution apostolique « *Divini Cultus* » (Pie XI, 20 déc. 1928 — *Enchiridion Clericarum*, n. 1267-1268 (*AAS*, XXI (1929), 36-37). Cf. Benoît XIII, const. ap., « *Creditae Nobis* », 9 mai 1725, §10 — *ibidem*, n. 199 (*Fontes*, n. 288); Benoît XIV lettre encyclique « *Annus qui* », 17 fév. 1749, §2 — *ibidem*, n. 239 (*Fontes*, n. 395).

Décret 169:—Le programme donné ici est *secundum can*. 1364, n. 3.

duas illas calleant linguas; quae multis in locis ad sacramentorum verbique Dei dispensationem simul requiruntur. —Addimus utilissimum fore, si aliqui saltem, vel ab annis seminarii, studio linguae Italorum aliorumque populorum penes nos viventium incumbant.

167. *Elocutio.*—Rhetoricae arti sedulam operam navent alumni, in cujus exercitationibus informantur potissimum ad illud dicendi genus, quod perspicuum sit et simplex, non tamen incultum, nobile et dignitate plenum, non tamen inflatum et turgidum. Curent magistri ut in legendo et eloquendo verba a discipulis articulate et distincte, servato accentu debito, proferantur.

168. *Caeremoniae, cantus.*—Ut caeremoniis graviter et accurate observandis initientur alumni, sacris officiis in sacelli choro vicissim inserviant. In cantu Gregoriano exerceantur per integrum studiorum curriculum; neque generatim artis musicae cultus negligatur.

169. *Alia studia.*—His institutis adjungatur historiae tum sacrae tum profanae, geographiae, matheseos et scientiarum naturalium studium, necnon et ars tabulas accepti et expensi conficiendi, (Book-Keeping, Tenue des livres), ita ut alumni, seminarii curriculum emensi, non sint ignari eorum quae ignorare viro honeste instituto dedecori cederet.

Quant aux deux derniers décrets, le décret **170** est de droit commun actuel [13] et le décret **171** n'est qu'un vœu [14].

§3.—Des Grands Séminaires

Les considérations du décret **172** sont plutôt de droit public de l'Église [15].

Le décret suivant (**173**) contient d'abord deux vœux: que chaque diocèse ait son propre séminaire ou du moins qu'il s'en trouve un

[13] Can. 1369, §2.

[14] Le canon 1367, n. 4, oblige à la retraite annuelle, mais dans le décret 171 il s'agit de retraite spéciale, dite *de vocation*, avant de commencer la théologie et qui s'apparenterait aux retraites prescrites par les canons 541; 571, §3; 1001, §1.

[15] Ce droit est rappelé brièvement au canon préliminaire sur les séminaires (1352); et sur lequel se trouve établi le canon 1354, §1. Cf. can. 976, §3.

dans chaque province ecclésiastique [16]; puis il continue, dans une partie dispositive:

> . . . In eo vitam communem sub una eademque regula, tribus saltem annis, degant alumni, a saeculi agitationibus separati, nec, studiorum tempore, in docendis aut moderandis pueris collegii cujusquam detineantur.

Notons que la première phrase est contre le droit actuel qui exige qu'on fasse au moins quatre ans de théologie [17], pendant lesquels les séminaristes doivent habiter au séminaire [18]; il faut donc se conformer au Code. La dernière disposition est bien *secundum ius* [19], et encore en vigueur.

Le décret **174** est conforme au Code et subsiste tel que précisé dans le Code [20].

Dans les formalités requises pour l'admission au Grand Séminaire se trouve du droit particulier encore en vigueur.

> **175.** *Requisita ad admissionem.*—Quicumque ad honorem deferendae clericalis vestis admitti desiderat, teneatur permissionem scripto postulare ab Ordinario, et simul sequentia exhibere testimonia, nempe: *a*) de suscepto Baptismo et Confirmatione; *b*) de congrui patrimonii sibi opportuno tempore constituendi possibilitate vel impossibilitate; *c*) item testimoniales litteras tum singulorum episcoporum in quorum dioecesibus per tempus notabile versatus fuerit, tum collegii, in quo studia classica peregit, moderatorum de vocationis signis apud ipsum deprehensis testantium.

---

[16] Les Évêques ne peuvent toutefois plus, comme au temps du Concile de Trente (Sess. XXIII, *de ref.*, c. 18), ériger des séminaires interdiocésains sans l'autorité du Saint-Siège (can. 1354, §3; 1357, §4).

[17] Can. 976, §3; 1365, §2.

[18] Can. 972, §1.

[19] On peut difficilement concevoir comment la charge de professeur ou de surveillant peut s'ajouter au programme déjà chargé des séminaires (can. 1365, 1367); et d'ailleurs les professeurs et maîtres des petits séminaires doivent être des prêtres (can. 1360, §1).

[20] Particulièrement aux canons 969, 973, 996-997, 1357, 1359, 1363, 1367, 1369. À noter l'autorisation générale qu'ont reçue les Sulpiciens d'accepter la direction et l'administration des séminaires sans les commissions dont parle le canon 1359. (Benoit XV, lettre du 23 déc. 1921 — *AAS*, XIV (1922), 37-38.)

Le séminariste doit donc demander par écrit à l'Ordinaire son admission [21]: disposition particulière *secundum ius* [22], il doit produire, en plus des certificats de Baptême et Confirmation requis par le droit commun [23], une déclaration au sujet de son titre d'ordination et diverses testimoniales, ceci étant de droit particulier *secundum ius* [24].

Le décret **176** a été refait par le Code au canon 1363, §3, et n'a donc plus de vigueur.

Dans le règlement soumis à l'approbation de l'Évêque [25] doivent entrer, en plus du minimum requis par le canon 1367, la visite quotidienne au Saint-Sacrement et le chapelet [26], d'après le décret **177**; de plus on donne un thème aux exhortations spirituelles dont parle le même canon (n. 5):—

> . . . Per crebas collationes, exhortationes, pias lectiones excolatur in alumnis singulis devotio mentis, puritas cordis, sacerdotalis vocatio; ex eorum animo tollatur superbia, ambitio, bonorum temporalium vel honorum sitis et aviditas; contra mundi illecebras, nec non contra periculum liquorum inebriantium, sedulo praemuniantur.

Le décret **178** se retrouve aux canons 1360, §1, et 1366, §1, mais il continue dans une loi particulière, encore d'actualité [27]:—

> . . . Stabiles sint [magistri] in suo munere, et ne praesentis conditionis taedium eos a sancto proposito deterreat, Episcopus per honorem eis delatum providamque rei temporalis sollicitudinem sapienter prospiciat; ex quo omnibus innotescat magisterii eccleciastici dignitas.

---

[21] L'honneur de porter l'habit clérical s'entend ici de l'admission au Grand Séminaire.

[22] Can. 1363; le droit commun exige la pétition écrite des candidats à la tonsure (S.C. des Sacrements, instruction du 27 déc. 1930, §2, n. 1—*AAS*, XXIII (1931), 122).

[23] Can. 1363, §2.

[24] Ceci est en effet un mode de satisfaire aux exigences du Code (can. 973-974, 979, 993-994, 1363 cf. 544).

[25] Aux termes du canon 1357, §3.

[26] Nous pourrions dire que ceci est *secundum ius*, en considérant le canon 1367, n. 1, cf. 125, n. 2.

[27] Cette disposition se retrouve dans la lettre que le Délégué Apostolique adressait aux Évêques des États-Unis d'Amérique, au nom et sous l'autorité de la S. C. des Séminaires, le 28 mai 1928 (*Enchiridion Clericorum*, n. 1255).

Sur les matières à étudier, voici le décret 179:—

> Nemo ad seminarium majus admittatur nisi regulare cursus classici curriculum expleverit studiaque philosophica per duos saltem annos absolverit. Praeterquam dogmaticae (cui positiva et apologetica adnectitur) moralisque theologiae, alumnis praelectiones fiant sacrae hermeneuticae et exegesis biblicae, historiae elleciasticae, institutionum juris canonici, liturgiae et eloquentiae sacrae, necnon in iis instituantur quae ad theologiam asceticam et pastoralem et ad rectam Sacramentorum, praesertim Poenitentiae, administrationem pertinent. Studium insuper linguarum, quae in nostris regionibus adhibentur, absolvant, ut sacramenta congrue omnibus administrare valeant. Omnes denique practicam adeant scholam cantus ritualis, quem in choro ipsius seminarii, et missis et caeteris officiis persolvent.

Analyse du décret. 1.—Ces deux ans de philosophie doivent se faire au Grand Séminaire [28], et non au Petit Séminaire, selon le Code [29]; 2.—L'énumération des matières théologiques donnée dans le décret est comprise et complétée au canon 1365, §2, 3 [30]; 3.—On doit finir au Grand Séminaire l'étude des langues nécessaires au ministère [31]: droit particulier *praeter* ou même *secundum ius* et donc encore en force; 4.—Les classes de chant ecclésiastique sont prescrites par le canon 1365, §2; ici, la loi va plus outre: les séminaristes doivent chanter aux messes et autres offices religieux qui ont lieu dans leur chapelle.

---

[28] Can. 1354, §2; 1365-1366.

[29] Il n'est évidemment pas ici question de deux ans de philosophie avant et deux ans pendant le Grand Séminaire: la philosophie n'entre pas dans les matières énumérées plus bas; et les Pères du Concile ont simplement codifié, urgé ce qui se faisait déjà. Le décret resterait vrai toutefois si on disait « que personne ne soit admis à l'*étude de la théologie* s'il n'a pas déjà complété son cours classique et fait deux ans de philosophie ». Tel quel, il est contre le Code.

[30] Le canon ajoute les exercices pratiques pour le catéchisme, les confessions, la visite des malades et l'assistance des mourants. Du chant d'église, il est question à la fin du présent décret.

[31] On avait émis au décret 166 le vœu que l'étude de ces langues soit commencée au Petit Séminaire; ici c'est une loi.

Aux décrets **180** et **181**, on ne trouve rien de particulier: le droit actuel en embrasse toute la matière [32].

Le décret **182** ne rapporte que du droit commun antérieur au Code et se trouve abrogé par les nouvelles prescriptions [33].

> Décret **183**.—*Relatio moderatorum seminarii*.—Bis saltem in anno moderatores seminarii inter se conferant de vocatione clericorum, de singularum capacitate et indole, necnon de eorum progressu in pietate, in observantia regularum, in studiis, relationemque Episcopo subjiciendam parent, in qua notentur quaecumque circa eosdem clericos suae curae concreditos scitu utilia observaverint.

Réunion au moins deux fois par année, voilà du droit particulier, encore en vigueur mais qu'on ne retrouve que partiellement dans le droit commun actuel [34].

Deux prescriptions particulières *secundum ius* [35] se trouvent au décret **184**, sur les examens des séminaristes:—

> Quovis anno, bis vel ter, circa materias in scholis traditas, alumni omnes et singuli serio examinentur. Quod quisque specimen ingenii et scientiae dederit, in libro consignetur.

Une règle sur les vacances des séminaristes est de droit particulier, *praeter ius* [36]:—

---

[32] Can. 974, n. 2; 976, §3; 993, n. 2; 996-997; 1365; 1371; puis 1380.

[33] Ces prescriptions se trouvent aux canons 956, 981, 992, et surtout dans l'Instruction de le S.C. des Sacrements du 27 déc. 1930 (*Enchiridion Clericorum*, n. 1279-1301 — *AAS*, XXIII (1931), 120-129).

[34] Can. 1357, 1369, cf. 563; Instruction précitée de la S.C. des Sacrements (27 décembre 1930), §2, n. 5 et §3, n. 1.

[35] Ces prescriptions sont faites pour satisfaire au droit commun qu'on retrouve aux canons sur les études des séminaristes et la science des futurs ordinands. (Les principaux se trouvent cités en note (32) au commentaire du décret 180.) La S. C. des Séminaires demandait la même chose dans son *Ordinamento dei Seminari* aux Évêques d'Italie, le 26 avril 1920 (*Enchiridion Clericorum*, n. 1115).

[36] Sans en faire une loi cependant, le Saint-Siège désire que les séminaristes passent leurs vacances ensemble dans une maison de campagne, et ne légifère donc pas sur les vacances prises dans les familles comme on fait en Amérique. Voir: Lettre circulaire

Décret **185.**—*Rusticationis tempus.*—Rusticationis tempore studeant alumni seminarii clericalem agere vitam et tota sua conversatione eos quibuscum vivunt aedificare; exercitia pietatis quorum consuetudinem in seminario ceperunt, ne negligant; et praesertim sacro sacrificio interesse, variisque caeremoniis inservire haud omittant. Praecipimus etiam parocho loci ubi degunt, ut eis inviliget, et initio scholaris anni testimoniales litteras clausas ad superiorem seminarii mittat, in quibus de eorum agendi modo referat, onerata sua conscientia; nec ullus rursus admittatur qui a parocho sufficiens testimonium non accepit. Non licet alumnis, tempore vacationum, labores mundanos propter lucrum exercere, nisi scripto praehabita permissione Ordinarii.

Remarquons seulement comment la première phrase découle naturellement des prescriptions générales concernant les séminaristes [37]; comment le témoignage obligatoire du curé est conforme aux lieux parallèles du Code [38]; et comment on tient cependant à garder toujours les séminaristes sous la surveillance d'un prêtre [39] en les empêchant de travailler ici et là.

Les canons 975 et 976, §2, tiennent maintenant lieu du décret **186** qui s'y trouve opposé.

§4.—De l'étude de l'Écriture Sainte

Tout ce chapitre, dans les décrets **187-191,** ne fait que résumer, en y référant, les prescriptions de droit commun antérieur au Code [40];

---

de la S.C. Consistoriale, « *Le Visite Apostoliche* », aux Ordinaires d'Italie, le 16 juillet 1912, n. 3—*Enchiridion Clericorum*, n. 866 (*Fontes*, n. 2084); S.C. des Séminaires et des Universités, *Ordinamento dei Seminari*, aux Évêques d'Italie, le 26 avril 1920, V, n. 2 — *ibidem*, n. 1091; lettre circulaire de la même Congrégation aux Ordinaires de Lusitanie, le 8 septembre 1935, VI — *ibidem*, n. 1364.

[37] Can. 1367.

[38] Can. 972, §2; 993, n. 3; 994; 1370. Cf. Instr. de la S.C. des Sacrements, 27 déc. 1930 (*AAS*, XXIII (1931), 120).

[39] Can. 972, 1370.

[40] Léon XIII, lettre encyclique « *Providentissimus Deus* », 18 nov. 1893, n. 1, 7-11 — *Enchiridion Clericorum*, n. 503-535 (*Fontes*, n. 621); Pie X, lettre apostolique « *Quoniam in re biblica* », 27 mars 1906 — *ibidem*, n. 764-782 (*Fontes*, n. 674); Pie X, lettre encyclique « *Pascendi Dominici gregis* », 8 sept. 1907, n. 44 — *ibidem*, n. 805-814 (*Fontes*,

le Code lui-même ne fait que mentionner l'étude de l'Écriture Sainte [41], mais selon les décisions du Saint-Office et de la Congrégation des Séminaires et des Universités ces prescriptions persistent [42].

Les exhortations des décrets **192** et **193** sont bien dans l'esprit du nouveau droit [43].

§5.—Du soutien des séminaires

194. *Providendum seminariis.*—Sat quidem non est quod moderatores diligentissimi operam navent alendis educandisque juvenibus nisi praesto etiam sint qui de re sua familiari fovendis ac ampliandis seminariis provideant. Ut autem necessariae opes habeantur, curam sacerdotes, maximeque pastores impendant oportet, quatenus concionibus privatisque colloquiis extollant et celebrent hujus tanti operis meritum et laudem, laicisque divitibus persuadeant pendere sanctificationem plebis a sanctitate sacerdotum; sanctos autem sacerdotes educatione clericali potissimum parari, quae vix aut ne vix quidem extra seminarii septa excoletur; seminaria vero ut floreant aptosque magistros et varia studiorum instrumenta sibi comparent, egere fundationibus.

Le présent décret est de droit particulier obligeant les prêtres à susciter des dons aux séminaires. Décret *praeter ius* [44], encore en vigueur.

---

n. 680); Pie X, Motu proprio « *Praestantia Scripturae Sacrae* », 18 nov. 1907, n. 6, et « *Sacrorum Antistitum* », 1 sept. 1910, n. 6 — *ibidem*, n. 819 (*Fontes*, n. 681), et n. 831-839 (*Fontes*, n. 689).

[41] Can. 1365, §2.

[42] S.C. S.Off., décret du 22 mars 1918 — *Enchiridion Clericorum*, n. 1064 (*AAS*, X (1918), 136; S.C. des Séminaires, *Ordinamento dei Seminari*, 26 avril 1920, IX, *b* — *ibidem*, n. 1108; lettre aux Évêques d'Allemagne, 9 oct. 1921, III, C, *c* — *ibidem*, n. 1181-1182; cf. Pie XI, Motu proprio « *Bibliorum Scientiam* », 27 avril 1924 — *ibidem*, n. 1197-1199 (*AAS*, XVI (1924), 180-181).

[43] Cf. Can. 129-130, 1344-1347; 1380; puis le Motu proprio « *Bibliorum Scientiam* ».

[44] Les « revenus propres » dont parle le canon 1355 sont ceux des fondations pieuses (Wernz-Vidal, *Ius Canonicum*, IV, pars II (2 ed., Prati, 1912), 112-113); ce moyen de soutenir le séminaire n'est donc pas compris au canon cité.

Rien ne s'oppose toutefois à ce mode de pourvoir au séminaire, et ceux que suggère le canon 1355 ne sont pas obligatoires: « *Episcopus potest* . . . »

Le suivant, **195**, ne contient aucune disposition particulière [45].

§6.—Des examens des jeunes prêtres

Le décret dispositif, après les considérations sur l'utilité de ces examens, au décret **196**, mérite qu'on l'étudie:—

> **197**. *Modus examinis*.—Legitimae inolitaeque consuetudines servari quidem poterunt. Haec tamen expedire universim videntur, nempe:
>
> 1. Ut quatuor primis post ordinationem annis aut etiam saepius si Episcopus id utile judicaverit, ad annuum examen cogantur juniores sacerdotes.
> 2. Ut examen fiat coram examinatoribus, episcopali auctoritate ad hoc constitutis, qui serio fideliterque munus suum impleant.
> 3. Ut materiae praeparandae initio cujusque anni assignentur ab Ordinario, praecipuasque partes successive comprehendant scientiarum sacrarum: divinae scilicet Scripturae, theologiae tum dogmaticae tum moralis, juris canonici, historiae sacrae, &c.
> 4. Ut quaestionibus scripto vel oraliter respondeatur.
> 5. Ut periculum hoc de doctrina conveniens firmet sanctio, maxime quod Episcopus in promovendis presbyteris ad paroecias aliave officia praefatorum examinum rationem habeat.

On le voit, ce décret n'est pas clair [46], et n'est pas formel ou absolu [47]; il était de droit particulier avant le Code [48], maintenant seule

[45] Admis que les Évêques ne pouvaient taxer les bénéfices aux termes des canons 1355, n. 2, et 1356 (d'ailleurs le canon 1355 ne les oblige aucunement à le faire), ils avaient à trouver d'autres moyens de secourir les séminaristes pauvres, que le Concile de Trente (Sess. XXIII, *de ref.*, c. 18) obligeait d'admettre gratuitement; le Concile suggère ici une quête annuelle dans les églises, selon le canon 1355, n. 1.

[46] À moins que l'on veuille dire « *Ut quatuor saltem primis post ordinationem annis* » l'incidente « *aut etiam saepius* » (au n. 1) devrait se rapporter au dernier membre de la phrase plutôt qu'au premier et il semble que c'est en ce dernier sens que plusieurs Ordinaires l'ont interprétée en imposant les examens biannuels (Québec, *Syn.* 1940, d. 34; Saint-Hyacinthe, 12 *Syn.*, 8).

[47] « *Haec tamen expedire videntur* » n'exprime qu'une opinion, une invitation.

[48] Voir: Wernz-Vidal, *Ius canonicum*, II, 155-156.

la quatrième année d'examens reste de droit particulier [49]; quant au sujet de ces examens on trouve ici énumérées (n.3) les matières que le Code ne spécifie pas [50]; le mode prescrit pour ces examens reste indéterminé (n. 2 et 4)[51]; la sanction proposée (n. 5) se retrouve au canon 130, §2 [52].

En somme, en une matière que le Code leur confie expressément [53], ce décret ne peut lier bien fortement les Ordinaires [54].

§7.—Des conférences théologiques

Les trois décrets qui viennent sous ce titre sont aussi de droit particulier [55] dont le Code a fait du droit commun, au canon 131; ces décrets sont particulièrement bien faits, mais il faut les mettre en accord avec le Code, sur certains points qui y sont opposés.

> **198**. *Collationes theologicae habeantur.*—Bis saltem in anno, temporibus ab Ordinario statutis, habeantur inter sacerdotes theologicae collationes, ad quas accedant omnes qui in exercendis sacris ministeriis occupantur. Ab iis autem nemo se eximat, nisi graves ob causas, ab Episcopo, aut, si tempus urget, a collationis praeside approbatas.

---

[49] Le canon 130 prescrit ces examens pour un minimum de trois ans.

[50] Can. 130; cf. canon parallèle 590.

[51] Les examinateurs dont il est question au n. 2 peuvent être les examinateurs synodaux ou d'autres (can. 389, §2); et les Ordinaires gardent toute leur liberté en ce qui regarde le n. 4.

[52] Cf. can. 153.

[53] Le canon 130 en effet donne expressément à l'Ordinaire plein droit de déterminer le mode, et même, dans le contexte, toute la régie de ces examens. Or, on peut dire que le Concile n'a pas voulu enlever aux Ordinaires ce droit propre. (Voir plus haut, p. 9, note 31.)

[54] Il en découle de ce que nous venons de dire, particulièrement aux notes, 46, 53, et surtout 47.

D'ailleurs on voit dans les Synodes que les Ordinaires se sont à leur jugement écartés de la règle du Concile. Depuis que les Séminaristes font cinq ans de Grand Séminaire, le Cardinal Archevêque de Québec a réduit à trois ans les examens, *biannuels*, des prêtres (*Syn.* 1940, d. 34); l'histoire ecclésiastique, mentionnée au décret conciliaire, n'apparaît généralement pas dans les statuts synodaux. (Voir, par exemple: Québec, *Syn.* 1940, d. 34; Montréal, *Const. syn.*, App. IV.)

[55] Voir S.C. de la Prop., instr., 8 sept. 1869 — *Fontes*, n. 4876; Wernz-Vidal, *Ius canonicum*, II, 158-159.

En principe [56], ces conférences doivent avoir lieu plus souvent que deux fois par année, le Code disant «*saepius in anno*» [57]; et tous les prêtres séculiers doivent régulièrement y prendre part, même ceux qui n'exercent pas de ministère [58].

> **199**. *Collationum materia.*—Quaestiones tractandae, ab Episcopo, tempore opportuno, assignentur. Una sit de Scriptura Sacra, altera de theologia morali, aut de jure canonico; quibus adjungi poterunt quaestiones de historia ecclesiastica, de liturgia, aliisque materiis studiorum ecclesiasticorum.

Aux matières que le Concile rend obligatoires, il faut ajouter la liturgie, selon le canon 131.

> **200**. *Procendendi ratio.*—*a*. Unusquisque singularum quaestionum solutionem praeparatam habeat, juxta arbitrium Episcopi.
> *b*. Die collationis, sorte seligatur quinam materiam propositam exponet, qua facta expositione habeatur discussio.
> *c*. Totius expositionis et discussionis summarium conscribat secretarius, quod, cum responsionibus scripto sibi datis, ad Ordinarium transmittet.

Ici, tout est de droit particulier, le Code n'imposant rien sur le mode de ces assemblées [59].

---

[56] C'est-à-dire de droit commun, et sans raison excusante, sans épikie.

[57] Beaucoup d'auteurs disent que *saepius* doit s'entendre « douze fois par année » (cf. can. 591; Wernz-Vidal, *Ius Canonicum*, II, 159; Cocchi, *Commentarium in Codicem Iuris canonici*, II, 111; puis Toso et Maroto, cités par Coronata (*Institutiones Iuris canonici*, I, 221) qui, lui, opine pour « six fois l'an » en considération des opinions plus bénignes de Chelodi, Blat et Augustine). Seul Augustine (*A Commentary on the new Code of Canon Law* (8 v., St-Louis, Mo: Herder Book Co., II (6. ed., 1937), 76) ose soutenir en théorie la pratique de ne tenir ces conférences que « deux ou trois fois l'an environ ».

De fait, on tient ces conférences six fois par année à Saint-Boniface (*Const. syn.*, a. 42), quatre fois l'an à Québec (*Syn.* 1940, d. 36) et à Vancouver (*Syn.* 1937, d. 11), trois fois l'an à Montréal (*Const. syn.*, a. 20).

[58] Canon 131, §3; cf. S.C. des Év. et Rég., *Castri Maris*, 8 mai 1716— *Fontes*, d. 1832, ad VII.

[59] Notons enfin que les conférences théologiques relèvent expressément de l'Ordinaire, surtout pour ce qui est du choix des matières à y traiter; et donc, encore ici, la

§8.—Du Collège Canadien à Rome

Les décrets (**201-204**) donnés ici ne sont pas des lois formelles et ne comportent donc aucune obligation canonique particulière[60].

---

loi du Concile ne les tient que faiblement. (Cf. p. 9, note 31.) Les Conciles de Toronto et Kingston (*Conc. prov.*, d. 4) s'en tiennent au droit commun; on ne mentionne que les questions morales et liturgiques dans les synodes de Québec (*Syn.* 1940, d. 36), de Saint-Jean d'Amérique (*Constitutiones dioecesis Sancti Joannis in America, quae in Synodo prima, die* 30*a Novembris* 1920 . . . *latae et promulgatae fuerunt* (Quebeci: L'Action Sociale, 1921), 165), de Prince-Albert (*Prima Synodus Dioecesana* . . . *Anno* 1927 *Principis Alberti habita* (Neapoli: Michaelis d'Auria, 1927), 12); le mode dont se tiennent ces assemblées diffère à Montréal (*Const. syn.*, a. 20, §3), et à Saint-Boniface (*Const. syn.*, a. 37, §5).

[60] Il y a bien la fin du décret 203 qui se rapproche beaucoup d'une loi : « . . . quotannis ad illud disciplinae ecclesiasticae sanctuarium nonnulli bene meriti alumni, juvante sollicitudine Ordinariorum faventibusque cleri necnon et laicorum largitionibus, mittantur »; mais ce verbe, dans le contexte et sous le titre « Optandum ut clerici illuc mittantur », reste un optatif plutôt qu'un impératif, et d'ailleurs le décret ne fait sûrement pas une obligation à chacun des Ordinaires d'envoyer des étudiants chaque année à Rome: « que chaque année des étudiants soient envoyés ».

CHAPITRE CINQUIÈME

DES OFFICES ECCLÉSIASTIQUES

§1.—De la perfection spirituelle des clercs

Il y a ici beaucoup de théologie ascétique et pastorale (décrets **205-207**)[1]; le décret **208** est compris dans les canons 127 et 128 du Code, et le décret **209** se retrouve aux canons 124 et 125, n. 2. Sur la science des clercs, il faut citer le décret:—

> **210**. *Scientia*.—Nequeunt ecclesiastica munia, nisi cum injuria in Deum, cum salutis animarum detrimento et Ecclesiae dedecore, ab ignaris exerceri: omnibus igitur clericis strenue mandamus ut attendant lectioni et doctrinae, et scientiae sacrae acquirendae atque augendae perseveranter se tradant.—Sanctos Patres legere, et illorum doctrinam in usum fidelium deducere satagant; sacrae theologiae doctores et quam maxime D. Thomam familiares habere studeant; morum regulas ex probatissimis auctoribus hauriant. Omnes exemplar hujus Concilii Plenarii, suaeque Provinciae ecclesiasticae Conciliorum, apud se habeant et interdum eorum studio incumbant.—Libros sanam utilemque continentes doctrinam penes se retinere et pervolvere delectentur.

Le canon 129 contient les premières dispositions de ce décret[2] et aussi la dernière, mais on doit remarquer l'obligation particulière d'avoir sous la main et d'étudier les décrets conciliaires.

Après une pressante recommandation aux clercs d'avoir une règle de vie embrassant tous leurs exercices et travaux, le décret **211** détaille les pieux exercices que doit comprendre ce règlement:—

> Praefixam regulam, qua cuncta vitae clericalis exercitia operaque ordine contineantur, sacerdoti cuique enixe commendamus. Post orationem mentalem quotidie media saltem hora expletam, sit in illa regula locus missae sacrificio sancte religioseque celebrando; sit locus divino officio opportune recitando, visitando augustissimo altaris Sa-

---

[1] Ces décrets se rattachent au canon 124.

[2] Cf. aussi can. 1366, §2.

> cramento cujus sacerdotes est veluti custos; item recitandae tertiae parti Rosarii, precibusque aliis in Deum, Deiparam sanctosque angelos et patronos pie effundendis. Antiquam Viae Crucis devotionem verbo et exemplo honorent presbyteri; nulla elabatur dies qua ipsi divinas Scripturas non legant, pii alicujus libri paginas non volvant, conscientiam suam inter preces vespertinas non interrogent. Demum singulis hebdomadibus, ubi res commode fieri possit, et quamprimum, si (quod absit) peccati mortalis conscii fuerint, confiteantur.

Soulignons les prescriptions particulières *secundum ius* qui se trouvent ici à travers le droit commun [3]: *a*) oraison mentale quotidienne d'une demi-heure; *b*) célébration quotidienne de la messe; *c*) exercices fréquents du Chemin de la Croix; *d*) lecture quotidienne d'un livre pieux, et spécialement des Livres Saints; *e*) confession sacramentelle hebdomadaire, si facilement possible [4].

Le décret **212** était de droit particulier avant le Code [5], mais le canon 126 en a fait passer la substance au domaine du droit commun. Deux prescriptions restent tout de même *praeter* et *secundumCodicem:* la retraite doit se faire tous les ans [6]; ou du moins tous les deux ans [7];

---

[3] Particulièrement aux canons 124-125, puis 135, 807 (étant donné la célébration quotidienne prévue au décret), et 810.

[4] Le sens du décret semble celui-ci: on *recommande* une règle de vie, où entreront les exercices *prescrits* énumérés ensuite; l'ordre dans lequel ces exercices se feront est laissé au jugement des prêtres, mais non la pratique de ces dévotions. Cependant, on peut aussi soutenir, et avec pertinence, semble-t-il, que les phrases *a* et *b* se rattachent d'assez près au « *commendamus* » pour ne pas créer de stricte obligation (d'ailleurs, il n'est pas vraisemblable qu'on ait voulu imposer strictement la célébration quotidienne de la messe) et que *c* est d'un caractère trop général; mais il ne peut y avoir de doute pour le reste.

Les lois synodales ne répètent pas toujours toutes ces prescriptions; mais nous retrouvons à Québec les prescriptions *b*, *d* et *e* (*Syn*. 1940, d. 30, 29), et à Saint-Hyacinthe les prescriptions *a*, *d*, et *e* (12 *Syn*., 2, 3, 4).

[5] Wernz-Vidal, *Ius Canonicum*, II, 97.

[6] Dans la plupart des diocèses canadiens, la retraite se fait tous les ans. Voir: Québec, *Syn*. 1940, d. 31; Montréal, *Const. syn*., a. 14; Vancouver, *Syn*. 1937, d. 7; Saint-Boniface, *Const. syn*., a. 36; Saint-Hyacinthe, 12 *Syn*., 6; Prince-Albert, *Syn*., 6.

[7] Le canon 126 disant « *tertio saltem quoque anno* », le décret est *secundum Codicem*.

elle doit être faite en commun, à moins de dispense particulière [8].

Le décret se lit comme suit:—

> Omnes sane norunt quantae sint utilitatis exercitia spiritualia, quae Pius IX (Encycl. *Qui pluribus*, 7 Nov. 1846.) gravissimis verbis commendavit quaeque velut optimum renovandae perfectionis spiritualis medium merito semper fuerunt habita. Convocante igitur Episcopo, sacerdotes omnes, quotannis vel saltem singulis bienniis, ad ea exercitia peragenda *pariter in eodem loco* (Act. Ap., II, 1.) conveniant, nec nisi ex legitimis causis ab Ordinario probatis abesse sinantur. Quod si communibus exercitiis non intersint, privatis vacent et Episcopum notificent. Optant praeterea Patres hujus Concilii ut sacerdotes per unum diem menstruum recessum, sive privatum, sive etiam (ubi id fieri possit) communem, habeant.

La dernière phrase n'est qu'un souhait [9].

Au décret **213**, rien de législatif.

> **214**. *Testamentum condendum.*—Ne moriente sacerdote intestato oriantur lites, neve bona in Ecclesiae utilitatem vel in pias causas adhibenda ad ditandam familiam transeant, quisque opportuno tempore testamentum, singulis annis, puta occasione annui secessus reficiendum, condat; in quo ea quae in sacros destinantur usus aut pro missis celebrandis donata sunt, et ex altera parte bona personalia, clare describantur. Commendatur sacerdotibus ut inter executores quos nominant, unus saltem sit sacerdos. Testamentum hoc, omni validitatis conditione munitum, committatur custodiendum personae probatae fidei; quam hortamur ut testator Ordinario notam faciat. Etiamsi vero nulla justitiae lex id injungat, spiritus tamen Evangelii et christiana charitas postulant ut, ad pias causas promoven-

---

[8] Le Code n'oblige pas à la retraite commune (Coronata, *Institutiones Iuris Canonici*, I, 217). L'Ordinaire pourra dispenser soit selon le décret seulement (en laissant l'obligation de faire une retraite particulière), soit selon le Code de façon absolue.

[9] Souhait qu'on retrouve dans les encycliques de Pie XI (« *Mens Nostra* », 20 déc. 1929 — *AAS*, XXI (1929), 705; « *Ad Catholici Sacerdotii* », 20 déc. 1935 — *AAS*, XXVIII (1936), 50), et qui est devenu loi diocésaine à Québec (*Syn*. 1940, d. 31), Montréal (*Const. syn.*, a. 15), Saint-Boniface (*Const. syn.*, a. 38), Vancouver (*Syn*. 1937, d. 6), Saint-Hyacinthe (12 *Syn.*, 5).

> das, contribuant sacerdotes ex superfluis suis, atque ut morientes in eumdem finem disponant de parte saltem substantiae quam ipsos possidere contigerit (Conc. Balt. III, n. 277.).

Obligation formelle pour tous les prêtres de faire leur testament personnel de façon qu'il soit valide au for civil, et de le refaire ainsi tous les ans, puis de le confier à une personne digne de foi. Le Concile étend ainsi (*praeter ius*) aux biens personnels de tout prêtre ce que le droit commun demande aux bénéficiaires en ce qui regarde les biens de leur bénéfice: inventaire et disposition par testament[10]. Le reste du décret n'a pas raison de loi formelle[11].

Le décret suivant (**215**), sur l'habit ecclésiastique, s'exprime ainsi, dans la partie dispositive:

> . . . Quapropter in functionibus sacris ac publicis, et, nisi obstent circumstantiae Episcopi judicio graves, in privata sacramentorum administratione, ab omnibus abhibenda erit vestis talaris. Publice, extra domum, ubicumque generaliter viget usus deferendi vestem talarem, hunc usum servari volumus; domi quoque privatim, si vita in communi degatur, idem servari oportet. Ubi vero, sive domi, sive extra domum, viget usus contrarius, volumus ut clerici semper vestes modestas, nigri coloris, et ad genua protractas gerant, nec unquam romanum collare deferre omittant. Invigilent Ordinarii ut in habitu clericorum suorum nihil sit unquam indecorum, quod gravitatem et modestiam sacerdoti necessariam possit offendere, et potestate sibi a Tridentino concessa delinquentes poenis etiam gravibus coercendi, uti non timeant.

Pour ce qui regarde le port de la soutane dans les fonctions sacrées le décret n'est que de droit commun[12]; de même le dernier paragraphe est en pleine conformité avec le canon 136.

---

[10] Can. 1299-1301.

[11] On retrouve ce décret, et plus explicite, dans les Conciles de Toronto et Kingston (décret 37), et dans les Synodes de Québec (*Syn.* 1940, d. 384), Montréal (*Const. syn.*, a. 39), Saint-Boniface (*Const. syn.*, a. 53), Vancouver (*Syn.* 1937, d. 180), etc.

[12] Can. 811, §1; S.C.C., décret du 28 juillet 1931 — *AAS*, XXIII (1931), 336-337; S.C. Consist., 31 mars 1916 — *Fontes*, n. 2093.

Pour ce qui est de l'habit long, vu que l'élaboration d'une théorie sur la cessation de la loi [13] ou sur la compétence précise des Conciles [14] dépasserait les cadres de cette étude, deux considérations pratiques suffiront: 1.—Cette loi est purement territoriale [15]; 2.—« On ne peut supposer que le Concile a voulu dans cette matière, en soi de peu d'importance et changeante, enlever ou restreindre le droit spécifiquement propre [16] des Ordinaires: ce qui eût été en effet ni prudent ni sage » [17]; et donc les Ordinaires sont libres de reprendre cette législation [18], pourvu qu'elle reste en accord avec le Code [19].

Le dernier décret, **216**, ne contient pas de prescriptions particulières [20].

---

[13] On pourrait probablement en effet prouver que la loi du costume au genoux n'atteint plus sa fin et cesse *ab intrinseco;* autant les gens auraient été surpris, ou déçus de voir un prêtre en habit court au temps de cette loi autant en bien des endroits ils le seraient aujourd'hui de voir un prêtre en habit long. Tout ce que prescrit le Concile, c'est l'habit noir de gens distingués.

[14] Il serait probablement possible aussi d'établir que le Concile n'a pas stricte compétence en la matière, et que le décret présent est opposé au canon 136 dans sa cause efficiente ou formelle: le Code établit les Ordinaires législateurs en la matière, et ce droit ne peut leur être enlevé que par celui dont ils le tiennent. Ainsi, un décret conciliaire en la matière ne saurait être qu'un ensemble de lois diocésaines particulières dont les Ordinaires actuels et futurs peuvent à leur gré disposer. De plus, on pourrait dire que le Concile ne légifère pas ici strictement selon son mandat « *ad unam eandemque disciplinam servandam vel inducendam* » (can. 290); au contraire il fixe dans son décret des usages contraires, au lieu de faire l'uniformité.

[15] Can. 8, §2.

[16] L'expression employée par la S. Congrégation est « *jus nativum* », après avoir employé « *proprium* » un peu plus haut.

[17] Réponse de la S. Congrégation Consistoriale aux Évêques canadiens au sujet de ce décret même, le 31 mars 1916 — *Fontes*, n. 2093. Voir plus haut, p. 9, note 31.

[18] Beste, *Introductio in Codicem* (Collegeville, Minn.: St. John's Abbey Press [1938]), p. 187.

C'est d'ailleurs ce qu'on a fait à Québec (*Syn.* 1940, d. 44, cf. p. 41), à Montréal (*Const. syn.*, p. 12), à Saint-Hyacinthe (12 *Syn.*, 11), Prince-Albert, (*Syn.*, 9), etc., dans des lois personnelles et non plus territoriales seulement.

[19] Can. 136.

[20] Il est en partie compris aux canons 127-128.

§2.—Des choses défendues aux clercs

Après un décret général (**217**) [21], le Concile descend dans les particularités suivantes, au décret **218** [22]:—

> *a. Consortium mulierum.*—A frequentiori consortio mulierum, earum etiam quae pietatis et modestiae laude cohonestantur, abstineant. Familiaritatem non sapiat eorum agendi modus cum illis, sive eas domi recipiant, sive ministerii causa ad eas se conferant, nec illas, unam praesertim, intra conclavia clausa admittant nisi sit ostium vitris pellucidis ornatum. Solus cum sola nec deambulet clericus nec rheda vehatur.
>
> *b. Consanguineae.*—Mulieres etiam consaguineas domi apud se non retineant praeter matrem vel aviam, amitam vel materteram, atque sororem: quae, si in eadem domo versantur alii presbyteri aetatem canonicam attigisse debent. Neque his feminis consaguineis aliquid indulgendum quod domum sacertotalem dedeceat, aut negotiorum ecclesiasticorum ordinem pertubet.
>
> *c. Ancillae.*—Ancillae, quibus domus presbyterales profecto indigent, canonicae, sint aetatis et integerrimae famae, castae, sobriae, subditae, ut qui ex adverso est revereatur, nihil habens dicere malum. Ancillam commensalem sacerdotes non admittant. Quidquid familiarius cum ea commercium redolet, longe absit. Ipsa rebus ad se non pertinentibus sese immiscere haud permittatur.

La nécessité des portes de parloir vitrées et la défense de sortir seul avec une femme (*a*), les restrictions du paragraphe *b* [23] et la défense d'admettre les servantes à table (*c*) sont bien de droit particulier *praeter ius* et restent en vigueur.

Le décret **219** n'entend reproduire que le droit commun, mais il est trop général et ne s'applique qu'aux bénéficiers [24]. Les décrets

[21] Ce décret se rattacherait au canon 124.

[22] Cf. can. 133.

[23] Les auteurs, anciens et actuels, interprètent plus largement les prescriptions du droit commun en ce qui regarde le degré de consaguinité ou d'affinité pouvant tenir lieu d'âge canonique (Gignac, *Compendium Juris Canonici*, p. 140; Wernz-Vidal, *Ius Canonicum*, I, 130-131; Coronata, *Institutiones Iuris Canonici*, I, 225), et en ce qui regarde la réserve à faire quand d'autres prêtres habitent le presbytère (Wernz-Vidal, *ibidem*).

[24] Can. 1473. Cf. Toronto-Kingston, *Conc. prov.*, d. 37; Québec, *Syn.* 1940, d. 423; Montréal, *Const., syn.*, a. 39.

sur l'avarice (**220**) et l'oisiveté (**221**) ne contiennent pas de dispositions particulières [25], non plus que le suivant, **222**, sur l'intempérance [26].

Même aux décrets **223** et **224**, il ne se trouve rien que de droit commun [27]; le décret **225** n'est pas absolument législatif [28].

> 226. *Lites coram tribunalibus civilibus.* — Cum grave fidelibus scandalum ordinique ecclesiastico dedecus ex eo possit enasci quod personae ecclesiasticae coram civilibus tribunalibus compareant, mandamus sacerdotibus nostris, ubi cum homine etiam saeculari et de rebus temporalibus difficultas oritur, ne quemquam in jus vocent, aut vocati sponte se sistant, nisi res aliter componi nequeat.—Si vero agatur de contractibus, debitis, haereditatibus, publicis instrumentis, aut aliis hujusmodi, in quibus sententia judicis saecularis legaliter requiritur ad efficacem causae determinationem, antequam adeatur judex, omnis ratio abhibeatur quaestionem pacifice componendi litemque juridicam vitandi,— Vetamus autem ne contra laicum de pecunia, pro sedium locatione vel alia de causa, Ecclesiae debita, parochi coram tribunali civili agant, nisi accepta prius in scriptis Episcopi licentia.

Le décret, on le voit, n'est pas très clair [29] ni très absolu [30] mais il reste tout de même que les clercs doivent toujours tâcher d'en venir à un compromis avant de poursuivre en cour civile pour des affaires profanes [31], et que s'il s'agit des dûs à l'Église, les curés ne

---

[25] Les recommandations qu'on y trouve sont plutôt pastorales. Le décret 220 se rattacherait à la fois aux canons 124 et 1473; le décret 221 au canon 129.

[26] La partie dispositive de ce décret: « *Cauponas adire* sacerdoti *prohibemus nisi in itinere, necessitatis causa* » se trouve reprise et complétée au canon 138: « *Tabernas* aliaque similia loca *sine necessitate* aut alia iusta causa ab Ordinario loci probata *ne ingrediantur* [clerici] ».

[27] Canons 139 et 142. Cf. Wernz-Vidal, *Ius Canonicum*, II, 143-152; Coronata, *Institutiones Iuris Canonici*, I, 233-235.

[28] Cette mise en garde viendrait sous le canon 124.

[29] Les deux premières dispositions chevauchent, et contiennent des expressions difficiles à expliquer dans le contexte: « *Compareant* », « *vocati, sponte se sistant* » . . .

[30] Il est laissé aux intéressés de juger si la chose peut ou non se régler en compromis.

[31] Cf. can. 1925-1928.

doivent jamais poursuivre au civil sans la permission écrite de l'Ordinaire [32].

Au décret **227**, il semble n'y avoir que du droit divin [33], et en tout cas il ne s'y trouve pas de droit particulier.

Enfin le dernier décret (**228**) de ce chapitre reproduit le droit commun antérieur [34], repris par le Code au canon 140.

§3.—Du devoir des clercs au sujet des élections politiques

L'action politique des clercs n'est limitée dans le Code que par le canon 139, §4 [35]. Après les trois premiers décrets (**229-231**) qui ne sortent pas du domaine du droit public de l'Église, le Concile détermine ce qui suit:—

> **232**. *Interventus cleri in rebus politico-religiosis.* —
> *a*. Igitur, si quae oriantur quaestiones quae, quamvis politicae dicantur, nihilominus ad fidem vel mores aut ad jura Ecclesiae spectant, minime dubium est sacerdotes posse, imo in quibusdam casibus stricto officio teneri, de iis etiam publice agere. Nec tantum cum magistratibus

[32] Cette dernière disposition est d'ailleurs de droit commun actuel (can. 1526; Blat, *Commentarium Textus Codicis Iuris Canonici*, V, 604), sauf dans les cas urgents où la permission peut être donnée par le Vicaire Forain.

[33] On n'y reconnait pas les dispositions explicites et absolues du droit canonique.

[34] Pour les danses et la participation aux pièces théatrales, point de doute (cf. sources citées en marge du canon 140; Wernz-Vidal, *Ius Canonicum*, II, 140; Gignac, *Compendium Juris Canonici*, p. 151); et même pour l'assistance passive aux spectacles, des moralistes en discutaient la gravité (cf. Gignac, *ibidem*, p. 151), mais elle était assez clairement comprise dans le droit antérieur (*Ibidem*, p. 142; Wernz-Vidal, *ibidem;* Cocchi, *Commentarium in Codicem Iuris Canonici*, II, 137). Que si vraiment le présent décret allait plus outre que le strict droit commun, eu égard à cette discussion des moralistes, nous y verrions plutôt une interprétation doctrinale qu'une loi disciplinaire particulière.

Semblent confirmer ce qui vient d'être dit les textes des décrets publiés par le Vicaire de Rome, *rappelant* aux clercs que le théâtre leur est défendu (en 1909), et *renouvelant* cette prohibition après le Code: « Mentre ricordiamo al cleri l'obligo di non frequentare i pubblici teatri » . . . (Vicariat de Rome, décret, 15 juillet 1909 — *AAS*, I (1909), 600-601) et puis « Ricordiamo e rinnoviamo . . . la proibizione assoluta al clero » . . . (Vicariat de Rome, décret, 25 mai 1918 — *AAS*, X (1918), 300).

[35] En certains cas, le canon 141, §1, pourrait aussi être invoqué: « Neve . . . ordinis publici perturbationibus opem quoquo modo ferant ».

jam electis de illis tractare valent, sed in ipsis habendis electionibus populum opportet admoneant, ne incauto suffragio homines improbae doctrinae vel indolis ad potestatem evehat eisque sic arma suppeditet Ecclesiae et societati pernoxia. Quibus quidem pastorum monitis electores obtemperare omnino tenentur.

b. Quaenam autem sint peculiares circumstantiae quae clerum aliquando suadeant ut praefata ratione rebus politicis interveniat, sacerdotum ipsorum non est decernere, sed Sanctae Sedis ejusve Delegati et Episcoporum regionis, quibus competit jus et officium promovendi mediis aptioribus religionis bonum factionemque quamcumque huic bono adversam, si expediat, condemnandi.

c. Sacerdotes dicta gestaque sua ad Antistitum suorum instructiones corforment: « disciplinae eorum quos *Spiritus Sanctus posuit Episcopos regere Ecclesiam Dei*, libenti animo pareant, auctoritatemque revereantur; nec suscipiant quicquam praeter eorumdem voluntatem, quos quando pro religione dimicatur, sequi necesse est tanquam duces ». (Leo XIII, Encycl. *Nobilissima Gallorum gens*, 8 Feb. 1884.)

d. Ne vero dissensiones vel dissensionis species vim jussionum ecclesiasticarum enervet neve laicis desit optatissimum ac efficacissimum concordiae inter viros ecclesiasticos exemplum, desiderandum omnino est, cum in omni re, tum maxime in rebus politico-religiosis, uniformem ab Episcopis directionem dari.

233. *A rebus mere politicis abstineant clerici*. — A quaestionibus quae res mere politicas aut saeculares attinent, et de quibus, intra fines doctrinae et legis christianae, varia esse possunt judicia, abstineat prudenter clericus, et civilibus factionibus se non immisceat, ne Religio, cujus est cunctis humanis rebus supereminere omniumque civium animos mutuae caritatis et benevolentiae vinculo conjungere, officio suo deesse videatur, ejusque salutare ministerium suspectum habeatur. Itaque ab illis rebus publice, tum extra ecclesiam, tum multo magis in ipsa ecclesia tractandis vel agitandis caveant sedulo sacerdotes. (Cf. Conc. Am. Lat., n. 655.) Quod si jus habeant suffragium ferendi in electionibus sive politicis sive administrativis, eo uti possunt cum omni prudentia et sine ostentatione. Ideo hoc jure, praesertim ad mentium excitationem vitandam, eo tempore utantur quo pauciores ad suffragium ferendum accedunt. Caeterum et in hoc clerici omnes Episcopi consilia sequantur.

234. *Populum doceant de suis officiis.*—Id tamen ita intelligendum non est quasi omnino silere oporteat de gravissima, qua cives tenentur, obligatione, etiam in rebus publicis, conscientiae dictamen sequendi viresque suas communi impulsu in religionis patriaeque bonum conferendi. Verum ea declarata obligatione, sacerdos non alii prae alia parti faveat nisi, una ex his religioni adversante, aequum sit, ut diximus, clerum intervenire.—Opportuno igitur tempore, et juxta Ordinarii mentem, parochi et confessarii populum de officiis electorum et de vitiis in electionibus vitandis diligenter doceant.

En résumé, c'est au Pape, aux Évêques, dépositaires du magistère ecclésiastique, qu'il appartient de juger de l'opportunité d'une intervention dans les choses politico-religieuses [36]: les clercs ne doivent donc pas s'immiscer en ces questions de leur propre autorité ou selon leur propre jugement [37]; dans les questions purement politiques, ils doivent discrètement s'en tenir à leur devoir d'électeur [38], puis à leur devoir de pasteur d'âmes en éclairant les consciences par les principes de théologie morale [39], mais sans descendre jusqu'à marquer une préférence pour tel parti politique [40].

Le droit commun antérieur ne donnait pas non plus de telles lois disciplinaires [41], et donc on doit considérer ces dispositions comme

---

[36] Décrets 229, 230, 231; cf. can. 127, 335, 1326.

[37] Décret 232.

[38] Décret 233.

[39] Aux termes des canons 464, §1; 469.

[40] Décret 234.

[41] Les anciens auteurs ne mentionnent pas ces réserves. Sans doute, il y avait bien certains documents du Saint-Siège sur le sujet, mais ils ne faisaient en somme que rappeler les données du droit public de l'Église (Léon XIII, lettre encyclique « *Sapientiae* », 10 janvier 1890 — *Fontes*, n. 605), ou bien s'adressaient à des pays particuliers (Léon XIII, lettre encyclique « *Cum multa* », aux Espagnols, le 8 déc. 1882 — *Fontes*, n. 587; « *Nobilissima* », aux Français, le 8 fév. 1884 — *Fontes*, n. 590; « *Constanti Hungarorum* », aux Évêques de Hongrie, le 2 sept. 1893 — *Fontes*, n. 620; S.C. de la Prop., instruction aux Vicaires Apost. de la Société des Missions Étrangères, en 1659—*Fontes*, n. 4463). De sorte qu'on n'en pouvait tirer que la recommandation générale donnée par Léon XIII au clergé espagnol dans l'encyclique «*Cum multa*» (n. 5): « *Profecto sacerdotes tradere se penitus partium studiis, ut plus humana, quam caelestia curare videantur, non est*

lois particulières subsistant après le Code [42].

---

secundum officium. Cavendum igitur sibi esse intelligant, ne prodeant extra gravitatem et modum ». (Cf. Wernz-Vidal, *Ius Canonicum*, II, 153; Cance, *Le Code de Droit canonique*, I, 164-165.)

[42] Il est toutefois remarquable de voir comment ces prescriptions se trouvent corroborées par le Saint-Siège depuis la parution du Code: lettre de Benoît XV au Cardinal Bégin, le 7 juin 1918 — *AAS*, X (1918), 440-442; au Cardinal Csernoch, le 12 mars 1919—*AAS*, XI (1919), 122-123; au Cardinal Mercier, le 10 février 1921 — *AAS*, XIII (1921), 127-130; au Cardinal Kakowski, le 16 juillet 1921 — *AAS*, XIII (1921), 424-426; lettre de Pie XI aux Évêques du Mexique, le 2 février 1926 — *AAS*, XVIII (1926), 175-179; S.C.S.Off., décret du 5 juillet 1939 (et annexe II) — *AAS*, XXI (1939), 303-304, 306; S.C.C., 15 mars 1927 — *AAS*, XIX (1927), 138.

DEUXIÈME SECTION

CHAPITRE SIXIÈME

DES RELIGIEUX

Les droits des Ordinaires se trouvant considérablement restreints en la matière, il ne faut pas s'attendre de trouver dans le Concile beaucoup de droit particulier sur le sujet. Cette partie ne sera donc traitée ici que très sommairement, les décrets conciliaires ne faisant généralement que reproduire le droit commun de 1909, notamment changé depuis.

§1.—Des Réguliers

Tout ce chapitre (décrets **235-241**) est de droit commun [1] refait par le Code [2].

---

[1] Les premiers décrets ne sont que du droit public, où l'on sent une protestation contre les lois antireligieuses françaises (1901-1904) qui venaient de scandaliser tout le monde catholique. On trouve en marge des autres décrets les sources d'où on les a tirés.

[2] Les décrets 235-238 se rapportent aux canons 487, et 499, §1. Le décret 239 doit subir quelques modifications, conformément aux canons 544-545 (où les lettres testimoniales sont requises au moins pour l'admission au noviciat, *sublato quolibet contrario privilegio*, et doivent couvrir la quinzième année d'âge du candidat; et si ces lettres manquent, on doit soumettre, le cas au Saint-Siège — Schaefer, *De Religiosis*, p. 489, 497), puis au canon 509, §2, n. 1, la lecture du décret « *Romani Pontifices* » n'obligeant plus (Schaefer, *ibidem*, p. 294).

Le décret 240 se retrouve en partie au canon 581, il est aboli pour le reste (c'est-à-dire: permission de l'Ordinaire pour telle renonciation, et acte privé de renonciation si la loi civile ne reconnaît pas la renonciation canonique). Cf. Schaefer, *ibidem*, p. 606-608; Coronata, *Institutiones Iuris Canonici*, I, 764.

Décret 241*a*: conforme au canon 637 cf. can. 575, s'il s'agit seulement d'un simple refus à la rénovation des vœux, mais s'il s'agit de renvoi proprement dit, le décret doit être amendé selon le canon 647; décret 641*b*: se retrouve avec les détails de la procédure aux canons 649-668, sauf can. 646; décret 241 *c* et *d*: restent substantiellement vrais pour les profès à vœux perpétuels, mais non pour les profès à vœux temporaires (can. 641 cf. 585); décret 241*e*: remplacé par les canons 638-642.

§2.—Des Instituts à vœux simples

Les décrets 242-246 sont basés sur la Constitution « *Conditae a Christo* »[3], et sont donc de droit commun, restant en vigueur en autant que cette loi universelle n'a pas été modifiée depuis [4].

§3.—Des relations entre le clergé régulier et le clergé séculier

La Constitution « *Romanos Pontifices* » [5] fait la trame de presque tout ce chapitre (décrets **247-258**)[6]; or, cette Constitution, en force au Canada [7], règle plutôt les relations du clergé régulier à l'égard de l'Evêque lui-même [8], et il ne faut donc pas s'attendre ici non plus de trouver beaucoup de droit particulier conciliaire.

Les n. 2-4 du canon 6 seront conséquemment la règle à appliquer encore ici; et, comme de la Constitution «*Conditae a Christo*»[9], on peut dire de celle-ci qu'elle est encore substantiellement en vigueur [10], mais sujettes aux modifications apportées par le Code [11].

---

[3] Donnée par Léon XIII, le 8 décembre 1900 — *Fontes*, n. 644.

[4] Notons, au décret 244, que, tel qu'exprimé d'ailleurs au décret 245*b*, l'autorisation du Saint-Siège est requise pour la fondation des Congrégations de droit diocésain, depuis le Motu proprio « *Dei providentis* » (Pie X, 16 juillet 1906 — *Fontes*, n. 675; can. 492, §1, et 488, n. 3); la correspondance des autres décrets aux canons s'établit comme suit: décret 242, cf. canons 493-498, 618: décret 243, cf. canon 552, §2; décret 245 cf. canons 492, 500-501, 512-513, 533-535; décret 246, cf. canons 497, 500, 512-513, 612, 617-618, 1261, 1334, 1362, etc.

[5] Donnée par Léon XIII aux Évêques d'Angleterre, le 8 mai 1881 (*Fontes*, n. 582).

[6] Cette constitution y est citée à grands jets dans toute la première partie du chapitre, et les derniers décrets dont on indique les sources en marge, sont aussi de droit commun, sauf le dernier.

[7] Voir le décret d'extension dans les *Acta Concilii*, p. 102-103.

[8] Voir particulièrement les §4 et 7 de la constitution, où l'on trouve la raison et le plan du document.

[9] Léon XIII, 6 déc. 1900 — *Fontes*, n. 644.

[10] On en trouve des bribes tout le long du Code: citons par exemple les canons 131, 344, 358, 1372-1373, 1379-1382, 1427-1428, etc. et particulièrement dans le *De Religiosis*, canons 497, 533, 615, 626, 630.

[11] Les décrets 247-248, non législatifs se rapportent aux canons 487, 608. Le décret 250*b* n'est plus vrai: même les maisons non formées (aux termes du canon 488, n. 5)

Les décrets **259-262** sont aussi de droit commun antérieur au Code [12] et ont été codifiés à peu près tels quels [13].

Au décret **263**, après plusieurs points de droit commun [14], se trouve une disposition de droit particulier, si, malgré le titre général « Des Réguliers », le présent décret s'adresse aux communautés non exemptes, comme il le semble:

---

des Réguliers restent exemptes (can. 615; cf. Schaefer, *De Religiosis*, p. 795), bien que sous la surveillance de l'Ordinaire du lieu (can. 617, §2); par contre l'exemption des missionnaires Réguliers est définie au canon sur la juridiction des Vicaires et Préfets Apostoliques (can. 296). Le décret 251 est conforme au canon 131, §3, sauf la restriction y donnée: *si collatio in eorum domus non habeatur*, ou avec l'exemption pour ceux qui n'ont pas charge d'âmes, au sens défini, par la Commission d'Interprétation du Code, le 12 février 1935 (*AAS*, XXVII (1935), 92).

Au synode (décret 252), les Réguliers en tant que tels ne sont représentés que par leurs Supérieurs (can. 358, n. 8) à moins qu'ils ne soient convoqués à titre de curés, de recteurs de Séminaire, ou autre. Quant à la division des paroisses (décret 253), elle se fait selon le canon 1427, même s'il s'agit de paroisses confiées à des maisons religieuses (Coronata, *Institutiones Iuris Canonici*, II, 379). Le décret 254, sur les cimetières et lieux pies, reste substantiellement en vigueur (can. 344, 501, 631, 1211). Sauf le droit d'élection concédé aux novices, le décret 255 est conforme, à peu près, aux canons 1216, 1221, 1225, 1229, 1230. Le décret 256 se retrouve aux canons 1381-1382. La dernière prescription du décret 257 est trop générale, de même que l'avant-dernière qui ne s'applique qu'aux Congrégations; et pour le reste, le droit actuel y a apporté plusieurs précisions, aux canons 516, 533-535, 547-550, 630, 1525, 1545-1550, etc. Le décret 258 est refait au canon 497, cf. can. 1162, 1181-1192, 1427-1428.

[12] Les sources en sont indiquées à chacun des décrets.

[13] Avec quelques nuances, le décret 259 se retrouve aux canons 1385-1386, 1394; le décret 260 au canon 874 (cf. can. 451, 471); le décret 261 aux canons 1328, 1338-1340 et dans les *Normae pro sacra praedicatione* (S.C. Consist., 28 juin 1917 — *AAS*, IX (1917), 328-334), qui donnent plus de précisions en ce qui regarde les Réguliers exempts; le décret 262 est remplacé par les canons 501, 506-507, puis 454, 456, 471, 476, 480, 486, 874.

[14] Les sources en sont aussi indiquées en marge du décret.

Le Code a retenu ces prescriptions en ce qui regarde l'exposition publique du S. Sacrement (can. 1274); l'érection des confréries (can. 686, 703); la confession des moniales (can. 874, 876); la soumission à l'interdit (can. 2269); la célébration de la messe: *celebret* (can. 804), publicité (can. 482, 609, 1171), honoraires (can. 831), etc.; l'administration des sacrements dans les maisons religieuses (can. 514, 518). La loi est relâchée cependant quant à la communion pascale dans l'église propre (can. 859, cf. 846, 869) et l'administration des derniers sacrements réservée aux curés (can. 848).

> . . . Communitates, quales sunt hospitalia, aliave personarum collegia, de jure communi subsunt jurisdictioni parochi, nisi legitima auctoritate fuerint exemptae; potest nihilominus in ipsis Episcopus constituere capellanos qui, virtute delegationis episcopalis, sui ministerii functiones independenter a parocho exerceant; quae cum ita sint, declarat Concilium Episcopos hujusce regionis, nominando capellanos ejusmodi, velle uti praefata potestate, nisi contrarium plane expresserint.

D'après ce décret, en accord avec le canon 464, §2, les maisons pies sont donc soustraites à la charge du curé, à moins de disposition contraire.

Le décret suivant (**264**), après un paragraphe de considérations théologiques, contient deux prescriptions particulières empruntées au Concile de Baltimore [15] :

> *b.* « Ut omnis disputationibus et querelis locus auferatur, duxerunt Patres hujus Plenarii Concilii, hoc conditionis instar contractui Ordinarium inter et Religiosam communitatem appositae habendum, istam scilicet nullum collegium, paroeciam, congregationem, scholam, aliudve opus pium deserere posse, Ordinario invito, nisi sex saltem menses elapsi fuerint a tempore, quo de intentione ita agendi illum certiorem fecerit. Hoc enim temporis spatium requiri ad minimum videtur, ut Episcopus alios operarios sufficere possit, et sic opera vel necessaria vel certe maxime utilia continuare. Haec vero de iis tantum Communitatibus intellecta volumus, quae regenda assumunt opera *proprie dioecesana*, sive ea quae per pecunias aliaque media ex diocesi desumpta sustentantur, et *ad tempus tantum*, nulla perpetuo permanendi suscepta obligatione (Conc. Balt. II, n. 407) ».
>
> *c.* Curent tamen Episcopi, ut juxta canonicas sanctiones omnia jura ac privilegia Regularium, sive Congregationum religiosarum intra limites suae jurisdictionis existentium tueantur, et cum iis ea ratione agant, ut nulla illis, nedum discedendi, ne quidem conquerendi justa occasio suppeditetur. Quod efficacius fiet, si quo tempore in dioecesi considunt, omnia quoad tam spiritualia quam temporalia Episcopum inter et illorum superiores accurate intelligantur,

---

[15] *Concilii Plenarii Baltimorensis II Acta et Decreta* (Baltimorae, 1868), n. 407-408.

scriptoque instrumento consignentur (Conc. Balt. II, n. 408).

Il est pourvu aux fins du paragraphe *b* par le canon 498: une maison de Religion exempte ne peut être supprimée que par le Saint-Siège [16]; les maisons des Religions de droit pontifical ne peuvent pas être supprimées sans le consentement de l'Ordinaire; et la suppression des maisons des Religions diocésaines relève de l'Ordinaire [17].

Et donc ce décret n'est plus en force: il est totalement remplacé par le canon cité.

Le Code au canon 497, §1, 3, répond aussi, partiellement du moins, aux fins du paragraphe *c*, qui reste toutefois de droit particulier *secundum ius* en ce qui regarde l'autorisation d'ériger une maison de droit diocésain [18].

§4.—Des Religieuses

Au décret **265**, rien de législatif; mais il se trouve du droit particulier au décret suivant:—

> **266**. *Clausura.*— « Ad eliminandos vel praecavendos abusus qui in domibus Sororum ex commercio cum extraneis facile nascuntur, jubemus ut stricte servent eam solitudinem, quae eis propriis regulis vel constitutionibus est praescripta, ita ut ob suam clausuram passivam neminem, citra ordinationem regulae vel Ordinarii licentiam, claustrum suum ingredi vel in eo morari permittant.» (Conc. Plenar. Baltimor. III, cap. IX, n. 94.) Etenim maxime interest ut virgines Deo mancipatae ab omni mundano consortio separatae vivant. Quare nemini extraneo liceat, conventus invisendi causa, sanctimonialium ingredi dormitorium, cellas aut valetudinarium. Nec apud ullam So-

[16] Il ne peut donc pas être question à l'égard du Saint-Siège du contrat dont parle le décret. Le Saint-Siège toutefois ne supprime pas telle maison sans entendre l'Ordinaire (Schaefer, *De Religiosis*, p. 170).

[17] Sauf pour une maison unique, la dernière, dont la suppression relève du Saint-Siège (can. 493, 498).

[18] Ni le canon 495, ni le canon 497 n'exigent expressément en ce cas un document écrit.

> rorum communitatem diversari permittimus juvenes aut caelibes hospites, sive clericos, sive laicos; vir autem cum uxore hospitio non recipiatur sine expressa Episcopi licentia.— « Non tantum passiva haec clausura, sed etiam activa, quantum fieri potest, servanda est ». Quapropter nunquam exeant Sorores e septis monasterii nisi juxta praescriptas regulas. Quodsi quandoque permittantur exequiis propinquorum assistere, hoc nomine volumus intelligi duntaxat parentes, fratrem sororemve; neque exequiis extra dioecesim intersint sine Ordinarii licentia.

Notons les deux prescriptions particulières: l'une touchant la clôture *passive* et prohibant la présence de certaines catégories de personnes dans les établissements soumis aux religieuses; l'autre touchant la clôture *active* restreignant les sorties des religieuses. Deux prescriptions laissées toutefois au jugement de l'Ordinaire.

Que valent-elles maintenant ? Il faut distinguer. La première persiste [19] pour toutes communautés de droit diocésain [20] et même pour les communautés de droit pontifical à moins que cette faculté leur soit expressément concédée dans leurs Constitutions et qu'elles aient été admises sans condition avant le Concile [21]. La seconde n'est en vigueur que pour les Congrégations de droit diocésain [22].

Le décret **267**, tout de droit commun, est passé à peu près tel quel aux canons 622-624, qui remplacent le décret « *Singulari quidem* ».

---

[19] Elle est *secundum ius* (can. 599, §2; 604, §2) dans sa cause matérielle.

[20] L'Ordinaire a sur elles pouvoir de juridiction et de domination (can. 492, 501 cf. can. 606, 607).

[21] On ne peut pas dire en effet que cette prescription relève de la discipline intérieure de la Communauté: elle en règle les relations externes avec le peuple.

Il y aurait toutefois exception pour une communauté qui, avant le Concile, aurait été admise sans ce contrat et dont les Constitutions permettraient expressément cette admission des étrangers; l'Ordinaire ne pourrait alors que rapporter au Saint-Siège, conformément au canon 617, les inconvénients de cette disposition. Depuis le Concile, les Congrégations sont admises dans un diocèse sous la réserve du présent décret, à moins que l'Ordinaire en dispense expressément.

[22] Quant aux Religions de droit pontifical, ce cas relevant de la discipline communautaire et du régime interne, les Ordinaires ne peuvent que référer les abus au Saint-Siège (can. 617-618).

Le décret **268**, bien conforme au Code [23] et à la théologie ascétique, se lit comme suit [24] :

> Novis condendis proprii Instituti domibus moniales manum non admoveant nisi quatenus, re mature perpensa, gloria Dei animarumque salus id postulare videantur. In extruendis autem domibus illis, necessitati quidem, utilitati, valetudini consulere haud negligant; quidquid vero saecularem fastum redoleat, sedulo devitent.

Le décret « *Quemadmodum* » [25] cité au décret **269** est rapporté aux canons 520-521, 525, 528, 530, 595 [26] qui en tiennent lieu; la lecture annuelle n'en est plus prescrite [27].

Quant aux confesseurs des religieuses, dont traite le décret **270**, le Code a refait la législation qui les concerne[28]; elle se trouve au canons 520-527.

Le confesseur ordinaire est ordinairement recteur d'église [29] et prédicateur [30] dans le couvent où il est *chapelain* ou *aumônier;* c'est ce que suppose le décret **271**, en définissant ici ses devoirs de prédicateur. Admise la condition, ce décret n'est que du droit commun, ou même de la théologie pastorale.

Le dernier décret, **272**, est de bonne philoslophie: pour atteindre sa fin, une Communauté ne doit pas négliger les moyens nécessaires; mais il n'est pas strictement législatif.

---

[23] Cf. can. 487, 497.

[24] S.C. des Év. et Rég., 27 mars 1896 — *Fontes*, n. 2029.

[25] S.C. des Év. et Rég., 17 déc. 1890 — *Fontes*, n. 2017.

[26] Voir aussi l'Instruction privée (Prot. No 3161/30) de la Sacrée Congrégation des Sacrements, en date du 8 décembre 1938— *Commentarium pro Religiosis*, XX (1939), 203-210. (Traduction française dans: Québec, *Syn.* 1940, p. 277-284.)

[27] Creusen, *Religious Men and Women in the Code* (3rd English edition, by Ellis, Milwaukee: The Bruce Publishing Company [1940]), p. 62.

[28] Les principales différences se trouvent à l'alinéa *b* (cf. can. 526) où le confesseur ordinaire est plus strictement unique et pour trois ans; à l'alinéa *d* (cf. can. 521) où le confesseur extraordinaire ne se présente que deux ou trois fois l'an; à l'alinéa *e*, les raisons de recourir au confesseur particulier sont relâchées par les canons 521, §3; 523. Toute la législation du Code à ce sujet est d'ailleurs plus large que le droit antérieur. (Cf. can. 520, §2; 522.)

[29] Can. 464, §2 (cf. décret 263), 479-486.

[30] Can. 529.

TROISIÈME SECTION

DU PEUPLE CHRÉTIEN

CHAPITRE SEPTIÈME

DE L'ÉDUCATION CATHOLIQUE DE LA JEUNESSE

§1.—De l'éducation en général

Le canon 1372 résume les décrets **273, 274** et **275**, qui ne contiennent pas de droit particulier [1].

§2.—Des écoles acatholiques et neutres

Tout ce chapitre (décrets 276-281) est condensé aux canons 1373-1374.

Les décrets **276-279** sont de droit commun et de théologie morale; on trouve toutefois à la fin du décret suivant une déclaration particulière, *praeter ius* [2] :

> **280**. *Scholae neutrae in quibusdam provinciis nostris.*—Hinc merito Canadenses Episcopi, sui officii sollicitudine permoti, reprobandum duxerunt systema scholarum neutrarum in quibusdam provinciis et regionibus Ditionis nostrae contra jus tum naturale tum legale constitutum. Quod systema, etiamsi temperatum fuerit, velut mancum, inefficax minimeque idoneum pueris catholicis educandis fuit a S. Sede declaratum. (Leo XIII, Encycl. *Affari vos.*) Quapropter catholicorum omnium officium esse declaramus ut, dum concessis uti non recusent, omnes tamen unitis viribus et consiliis, sub episcoporum auctoritate et directione, strenue laborent quousque rationes suas ac jura vindicare possint universa.

---

[1] Voir aussi les canons 1335, 1375, 1379, 1381.

[2] Le droit canonique défend la fréquentation des écoles acatholiques (can. 1374), mais ici on déclare le devoir de réclamer des écoles confessionnelles reconnues et sustentées par l'État; et en ce dernier point, le décret dépasse encore le canon 1379, §3.

Ceci vaut encore: efforts concentrés pour la récognition de nos droits; et ceci s'applique aussi aux écoles anticatholiques, selon le décret 281 [3], qui, pour le reste de sa partie dispositive, est très près du texte même du canon 1374.

§3.—De l'éducation domestique des enfants

Le droit canonique n'a qu'un canon exprès sur l'éducation familiale, le canon 1113, auquel se rattachent les décrets 282-284 [4].

Au numéro 282, rien de particulier; mais à travers les considérations morales du décret 283 se trouve une mise en garde très spécifique: « *Incuriam reprobamus eorum qui in domo sua choreis puerorum, vulgo* bals d'enfants, children's dancing parties, *favent* ». On le voit, ceci reste toutefois dans le domaine de la morale générale et n'a pas le caractère canonique d'une défense.

Le dernier décret, 284, n'est pas non plus dispositif.

§4.—Des écoles primaires

> . . . Ad efficacius oves sibi commissas avertendas ab educatione mere saeculari, Patres hujusce Concilii Plenarii statuunt, juxta praeceptum Episcopis Americae Septentrionalis Foederatae datum, ut scholae primariae vere catholicae habeantur . . . (décret 285).

Voilà qui a bien l'allure d'une disposition particulière et qui semble, à première vue, aller plus loin que le canon 1373. Pourtant, en défendant l'accès aux écoles acatholiques, neutres, mixtes, et en référant aux Instructions antérieures [5], le canon 1374 ne laisse pas d'autre issue que l'école vraiment catholique; et Pie XI, dans

---

[3] Décret 281 *b:* « Quae de scholis neutris dictae sunt, de scholis anticatholicis potiori ratione dicta esse intelligantur . . . »

[4] Voir aussi les canons 1335 et puis 1013. Ces décrets découlent en effet de la fin du mariage: fin première, procréation et éducation des enfants; fin secondaire, assistance mutuelle, particulièrement dans l'éducation des enfants (Cappello, *De Matrimonio*, I, 10); c'est donc aussi bien au canon 1013 que se rattacherait le décret 284 particulièrement.

[5] Citées en marge du canon, dans l'édition de Gasparri.

son encyclique sur l'éducation [6], est très explicite sur la nécessité des écoles « entièrement catholiques ».

Le reste du décret est évidemment tout de droit commun [7].

Le décret **286** est aussi de droit commun [8]; quelqu'un pourrait trouver que le texte « *sint magistri catholici, libri autem, quibus alumni utuntur, ab Ordinariis approbati* » est plus fort que celui du canon 1381, §3 [9], et que la rigueur de l'ancien droit [10] a été réduite, mais pourtant, le présent décret s'entend facilement dans le sens du droit canon [11] et de l'encyclique de Pie XI sur l'éducation [12]: « Il faut absolument que tout l'enseignement et toute l'organisation de l'école, et ses maîtres, syllabus et livres en toutes matières soient imbus d'esprit chrétien, sous la direction et la maternelle surveillance de l'Église.» Et l'approbation de l'Ordinaire requise dans le décret peut s'entendre d'une approbation tacite, ou non réprobation [13].

Les trois décrets suivants, **287-289**, ne contiennent rien de parti-

---

[6] « *Divini illius Magistri* », 31 décembre 1929 — *AAS*, XXII (1930), 49-86. Pie XI y cite et fait siennes les paroles de Léon XIII (encycl. « *Militantis Ecclesiae* », 1 août 1897 — *Fontes*, n. 635, 6): « Necesse deinde est non modo certis horis doceri iuvenes religionem, sed reliquam institutionem omnem christianae pietatis sensus redolere.» (*AAS*, XXII (1930), 77-78.)

[7] Can. 1113, 1372-1373, 1379.

[8] Décret 286*a*: canons 1381-1382; décret 286*b*: canons 1372-1373.

[9] Le canon ne donne expressément à l'Ordinaire qu'un droit d'approbation ou de *veto*, tandis que le décret 286 exige que tous les maîtres soient catholiques, et que l'Ordinaire approuve de fait les livres d'enseignement.

[10] Voir par exemple: Léon XI (in Conc. Lateranen. V), const. « *Supernae dispositionis* », 5 mai 1514 — *Fontes*, n. 65, §32.

[11] À ce droit que le Code donne aux Ordinaires au canon 1381 correspond un devoir, aux termes du canon 336.

[12] « *Divini illius Magistri* », 31 décembre 1929 (*AAS*, XXII (1930), 77).

[13] L'approbation expresse de chacun des livres de classe se fait dans la Province civile de Québec, au Conseil de l'Instruction publique dont font partie les Évêques; mais dans d'autres provinces, et pour des écoles qui échappent au contrôle immédiat des Commissions scolaires catholiques, cette approbation expresse est souvent impossible.

culier [14], sauf le décret 287*a*, qui rappelle aux électeurs et gouvernants le devoir de maintenir les écoles catholiques publiques:

> Ubicumque scholae catholicae pro catholicis publicis sumptibus sustinentur, illas servari omnino volumus, nec quidquam fieri vel suscipi permittatur quod parentum Ecclesiaeque juribus in eis dirigendis detrahat.

Ceci est, en somme, purement équitable, mais constitue une déclaration *praeter ius* [15].

Un décret spécial sur les aveugles et les souds-muets clôt ce chapitre:

> **290**. *De caecis et surdo-mutis.*—Curam parochis specialem de caecis et surdo-mutis habendam demandamus. Videant itaque ipsi ne parentes, omne studium circa illos infirmos abjicientes, eorum animos demittant suoque in re gravi officio deficiant. Sunt enim tum caeci tum quoque surdo-muti, quantum fieri potest, bona educatione instituendi. Quam ut sibi comparent, ne mittantur ad scholas promiscuas, quo pueri omnis cultus indiscriminatim conveniant; sed, in quantum possibile est, constituantur et sustententur scholae speciales distinctaeque pro utroque infirmitatis genere, in quibus, una cum litteris, infelices illi elementa fidei catholicae addiscere valeant.

Il est vrai que ce décret est contenu au canon 1372, mais il urge les moyens à prendre pour en atteindre la fin: construire et sustenter les écoles spéciales pour ces infirmes [16].

---

[14] Le décret 287*b*, *c*, *d*, se trouve résumé au canon 1379, §3; l'alinéa *e* n'est présenté ici que comme un énoncé de théologie morale, qu'on trouve avec une allure plus législative dans le Concile de Toronto et de Kingston (*Conc. prov.*, d. 18).

Le décret 288 se rattache aux canons 1379, 1381-1382, puis 467, 469; le décret 289 aux canons 1113, 1372. (Cf. décret 281.)

[15] Cf. décret 280.

[16] Ces écoles seraient vraisemblablement provinciales ou interdiocésaines; le décret laisse, semble-t-il, aux conciles provinciaux ou aux assemblées quinquennales (can. 292) d'en décider, vu que ces écoles ne semblent pas s'imposer dans chacun des diocèses; et ce serait la raison qui aurait déterminé le Concile à n'en point imposer l'obligation à l'Évêque, en laissant le décret plus général.

§5.—Des écoles secondaires

Rien de droit particulier ne se trouve au décret **291** [17], non plus qu'au décret **292** [18], dont il convient de citer toutefois le dernier alinéa qui n'est qu'implicitement contenu au canon 1374 [19]:

> *c.* Ubi vero ex adjunctis contingit mitti ad catholicas scholas vel academias alumnos alterutriusque sexus acatholicos, hi quidem pauciores admittantur, cum iis regulis et cautelis quas prudentia et religio praescribunt. (Inst. S. Off., 24 Nov. 1875.)

Ceci n'est d'ailleurs, tel que présenté [20], que de la morale ou du droit divin [21].

À propos d'instruction religieuse, le décret **293** est de droit commun [22], mais l'assistance quotidienne à la messe, la communion fréquente [23], etc., sont des prescriptions qu'on ne trouve pas aussi explicitement déterminées dans le Code, elles sont ***secundum ius:***

> . . . Providendum insuper est ut studiosa juventus quotidie assistat sacrificio Missae, frequentur recipiat sacramenta Poenitentiae et Eucharistiae, statutis temporibus peragat exercitia spiritualia, atque opportunis mediis et exhortationibus ad omne opus bonum excitetur et contra pericula irruentia muniatur.

---

[17] Cf. canons 1373, §2; 1375.

[18] Le canon 1379 contient la partie dispositive de l'alinéa *a* (au §3) et fait un commandement (§1) du vœu y exprimé. L'alinéa *b* de ce décret est compris au canon 1374. cf. canon 1379, §1, où le mot *pueri* est pris dans un sens plus large qu'au canon 88, §3. (Cf. Blat, *Commentarium Textus Codicis Iuris canonici*, III (2*a* pars), 357; Vermeersch-Creusen, *Epitome Iuris Canonici*, II, 438.)

[19] Le canon corrobore les Instructions du Saint-Siège données à ce sujet, et qui se trouvent indiquées en marge; or l'Instruction de la S.C. de la Propagande, en date du 25 avril 1868 (*Fontes*, n. 4873), est particulièrement explicite sur la discrétion à mettre dans l'admission des non catholiques dans les écoles catholiques.

[20] Le Synode de Québec (1940) en a fait une vraie loi: « Pueri acatholici in scholas catholicas ne admittantur inconsulto Ordinario » (d. 415, §2).

[21] Cf. Merkelbach, *Summa Theolgiae Moralis*, II, 805.

[22] Can. 1373; cf. aussi décret 263, en vertu duquel surgirait une nouvelle obligation pour l'aumônier de donner des cours de religion (can. 1329-1333).

[23] Can. 863.

Les deux derniers décrets, **294** et **295**, ne sortent pas de la théologie morale.

§6.—De l'étude de la philosophie

Décrets **296-300**.

En regard des décrets 161-162 et 179, il n'y a pas encore ici beaucoup de droit particulier [24], vu que les présentes dispositions sont données pour les collèges ecclésiastiques [25].

Remarquons toutefois l'importance donnée à certaines *disciplines connexes* [26], en raison des laïcs qui sont admis dans ces collèges:—

> 299. *b. Alii athenaeorum alumni.*—Nec magistri Philosophiae, maxime quae moralis dicitur, quasi negligentes se habeant erga illos athenaeorum alumnos, quos Deus non vocat in partem haereditatis suae. Hi enim sunt de quibus aliquando cives praestantiores ac reipublicae magistratus prodibunt. Necesse est ergo mentibus ipsorum alte imprimi principia de origine potestatis, de vera libertate, de juribus Ecclesiae, aliaque hujus generis; quibus praelucentibus, secundum catholicam doctrinam leges condi queant informenturque mores publici.

§7.—Des universités catholiques

Les décrets **301-304** sont évidemment encore en force [27], et l'on n'y trouve d'ailleurs qu'un point particulier:

---

[24] Canons 1354, §2 et 3; 1364; 1365, §1; documents du Saint-Siège parus depuis le Code: S.C. des Séminaires, *Ordinamento dei Seminari*, aux Évêques d'Italie, 26 avril 1920, VIII — *Enchiridion Clericorum*, n. 1099-1103; lettre «*Vixdum haec Sacra Congregatio*», aux Évêques d'Allemagne, le 9 oct. 1921, III, B — *ibidem*, n. 1126-1129; Pie XI, lettre apost. «*Officiorum omnium*», au Cardinal Bisleti, le 1 août 1922 — *ibidem*, n. 1155 (*AAS*, XIV (1922), 458); etc.

[25] Voir décret 299.

[26] Canon 1365, §1.

[27] Canons 1375; 1379, §2. Au décret 304, il faut aussi mentionner la Constitution Apostolique «*Deus Scientiarum Dominus*» (Pie XI, 24 mai 1931—*AAS*, XXIII (1931), 241-262).

302. *Universitates sustentandae.* — Nihil ergo magis ad nostrae nationis prosperitatem conducet quam quod tum divites sum tenuiores, corrogata stipe, parent unde Universitates jam fundatae conserventur et augescant, si novas constitui praematurum judicetur. Excitetur itaque publica liberalitas, rogenturque omnes ut pro virili quisque parte cooperetur rei qua nulla magis indiget societas, quaeque, sine catholicorum subsidiis, florere vix potest.

Sur le matérialisme, le libéralisme et le modernisme (décret **305**), voici une disposition particulière:

b. Liberalismi autem virus ne mentes inficiat, necessarium judicamus ut in Universitatibus nostris constituatur juris publici ecclesiastici cathedra, et volumus ut de hac materia, haud secus ac de aliis, alumni facultatis juridicae statuto tempore periculum subeant.

Ceci est *praeter ius*, et vaut encore, comme le reste du décret [28].

Traitant de l'éducation chrétienne à parfaire dans les universités, le décret **306** est plus explicite que le Code [29], sans doute, mais bien conforme à l'idée d'Université catholique:

. . . Quare opera est danda, ut verbum Dei, secundum praescripta Pii X (Litt. Encycl. *Acerbo nimis*, 15 Apr. 1905: *De christiana doctrina tradenda.*) studiosis illis apta ratione praedicetur; inducendi erunt ad exercitia pietatis, frequentationem ecclesiarum receptionemque assiduam sacramentorum; maxime vero coadunandi erunt in pias sodalitates et associationes academicas, ut a pravorum juvenum consortio segregati vinculisque amicitiae christianae conjuncti, crescant in spem reipublicae atque Ecclesiae, et viribus unitis, etiam post finita studia, causam Ecclesiae justitiaeque defendant. (Cf. Conc. Amer. Lat., n. 695.)

De droit particulier *praeter ius* sont les dispositions suivantes [30]:

---

[28] Cf. décrets 71, 77, 78.

[29] Plus explicite aussi, sur ce point particulier, que l'encyclique « *Acerbo nimis* » (Pie X, 15 avril 1905 — *Fontes*, n. 666).

[30] Les catholiques ne sont pas explicitement détournés des universités non catholiques: le canon 1374 ne s'applique pas aux universitaires; mais le canon 1379, §2, indique bien la « *mens Ecclesiae* ».

307. *Frequentandae Universitates catholicae.*—Procurandum est ut ex variis dioecesibus saltem suffraganeis ad Universitates catholicas alumni egregiae indolis, absolutis studiis classicis, quotannis se recipiant, theologica vel reliqua professionalia studia aggressuri. Ii autem juvenes a frequentandis universitatibus heterodoxis prorsus arceantur, neque id sine gravi motivo, de sententia Ordinarii, ipsis per exceptionem permittatur.

308. *Cautiones, ubi opus sit.*—*a*. Haec permissio si detur, opportune cautiones ad salvandam juvenum fidem ac religionem erunt adhibendae. Illos vero commendatos speciatim volumus sacerdotibus; e quibus, sicubi necesse fuerit, unus eligatur qui eis invigilet, illosque tum privatis exhortationibus, tum etiam publicis sermonibus solidam pietatem perfectioremque religionis cognitionem edoceat.—Juvenes autem ipsi satagant, frequenti sacramentorum perceptione, catholicorum Philosophorum et Apologetarum commercio, necnon consiliis opportune quaesitis, se ab impietatis vel indifferentismi labe prudenter custodire.

Tout ce chapitre reste évidemment sous la restriction: *salvo prescripto canonis* 1376, §2 [31].

Le décret 308*a*, est une adaptation à l'université non catholique des canons 1373, §2; 1381, §1.

L'alinéa *b* du même décret se trouve au canon 1379, §2.

[31] De sorte que si les statuts universitaires, approuvés spécifiquement par le Saint-Siège depuis le Code, contiennent des dispositions contraires au Concile et même au Code, ils ont seuls force de loi.

CHAPITRE HUITIÈME

DE L'INSTRUCTION CHRÉTIENNE DU PEUPLE

§1.—Du catéchisme

Les considérations tirées de « *Acerbo nimis* » [1] qu'on retrouve aux décrets **309-311** sont encore opportunes, quoique non strictement juridiques [2].

Le décret **312** rapporte quasi textuellement deux prescriptions de la même encyclique [3], dont la première est devenue le canon 1330, n. 1, et la deuxième se trouve amendée, au canon 1331. On s'en tient donc maintenant au Code.

De caractère transitoire ou temporaire, le décret 313 n'est pas observé [4], et ne peut plus pratiquement s'exécuter [5] :—

> **313**. *Uniformitas*.—Magni refert ut catechismi libellus numeris omnibus sit absolutus atque, per totam regionem nostram, uniformem doctrinae catholicae summulam exhibeat. Idcirco, re mature perpensa, statuimus ut Reverendissimorum Episcoporum comitatus quidam instituatur, cujus erit: *primo*, catechismum eligere et, si opus fuerit, emendare, aut de novo exarare prout necessarium vel opportunum aestimaverit; *secundo*, illius versionem sive anglicam sive gallicam accurate praeparare; *tertio*, opus suum sic perfectum coetui Revmorum Archiepiscoporum committere, qui, suffraganeis auditis, catechismum recognoscant et typis mandari in variis linguis penes nos frequentius usitatis, modicissimoque pretio vendi, curent.

---

[1] Encyclique de Pie X, 15 avril 1905 — *Fontes*, n. 666.

[2] La nécessité du catéchisme a son corrélatif aux canons 1329 et 1335; les devoirs du catéchiste sont aussi insinués à ces canons et au canon 1332: « *Sermone ad eorum captum accommodato* ».

[3] *Fontes*, n. 666, §16, II, I.

[4] Il y a bien un catéchisme uniforme pour la province civile de Québec, mais on en a un autre à Halifax, un autre à London, etc.

[5] L'institution immédiate d'un comité permanent *ad hoc* aurait été le seul moyen d'assurer la fin du décret: autrement, qui se chargera des revises, rééditions; et actuellement qui aurait l'autorité nécessaire pour urger ce décret ?

Les canons 1329-1333 [6] tiennent la place du décret **314** et sont encore plus explicites sur le choix des catéchistes auxiliaires.

§2.—De la sollicitude envers les enfants

Déclarations du droit divin, énoncés de théologie morale et pastorale font toute la trame des décrets **315-317** [7]; mais comme quelques points [8] respirent encore les enseignements et pratiques antérieurs à « *Quam Singulari* » [9], il faut s'en remettre strictement

---

[6] Cf. can. 711, §2.

[7] Le décret 315 est une déclaration du droit divin, codifiée au canon 906 puis 854 (cf. aussi can. 12 et 88, §3); le décret 316*a* est plutôt de la théologie pastorale, se rattachant au canon 1330, n. 1; l'alinéa *b* de même, et se rattache, lui, au canon 906, lequel canon parle évidemment de confession *sacramentelle* supposant l'absolution : « Consuetudo non admittendi ad confessionem pueros, aut numquam eos absolvendi, quum ad usum rationis pervenerint, est omnino improbanda » (S.C. de Sacramentis, décret « *Quam Singulari* », 8 août 1910, VII — *Fontes*, n. 2103). La dernière partie du décret 316 *c* se trouve aux canons 908; 909, §2; 910. La partie dispositive du décret « *Quam singulari* » a été condifiée presque totalement (can. 88, §3; 336, §2; 854; 859, §1; 860; 863; 892; 906; 940; 1273), et le décret 317*a*, sauf la restriction donnée à la note 8, est donc encore en force, de même le décret 317*c*, qui se trouve au canon 1331.

[8] Le décret 316*c* ne doit pas nous laisser croire qu'il y a un âge pour la confession et un autre âge pour la communion: «Aetas discretionis tum ad Confessionem tum ad S. Communionem ea est in qua puer incipit ratiocinari . . . Ex hoc tempore incipit obligatio satisfaciendi utrique praecepto Confessionis et Communionis» (« *Quam Singulari* », I); cependant, « Ille qui ante septennium habet usum rationis seu discretionem sufficientem tenetur ad communionem (can. 859, §1), non tamen statim sed infra annum faciendam » (Merkelbach, *Summa Theologiae Moralis*, III, 245).

La première communion solennelle, dont il est question au décret 317*b* semble correspondre à la communion générale que règlemente le décret « *Quam Singulari* » (V). Or, le n. V de « *Quam Singulari* » n'est pas passé dans la loi actuelle : le Code ne mentionne pas cette communion générale spéciale, et, selon l'édition de Gasparri, seul le canon 863 a comme source le n. V de ce décret de la S.C. des Sacrements. Et donc, nous ne voyons pas que le décret 317*b*, d'ancien droit, soit contenu même implicitement dans le Code : de ce fait il ne tient plus. Tenant à la fois de ce décret conciliaire et du canon 1331, en plusieurs diocèses a lieu la *communion solennelle* ou *profession de foi des enfants*, où leur est remis un certificat de catéchisme (Québec, *Syn.* 1940, d. 392; Montréal, *Const. syn.*, a. 161; etc.).

[9] S.C. des Sacrements, 8 août 1910 — *Fontes*, n. 2103.

sur ces points au droit actuel, en ce qu'il amende l'ancien droit, en faveur de la communion hâtive et fréquente des enfants [10].

§3.—De la prédication

Le décret **318** est une déclaration du droit divin [11]; le décret **319**, après avoir rappelé le droit commun antérieur au Code [12] (et qu'on doit donc amender selon le Code) [13], finit par une loi particulière *praeter ius* [14], encore en vigueur: « In hujus autem ministerii [praedicationis] partem volumus etiam vicarios assumi ».

Le vœu exprimé au décret **320** est maintenant loi diocésaine en beaucoup d'endroits [15].

Au milieu de plusieurs prescriptions de droit commun [16], le décret **321** contient deux mises en garde où l'on voit du droit particulier:

> . . . « Vera et certa tum historice tum theologice praedicator auditoribus proponat, aniles et ineptas fabulas vitando per quas doctrina catholica non illustratur, sed potius acatholicorum ludibrio exponitur . . . » (321*a*, *sub fine.*)
>
> . . . « Num vero et quandonam apologeticos sermones adversus errores nostri temporis fieri a viris peritis expediat, singuli Episcopi in suis dioecesibus judicent.» (321*c*.)

Ces décrets tiennent encore: le premier étant, il est vrai, plutôt de théologie pastorale [17], le second *praeter ius* [18].

---

[10] Voir les canons cités aux notes précédentes.

[11] On retrouve ce droit codifié particulièrement aux canons 1327-1328, 1337, 1343. (Cf. aussi can. 336 et décret 97.)

[12] Les sources en sont indiquées en marge du décret.

[13] Canons 1332, 1344-1345; et surtout le canon 1346, qui ne détermine plus la fréquence de ces instructions quadragésimales et laisse l'Ordinaire juger de l'opportunité de cette prédication spéciale pendant l'Avent.

[14] Cette loi est *iuxta ius* pour les vicaires actuels, économes et coadjuteurs (can. 451, §2, n. 2; 471; 472-473; 475); elle est *praeter ius* pour les vicaires coopérateurs, dont il est ici plutôt question. (Cf. can. 1332-1344; 176, §6 et 7; Québec, *Syn.* 1940, d. 399.)

[15] Québec, *Syn.* 1940, d. 398; Montréal, *Const. syn.*, a. 294; Vancouver, *Syn.* 1937, d. 147.

[16] Les paragraphes *a* et *b* se retrouvent respectivement aux canons 1347, et 1332, 1345.

[17] On rattacherait ceci au canon 1347.

[18] L'instruction de la S.C. Cong. des Évêques et Réguliers, 31 juillet 1894 (*Fontes*, n. 2024), mettait bien en garde, et de façon plutôt pastorale que canonique, contre ces conférences plutôt profanes sur les malheurs des temps; ici une réserve particulière est faite.

Les autres décrets (322-325) sont aussi plutôt de théologie pastorale implicitement comprise dans le canon 1347; cependant quelques déterminations méritent d'être citées:—

> 323*c*. Caveat tamen concionator ne, sub fallaci simplicitatis et claritatis praetextu, utatur humilibus vulgaribusque vocibus, ac negligat idiomatis proprietatem: non enim deest modus proprie simul clareque loquendi, qui etiam a rudibus et pueris capi potest.
>
> 324. *Vitanda in concionibus*.—In repellendis erroribus, abstineat praedicator ab eo quod justam det heterodoxis offensionis causam.—In vitiis autem impugnandis gravi quidem et, quoties expedit, acri sermone utatur. Neminem tamen adstantium vel absentium, quae intolerabilis audacia foret, nominatim reprehendat, aut insidiosa verborum circuitione ita notet designetque, ut ab omnibus nosci facile possit. (Cf. Conc. Plen. Baltim. III, 215.) Contentiones quae forte inter se et aliquos e parochianis ortae sint, in ecclesia ne attingat parochus. Caveat insuper ne de stipendiorum aut redituum tenuitate saepe saepius verba faciat, et sic avaritiae labe suam dignitatem inficiat.—Prohibemus stricte ne in praedicatione divina concionator de rebus mere politicis aut aliis quae minime ad suum ministerium pertinent, loquatur. Quod si quis monita haec temere contemnens, scandali occasionem dederit, Ordinarius illum poenis etiam gravioribus plectat.

§4.—Des retraites paroissiales

Le canon 1349 est encore plus explicite que le décret 326 en exigeant les retraites paroissiales au moins tous les dix ans.

La partie dispositive du décret 327 se lit comme suit: « Confessarios autem, missioni cooperantes, Ordinarii amplissimis absolvendi et dispensandi facultatibus instruant », et vaut encore puisque non opposée au Code [10].

> 328. *Ratio agendi missionariorum*.—*a*. In eo toti sint missionarii ut clara sive doctrinarum fidei sive praeceptorum

[10] Il faut toutefois remarquer que pour ce qui est du pouvoir d'absoudre, le canon 899, §3, y a répondu partiellement du moins (cf. aussi can. 2254); de même le pouvoir de dispenser a été concédé plus largement aux confesseurs, depuis 1909 (can. 990, §2; 2290).

Dei et Ecclesiae expositione strenuaque exhortatione corda audientium ad Deum convertant, cunctisque fidelibus media salutis et perseverantiae opportuna praebeant.

b. Meminerint missionarii se in auxilium tantum pastorum arcessiri. In rebus igitur quae parochiae administrationem respiciunt, ne se immisceant. Cum populo dum agunt, de eo quod laudandum est, disserant: quod sibi censura dignum videatur, inconsulto pastore, discrete taceant. Si quid vero corrigendum occurerit, comiter illud pastori indicent eiusque audiant opinionem, vel, si necessarium judicaverint, de ea re Episcopum certiorem faciant.

c. Diligenter etiam caveant, ne sua agendi ratio ullam, vel levissimam, turpis lucri speciem prae se ferat. Et ubi velint, capta missionis occasione, collectas aggredi, vel libros pios, rosaria, aliaque id genus sive per se sive per alios vendere, tam pastoris praevium assensum quam Ordinarii impetrent approbationem.

Les alinéas *a* et *b* ne sont pas strictement canoniques, mais ils contiennent des avis précis [20] qu'il est bon de souligner au passage; l'alinéa *c* impose une condition obligatoire dans l'engagement du missionnaire, *praeter ius* [21].

Enfin, le dernier décret prescrit, *praeter ius* [22] aussi, des retraites annuelles moins importantes (triduum, neuvaine, etc.):—

329. *Annua quaedam exercitia.*—Curent insuper parochi ut quotannis, ubi fieri possit, exercitia spiritualia tempore vel solemnitate minora non solum pro sodalitatibus et confraternitatibus, sed etiam pro aliis fidelibus habeantur; ita ut omnes gregis oves, exercitiorum illorum ope, magis magisque in christianis virtutibus proficiant.

---

[20] L'alinéa *b* se rattache au canon 1327, §2.

[21] La raison de cet alinéa en est donnée au début: éviter toute apparence ou espèce de négoce; cette raison suggère donc simplement aux Évêques de mettre les conditions nécessaires pour assurer l'observance du canon 142 (cf. can. 592), de sorte que telles ventes seront évidemment faites pour la commodité des fidèles plutôt qu'à l'avantage des vendeurs. Cf. Brunini, *The Clerical Obligation of Canons* 139 *and* 142, The Catholic University of America Canon Law Studies, n. 103 (Washington, D.C.: The Catholic University of America, 1937), p. 85.

[22] Le canon 1327, §2, ne parle pas des missions régulières. (Cf. décret 326.)

§5.—Des missions pour les acatholiques

Après des considérations générales dans les décrets **330** et **331*a***, les Pères du Concile proposent [23] ce qui suit, et qui est *secundum ius* [24]:

> 331*b*. Speciatim vero suademus: *primo*, ut in qui quibusdam civitatibus, temporeque opportuno fiat a praedicatore docto, qui nullius offendat animum, congrua Scripturae et doctrinae catholicae expositio; *secundo*, ut etiam, si Episcopo expediens visum fuerit, missiones ad dissidentes sive in templis sive « privato quovis honesto loco » (Leonis XIII Litt. *Testem benevolentiae*, 1899) a viris probatae scientiae et integritatis instituantur; *tertio*, ut sanae doctrinae libelli libellis protestantium (*tracts*) opponendi, prouti jam alicubi laudabiliter factum est, sedulo spargantur.

Le décret 331*c* n'est pas dispositif.

§6.—De l'attention aux étrangers

Les premiers décrets (**332-333**) de ce chapitre n'étant pas strictement dispositifs [25], citons-en seulement le dernier, *praeter ius*, et donc encore en vigueur [26]:

> **334**. *Sacerdotes ad excipiendos advenas.*—Tandem providendum ut in urbibus saltem majoribus, ad quas plerumque adpellunt coloni ex Europa commeantes, constituantur sacerdotes prudentia et linguarum peritia insignes, quorum praecipuum sit munus advenas catholicos excipere iisque se duces et consiliarios praebere.

---

[23] On remarquera en effet que ces décrets ne sont pas impératifs.

[24] Le canon 1350, §1, est très général, et laisse précisément une large place au droit conciliaire ou synodal.

Cf. Pie XI, lettre encyclique « *Rerum Ecclesiae* », 28 fév. 1926 — *AAS*, XVIII (1926), 65-83.

[25] Il est à noter que ces étrangers (*advenae* ou *peregrini*, comme le contexte l'indique), restent normalement sous la juridiction et la responsabilité du curé (can. 91-92, 94; can. 464, 467, 469).

[26] Le statut juridique de ces prêtres peut être soit celui des vicaires coopérateurs (can. 476, §1), soit celui des recteurs d'église (can. 479-486), ou soit de délégué spécial de l'Ordinaire (*Annuaire ecclésiastique* 1941, *Archidiocèse de Québec* (Québec: Chancellerie de l'Archevêché, 1941), p. 12).

§7.—De l'attention aux travailleurs dans les bois

Ces deux décrets, **335** et **336**, sont encore de la théologie pastorale plutôt que du droit [27].

§8.—Des bons livres

Non seulement les mauvais livres doivent être écartés, mais on doit de plus promouvoir la bonne lecture (décret **337**) [28].

> **338**. *Bibliothecae parochiales*.—Ad hunc finem consequendum conferre plurimum novimus bibliothecas parochiales; quae cum jam multis in locis nostrae regionis existant, parochos hortamur ut eisdem conservandis et ampliandis diligentem curam impendant. Ubi autem bibliothecae praefatae nondum habentur, efficiendum est ut in praecipuis saltem parochiis, pro opportunitate, constituantur, selectis in eisque depositis aptioribus libris qui certis diebus et modico pretio ad legendum suppeditentur.

> **339**. *Populares consociationes*.—Insuper videant Episcopi, num possibile ac expediens sit populares instituere consociationes, quo, statis horis, laboribusque diei absolutis, convenire queant fideles diversorum ordinum, et maxime opifices, vel ad legendos libros, vel ad collationes probatorum virorum honestas et proficuas audiendas; unde pestis librorum perversorum arceatur bonarumque foveatur litterarum amor.

Voilà des dispositions *praeter ius* [29], obligeant les curés à instituer des bibliothèques paroissiales, et les Évêques à organiser des cercles d'étude, si possible et opportun.

---

[27] Encore ici, dans les diocèses et dans les Vicariats ou Préfectures apostoliques divisés (can. 216), ces travailleurs ne peuvent que dépendre du curé (can. 451; can. 464); les prêtres qui viennent exercer le saint ministère en ces lieux sont régulièrement ses coopérateurs (can. 476, §1).

[28] Ce décret général viendrait sous les canons 1395, §1, et 1405, §2; ce qu'il contient de positif est plus explicite aux décrets suivants.

[29] Ces dispositions se rattachent au devoir pastoral des curés (can. 464, 467, 469) et des Évêques (can. 334-336 cf. 1326).

Quant aux décrets sur la censure des livres (**340**) et les règles de l'Index (**341**), ils sont de droit commun antérieur au Code [30] et remplacés par les canons 1384-1394, 1397-1405 [31].

§9.—Des mauvais livres et des bibliothèques publiques

Tout ce chapitre (décrets **342-348**) est encore de théologie morale, plutôt pastorale [32], ou de droit commun [33] passé substantiellement dans le Code [34].

§10.—Des journaux quotidiens et périodiques

> **349**. *Foliis perversis bona obsistant.*—Licet, hac in regione, scripta fidei catholicae aperte repugnantia nonnisi modicam apud fideles usurpent gratiam, minime tamen desunt diaria, vel plurimum diffusa, quae, cum Belial et Christum componere sibi assumant, vero ac falso, bono et malo promiscue aditum praebent, fallacique praetextu turpes saepe amores, lasciva praeconia, scripturas et effigies dedecoras edunt. Quorum foliorum vim nefariam frangere aut minuere cupientes, nitendum declaramus ut roborentur alanturque bona diara foliaque periodica, et quibus locis non extiterint, instituantur, populoque fideli legenda commendentur.

Corrélatif aux décrets sur la bonne lecture [35], celui-ci oblige donc à fonder, à fortifier et recommander les bons journaux [36].

---

[30] Tout ce droit se trouve dans la Constitution citée: Léon XIII, « *Officiorum ac munerum* », 25 janvier 1897 — *Fontes*, n. 632, spécialement aux nn. 36, 38-42, puis 27, 29.

[31] Le décret 340 est plus explicite aux canons 1385-1386, 1393.

Le décret 341, *a* et *b*, découle encore des canons 1398, 1405 cf. 469; et l'alinéa *c* se retrouve plus explicite aussi au canon 1397.

[32] Par exemple, les décrets 342, 345 (*sub fine*), 347 (sauf la première phrase), 348.

[33] Toute la partie juridique est encore empruntée à « *Officiorum ac munerum* », avec références marginales.

[34] Particulièrement aux canons 1384, 1397-1399. Cf. *Index Librorum prohibitorum SS. mi D.N. Pii XI iussu editus*, Typis Polyglottis Vaticanis, 1938.

[35] 337-339.

[36] Ceci est *secundum ius*, déterminant les devoirs pastoraux des Évêques et curés (can. 334-336, 464, 467, 469).

Cependant l'établissement des journaux spécifiquement catholiques n'est pas loi (décret **350**) [37], non plus, évidemment que les moyens à prendre pour leur soutien (décret **351**) [38].

§11.—Des sociétés à fuir [39]

Un premier sous-titre de ce paragraphe (décret **352-358**), traitant des sectes défendues sous peine d'excommunication, ne comporte pas de droit particulier [40], sauf une mise en garde, au décret 356, encore d'actualité: — « Fideles omnes monitos volumus ne choreis aliisque solatiis, quae a Massonibus, uti talibus habentur, interveniant, neque eorum libris vel diariis ullo modo faveant ».

Sous le deuxième sous-titre, les décrets **359** et **360** ne sont pas strictement juridiques [41], et le décret **361** est de droit commun encore en vigueur [42]; mais le décret **362** contient une disposition

---

[37] . . . « Desirandum censemus *ut . . . edantur* quaedam *ephemerides mere catholicae* » : un désir et sans objet très précis. (Si on avait désiré des journaux *diocésains*, ou *provinciaux*, le décret aurait eu plus de force.)

[38] Ce décret dépend du précédent, non impératif, et déclare seulement « *colligi poterit* Denarium catholicorum foliorum.»

[39] Canon 684.

[40] Le décret 352 est conforme au canon 2335 dans sa description des sociétés ainsi censurées. Au décret 353, en considération du canon 19, il faut remarquer que les *sociétés bibliques* ne tombent pas sous la censure (Coronata, *Institutiones Iuris Canonici*, IV, 384; et auteurs y cités) quant aux sectes énumérées sous la lettre *d*, leurs adhérents tomberaient sous la censure du canon 2314 (*speciali modo* réservée au Saint-Siège) et alors, la liste de toutes les hérésies est bien incomplète (cf. canon 1325, §2); d'ailleurs le décret dit « *inter alias* », et ne donne donc pas une liste exhaustive; les coopérateurs, dont parle le décret 356, n'encourent plus la censure imposée dans l'ancien droit (Pie IX, const. « *Apostolicae Sedis* », 12 oct. 1869, §II, 4 — *Fontes*, n. 552), sauf en raison des canons 2209 et 2231 (Coronata, *ibidem*, 386); de même la dénonciation prescrite autrefois (const. « *Apostolicae Sedis* », §IV, 4), et que rapporte le décret 357, n'urge plus qu'aux termes du canon 2336, §2. Enfin, le décret 358, sur le devoir du confesseur, vaut encore, excepté la prescription venant sous la lettre *c*, basée sur l'ancienne obligation de la dénonciation maintenant abolie, et sauf le canon 1398, §1.

[41] Ce sont des déclarations du droit divin et de la théologie morale générale.

[42] La liste n'est pas exhaustive, on l'indique. C'est dans ce décret que viendraient les *sociétés bibliques*, et l'Y.M.C.A. récemment condamnée (S.C.S. Off., lettre aux Ordinaires, 5 nov. 1920 — *AAS*, XII (1920), 595-597), etc.

particulière encore en vigueur [43], le recours au Délégué Apostolique dans les cas d'inscription à une société défendue [44]:

> Si quae ex praedictis societatibus mutuae assecurationis speciem praeseferat, quamvis generatim non liceat ullam cum eis communionem inire aut retinere, certis tamen sub conditionibus a Sancta Sede praescriptis tolerari poterit ut quis, bona fide adscriptus, in eis remaneat taxamque solvat, remoto nemque omni scandalo aut perversionis periculo et ad evitandum grave detrimentum (Cf. Decl. S. Off. 19 Jan. 1896.); sed, in singulis casibus, recurrendum est ad Delegatum Apostolicum.

Enfin, les décrets **363**, **364** et **365** n'ont rien de particulier [45]; mais le dernier décret de ce troisième sous-titre est *praeter ius* [46]:

> **366**. *Concilii praecepta.—a.* Ne quis, ignorantia deceptus aut exemplo tractus, magno cum fidei bonorumque morum detrimento illarum, quas memoravimus, societatum laqueis deprehendatur necemque spiritualem occumbat, praecipit Plenaria haec Synodus ut semel ac dubium de indole ac honestate cujusdam consociationis surrexerit, dubitans sive presbyter sive laicus dioecesanam auctoritatem consulat.
>
> *b.* Judicium tamen praesertim publicum de aliqua societate ferendi munus nemo privatus sibi arroget: tale judicium ad auctoritatem Ecclesiae pertinet. Episcoporum est, omnibus perpensis, declarare utrum societas aliqua, vel ex natura sua vel ex temporum, locorum et personarum circumstantiis, sit fugienda.

---

[43] Cette disposition n'est sûrement pas opposée au canon 684.

[44] Le Saint-Siège avait confié au Délégué Apostolique aux États-Unis de porter jugement sur ces cas, et de les tolérer à certaines conditions (S.C. Inquisit., 19 janv. 1896 — *Acta Sanctae Sedis*, XXVIII (1895-1896), 699); c'est de ce fait que s'inspire la présente disposition.

Voir sur le sujet: Quigley, *Condemned Societies*, The Catholic University of America Canon Law Studies, n. 46 (Washington, D. C.: The Catholic University of America, 1927), p. 120-127.

[45] Ils sont de théologie morale et pastorale.

[46] Le Code ne parle expressément des sociétés suspectes qu'au canon 684; l'objet de ce décret est bien selon le canon 290, et nous avons donc ici un décret conciliaire typique.

Partie de ce décret est empruntée au Troisième Concile de Baltimore (décret 255), et Barrett (*A Comparative study of the Councils of Baltimore and the Code of Canon Law*, p. 116) donne aussi cette loi particulière comme encore en vigueur.

c. Ad confusionem praecavendam ac disciplinam servandam, ne cum magno fidelium scandalo et auctoritatis ecclesiasticae detrimento eadem societas in una dioecesi damnetur, et in alia toleretur, volumus ut nulla societas, dumtaxat suspecta et in variis regionis nostrae partibus diffusa, nominatim ab aliquo Ordinario damnetur, nisi prius rem retulerit ad Commissionem ex omnibus Archiepiscopis constantem, quam pro hujusmodi causis judicandis nunc constituimus. Quod si societas damnanda omnibus visa non fuerit, recurrendum erit ad Sanctam Sedem, ut judicium certum accipiatur, et disciplina in nostris provinciis unformis servetur.

CHAPITRE NEUVIÈME

DE LA PIÉTÉ À PROMOUVOIR CHEZ LE PEUPLE

§1.—Des moyens de promouvoir la piété

Parmi ces moyens viennent d'abord le zèle des prêtres (**367**), la prière (**368**), la fréquentation des sacrements (**369**) et l'usage des sacramentaux (**370**). Aux deux premiers, rien de spécial [1], mais sur les sacrements et les sacramentaux, voici les dispositions particulières encore en vigueur [2] :

> . . . Fideles de fructibus confessionis et communionis saepe erudiant [pastores animarum], certisque diebus et horis, non pro sua sed pro populi commoditate electis, immo, quantum fieri potest, singulis diebus praesto sint ad recipiendas poenitentium confessiones . . . (Décret 369.)
>
> Sacramentalium item usum, qui ab Ecclesia saepe commendatur, sacerdotes ipsi commendent; illorum naturam, significationem, efficaciam, qualis revera est, rectumque populo describant usum . . . (Décret 370.)

Le décret **371** ne sort pas de la théologie pastorale [3], mais citons en entier le règlement suivant, encore en force [4], sur les pèlerinages:—

> **372**. *Piae peregrinationes*.—Pietatem etiam augere possunt piae peregrinationes. Cavendum tamen ne illarum praetextu deplorandi irrepant abusus. Quocirca neque instituantur sine licentia Ordinarii scripto exarata, neque fiant sine sacerdote (ab Ordinario delegato) qui dux sit et moderator. In via, orationi, rerum spiritualium meditationi,

---

[1] Ces décrets, non proprement juridiques, se rattacheraient aux canons 464, 467, 469; le canon 466 contient une partie du premier, et le canon 1113 une partie du deuxième.

[2] Le devoir de prêcher les sacrements et les sacramentaux se retrouve plus généralement énoncé au canon 1332 particulièrement; la présence quotidienne du prêtre au confessionnal est un corrélatif du canon 863, et selon le canon 892, §1. Cette dernière prescription est mieux déterminée dans certains diocèses: Québec, *Syn*. 1940, d. 241-242; Montréal, *Const. syn.*, a. 177. Cf. aussi canons 467, 1144-1153.

[3] Voir canons 464-467, et décret 34.

[4] Ce règlement est *praeter ius*, le droit commun ne parlant pas expressément des pèlerinages, sauf toutefois les remarques données ci-après.

aptisque canticis vacent peregrinantes, et, quantum fieri potest, sacramentorum perceptione reficiantur. Quo facilius id fiat, volumus moderatorem sacrae peregrinationis, praefata licentia munitum, communicare posse aliis sacerdotibus comitantibus et in propria cujuscumque dioecesi approbatis, jurisdictionem ad praedicandum et confessiones audiendas, cum facultate absolvendi a casibus episcopalibus, pro toto tempore et in loco ipso peregrinationis. Sollicite curandum est, ut animi dissipatio, ineptae cantiones, comessationes removeantur, nec indulgendum nimiae libertati aut promiscuitati quae juvenes in tentationem inducat. In via, confessarii confessiones mulierum non audiant sine crate, et absque lumine. Qui peregrinationes moderantur Ordinario de acceptis et expensis sedulo rationem reddant.—Praesules ecclesiarum ad quas fideles devotionis causa frequentius confluunt impense rogamus ut, peregrinantium saluti prospicientes, quidquid superstitionem redolet caute abrogent, et quidquid turpis lucri quaestus suspicionem movere possit sedulo eliminent.

Il faut analyser ce règlement dans le détail, vu qu'il contient certaines difficultés; résumons-le d'abord en le dépouillant de ce qui n'est pas strictement juridique.

1) Un pèlerinage ne peut s'organiser sans l'autorisation écrite de l'Ordinaire, qui délègue un prêtre comme directeur;

2) En route, on doit s'adonner à la prière, et, si possible se confesser et communier [5];

3) À cette fin, le directeur, du fait de son approbation comme tel, reçoit du Concile juridiction d'absoudre, même des cas réservés aux Ordinaires, tout le temps que dure le pèlerinage et dans les différents diocèses où voyagent les pèlerins, avec pouvoir de sous-déléguer ces facultés aux autres prêtres du groupe [6];

---

[5] La réception des sacrements est facile si le pèlerinage, durant plusieurs jours, se fait par étapes, en arrêtant à diverses églises; dans les autres cas, le décret ne comprend plus que la confession, mais il comprend toujours la confession dans le contexte. (Voir particulièrement n. 4.)

Le décret ne peut évidemment obliger les fidèles à se confesser et à communier; il pourvoit seulement à leur en donner la facilité.

[6] Une concession analogue, mais pontificale, était accordée en 1936 pour les pèlerinages à Lorette (Pie XI, lettre apost., 6 août 1936 — *AAS*, XXIX (1937), 50-52).

8

4) En route, toutefois, les confessions des femmes ne doivent pas s'entendre « *sine crate et absque lumine* »;

5) Le directeur doit, après le pèlerinage, présenter un rapport financier à son Ordinaire.

La prescription 4) est de droit commun et doit donc s'interpréter au sens des canons 909 et 910 [7]; les numéros 1), 2) et 5) sont de droit particulier [8] ne présentant pas de difficultés. Quant au n. 3), le sens en est du moins celui-ci: les Ordinaires canadiens se sont entendus pour donner juridiction aux prêtres dont on parle ici [9]; mais la juridiction relevant très proprement des Ordinaires [10], chacun d'eux pourrait assez facilement légiférer contrairement à ce décret [11].

Le décret **373**, enfin, sur l'abstinence et le jeûne, ne contient pas de droit conciliaire [12].

§2.—De la lecture des Saintes Écritures en langue vulgaire

Rien de droit particulier dans ce paragraphe (décrets **374-376**) [13].

---

[7] Ces canons sont plus clairs que le décret. Voir aussi le Rituel Romain (tit. III, c. I, n. 8).

[8] Point de doute pour les nn. 1 et 5; le numéro 2 est aussi de droit particulier parce que non compris essentiellement dans la notion commune de pèlerinage: ici, on doit se rendre *en priant*, dans un lieu de dévotion particulière.

[9] Évidemment cette loi ne s'applique qu'au Canada, mais elle vaut même pour les étrangers venant en pèlerinage: *Ubi lex non distinguit, nec nos* . . . Ainsi un prêtre de Portland, Oregon, organise un pèlerinage à Sainte-Anne de Beaupré: dès qu'il entre dans le diocèse de Vancouver, il a juridiction pour tout le voyage en Canada, et même sur les gens de S.-Paul, Chicago ou Détroit qui se seraient joints au pèlerinage.

[10] Canons 874-877.

[11] Même si l'on soutient que le décret n'est pas seulement une addition de lois diocésaines, mais une loi proprement conciliaire, il reste que la concession de la juridiction est de la responsabilité et du droit propre des Ordinaires et que si cette loi présente chez eux des inconvénients graves ils peuvent la changer. (Voir, au sujet de la compétence des conciles, p. 9, note 31.) La promulgation toutefois d'une loi changeant celle-ci devrait être faite avec soin, vu qu'il existe actuellement une présomption contre.

[12] Le décret lui-même est plutôt de théologie morale. Les concessions que comporte la note marginale donnée à ce décret ne sont pas révoquées par le Code (can. 4, 1253).

[13] Décret 374 et 375: considérations historiques et morales; décret 376: ancien droit codifié aux canons 1385, 1391, 1399 et 2318.

§3.—Des livres et feuillets de prières

Exposant la raison du canon 1384, le décret **377** ne contient aucune prescription particulière. Dans le décret **378** se trouve un point particulier seulement [14], à l'alinéa *c*:

> Preces et exercitia devotionis, quae aliquid insolitum continent, vel quae novitatem redolere videntur, etiamsi *imprimatur* alicujus Curiae dioecesanae habeant (quod forte opus falsarii est), nullo pacto adhibeantur in ecclesiis vel oratoriis, absque expressa licentia Ordinarii loci; qui praemissa accurata revione per seipsum vel per censores scientia commendabiles, exquisito etiam, si opus fuerit, voto Metropolitani, quid in Domino expedire judicaverit, respondebit.

Cette intervention des censeurs, voire du Métropolitain, n'est pas exigée de droit commun [15].

Les deux autres décrets, **379** et **380**, sont l'un de théologie morale, l'autre de droit commun [16].

§4.—De la lutte contre les vices

Le fait que sous ce paragraphe viennent une vingtaine de décrets portant sur le blasphème, le parjure, l'usure, la luxure, etc., nous

---

[14] L'alinéa *a* est conforme aux canons 1259; 1385, §1, n. 2; 1390. Cf. *Rituale Romanum*, tit X, c. 1, 2, 3, 4; tit. V, c. 3, 7; tit. XII, *De Sanctissima Eucharistia;* aussi, pour les Litanies des Saints dans le Rituel, à la Bénédiction de l'eau la veille de l'Épiphanie, dans le Bréviaire, le Missel, et l'Instruction Clémentine.

L'alinéa *b* concorde avec les canons 1259, 1261, 1279, 1385, et avec les récents avertissements du Saint-Office: décret du 26 mai 1937 — *AAS*, XXIX (1937), 304-305, et décret du 18 juin 1938 — *AAS*, XXX (1938), 226-227.

Dans l'alinéa *c*, pour la partie qui est de droit commun, il faut souligner la différence entre les canons 1259 et 1399, n. 5 (cf. 1385), le canon 1259 exigeant l'approbation de l'Ordinaire du lieu. (La dernière phrase du décret devrait donc se lire: . . . « *Nisi ab Ordinario loci examinatum et approbatum* ».)

[15] La distinction entre les prescriptions du canon 1259 et celles du can. 1399, n. 5 (cf. 1385), n'ayant pas été clairement établie avant le Code (voir les sources du canon 1259: *Conc. Trid.*, et *Fontes*, n. 632, 1153), il faut admettre que ce droit particulier se trouve affaibli par le changement apporté à la législation générale sur laquelle il était basé, et le canon 1259 oblige à recourir au Saint-Siège dans le cas difficiles.

[16] On a ici soit la raison de la prohibition donnée au canon 1399, §5, à propos des miracles, soit un appel à la prudence des censeurs (can. 1393) ou à la vigilance des Ordinaires (can. 1261, 1386; S.C.C., décret, 7 juin 1932 — *AAS*, XXIV (1932), 240-241).

en indique déjà le caractère plutôt moral que canonique. Le gardien immédiat de la morale du peuple étant le Curé, la plupart de ces décrets se rattachent aux canons 464, 467 et 469.

Rien donc de droit particulier dans l'exhortation générale du décret **381** [17] ni dans les décrets sur le blasphème (**382**) [18], sur le parjure (**383**) [19] et l'esprit d'indépendance (**384**), non plus que dans les décrets sur la justice et les biens temporels (**385-390**). [20] De même tout le reste du paragraphe (décrets **391-398**) ne sort pas de la théologie morale et pastorale, ou du droit commun actuel [21].

§5.—De l'intempérance et de ses remèdes [22]

Dès le deuxième décret de ce paragraphe (le premier, **399**, exposant la malice de l'ébriété), on trouve une prohibition particulière, *praeter ius:*

> **400**. *Causae vitandae.*—Quamvis multae, tum internae, tum externae, recenseri valeant ebrietatis occasiones vel causae, tres tamen, nimis vulgatas ac mali feraces, praecipua condemnatione notatas volumus, videcilet, illegaliter seu contra praescriptum legis *introducere*, *vendere*, *fabricare* liquores inebriantes. Quae tria, ubi lex obsit, monemus omnino non licere.

Malgré l'allure du début de ce décret, il n'est pas seulement une déclaration de théologie morale, mais une prohibition absolue concordant avec la loi civile: *quae tria, ubi lex obsit, monemus omnino non licere* [23].

---

[17] Voir particulièrement les canons 467 et 1332.

[18] Cf. canons 1332 et 2323; *Statuts revisés du Canada* (1927) (5 v., Ottawa: Acland, 1927-1928), ch. 36, n. 128; *Code Criminel du Canada, comprenant les modifications depuis* 1907, *édité sous la direction de Antoine Rivard*, C.R., Collection de Lamirande (Montréal), les éditions légales de Lamirande, 1939), art. 128, 238 *f.*

[19] Cf. canons 1316-1321, 1332, 2323. On pourrait cependant noter l'invitation pressante à prêcher contre le parjure en temps d'élection.

[20] En marge du décret 386, citons les canons 1925 et 1929, puis 1512 en marge du décret 387, et 2354 en marge du décret 388.

[21] Aux décrets 392-393, cf. can. 2357; au décret 394, cf. can. 2350. Au décret 395, cf. décret 511.

[22] Ce paragraphe aussi se rattacherait aux canons 464, 467, 469.

[23] L'incidente *ubi lex obsit* prouve que le Concile fait sienne la loi civile portée en ce sens, que les Pères approuvent fortement dans la Lettre pastorale collective donnée

Les décrets **401** et **402** n'ont rien de particulier [24].

Une phrase du décret **403** nous semble plus qu'un souhait, et plus qu'un énoncé moral: c'est une détermination du canon 1248 [25]:— « Cauponas suas diebus dominicis et festivis clausas servent » (403 *c*).

Nulle prescription juridique ne se trouve aux trois derniers décrets (**404**, **405**, **406**).

§6.—Des relations avec les acatholiques

Les règles données dans ces décrets (**407-415**) touchent de si près le droit divin qu'ils étaient lois avant le Code [26], et se retrouvent implicitement aux canons 1258 et 1325 [27]; ils sont encore en force [28].

à l'occasion du Concile (*Acta*, p. 518). C'est ainsi d'ailleurs que les Évêques de Québec ont entendu ce décret (cf. Québec, *Syn*. 1923, 42; *Discipline diocésaine* (Québec: L'Action Catholique, 1937), 1289; Québec, *Syn* 1940, d. 107, §2; aussi Saint-Hyacinthe, 12 *Syn*., 71). Pour ce qui est de la loi civile, voir *Statuts revisés du Canada* (1927), ch. 36 (n. 150-154), ch. 196; *Code Criminel*, art. 150-154, 613 ss. Dans la Province de Québec la loi civile a été bien souvent modifiée depuis 1909 au sujet de la vente des liqueurs enivrantes: *Statuts de la Province de Québec*, *S.R.* 1909 (4 v., Québec: Pageau, 1909), a. 1334 ss., 4467; 1919, ch. 18-19; 1921, ch. 24-25; 1922, (1), ch. 31-32; 1922, (2), ch. 24-25; 1923-24, ch. 22, 79; *S.R.* 1925, (5 v., Québec: Proulx, 1925), ch. 23-24, 37-38, 270; 1926, ch. 21-22; 1927, ch. 21; 1928, ch. 24-25, 93, etc.

[24] Citons toutefois l'avertissement spécial, mais encore pastoral et non législatif, donné au décret 402 *b*:—

Quin imo sciant ministri, deputati, municipii magistratus, sibi in hoc gravissimum conscientiae munus demandatum, nempe ut efficiant leges vel statuta circa potus inebriantes eorumque fabricationem, venditionem, usum, prudenter condi, conditaque stricte observari.

[25] *Praeter ius*, et encore *iuxta ius civile: Statuts revisés du Canada* (1927), ch. 123, n. 4; *S.R.Q.* (1925), ch. 37, n. 42.

[26] Voir les sources indiquées en marge de ces décrets et des canons 1258 et 1325.

[27] En marge du décret 411, voir les canons 2259, §1, cf. 2314.

[28] Voir: Coronata, *Institutiones Iuris Canonici*, II, 155-157. Gariépy (*Nouveau Code de droit canonique et théologie morale*, p. 7-8) voit au décret 410 une prescription particulière, et en vient d'ailleurs à la conclusion donnée ici.

Quant à l'emploi temporaire d'un organiste non catholique et à la participation des schismatiques au chant collectif, des déclarations favorables du Saint-Office ont été données (23 fév. 1820 — *Fontes*, n. 858, III; 24 janv. 1906 — *Fontes*, n. 1276), mais qui ne semblent pas attaquer le principe de ne pas attribuer un rôle, une fonction aux non catholiques dans nos cérémonies liturgiques. Au contraire, ces déclarations ont l'aspect de tolérances, ou de concessions particulières données sous conditions et avec précautions.

CHAPITRE DIXIÈME

DES DIVERS OFFICES DES LAICS

On trouve rappelés dans ce chapitre: les devoirs des électeurs (décrets **416-419**) [1], des législateurs (**420-422**), des juges (**423-425**), des avocats (**426-427**) et des médecins (**428-429**); puis un résumé de « *Rerum novarum* » [2] sur les patrons et les ouvriers (**430-435**)[3], des monitions aux écrivains catholiques (**436-437**), et enfin les directives pontificales [4] données à la fin du siècle dernier et au début du siècle présent sur l'Action Sociale Catholique (**438-443**) [5].

Ce serait peine perdue que de chercher du droit conciliaire formel dans ce chapitre: à première lecture, on en voit le caractère de théologie morale et pastorale, où l'on trouve à peine quelques normes du droit commun. Voilà pourquoi il ne semble pas opportun de s'attarder ici; la partie suivante *De Sacramentis* intéresse d'avantage les canonistes.

---

[1] Le décret 419, s'adressant aux pasteurs d'âmes, était déjà compris aux décrets 233-234. (Voir p. 66-67.)

[2] Lettre encyclique de Léon XIII, 15 mai 1891 — *Fontes*, n. 611.

[3] Cf. can. 1524.

[4] Les sources en sont indiquées aux décrets.

[5] Le dernier décret porte sur la colonisation, mais ne contient pas de loi formelle.

TROISIÈME PARTIE

DES CHOSES

CHAPITRE ONZIÈME

DES SACREMENTS

§1.—Des sacrements en général

Tous les décrets donnés ici (**444-450**) sont de droit commun, de théologie morale ou de droit liturgique [1].

§2.—Du Baptême

La déclaration préliminaire aux décrets sur le Baptême est contenue au canon 737, de même qu'une partie du décret **451**, où l'on ne trouve pas de droit particulier [2].

Le canon 770 tient lieu du décret **452** [3]; la partie dispositive du décret **453** est donnée au canon 743 [4]. De même les trois décrets

---

[1] Le décret 444 est une expression des principes généraux « *in dubio omne factum praesumitur recte factum* », et « *nemo existimandus est fecisse quod non mente agitaverit* » dont on retrouve plusieurs applications dans le Code (v.g. can. 1679 cf. 1748; 1086, §1; 2200, §2); il présume ici l'intention au moins implicite, virtuelle et interne dont parlent les moralistes (cf. Cappello, *De Sacramentis*, I, 37-41).

En marge du décret 445: cf. canons 731; 807; puis 467; 735; 753; 821, §1; 864-865; 867, §4; *Rituale Romanum*, tit. I, cap. 1, n. 3-6.

On retrouve le décret 446 au canon 733 cf. *Rituale Romanum*, tit. I, cap. I, n. 7, 11; le décret 447 aux canons 731, 1332, et dans le Rituel, *ibidem*, n. 10 et 15; le décret 448 aux canons 733-735 et dans le Rituel, *ibidem*, n. 9, 19; le décret 449 au canon 736 et dans le Rituel, *ibidem*, n. 13.

Le décret 450 est général, et de caractère plutôt moral que canonique; le Code est plus explicite aux canons 467, 731, 855, 1065-1066, 2261, 2275, etc.

[2] Voir canon 757; *Rituale Romanum*, tit. II, cap. I, n. 4-7; *ibidem*, cap. 8; *ibidem*, Appendix, *De Baptismo;* les dernières phrases du décret (empruntées textuellement à la réponse du Saint Office, 11 déc. 1850 — *Fontes*, n. 913, ad 10) ne sont pas législatives; on remarquera qu'au lieu de « *eau bénite* », en cas de grave nécessité, le Rituel mentionne « *eau simple* », non bénite (tit. II, cap. 2, n. 29; cf. S.C.Off., 17 avril 1839 et 20 juin 1883 — *Fontes*, n. 879 et 1082), mais les moralistes disent qu'il faut préférer l'eau *bénite* (Prümmer, *Manuale Theologiae Moralis* (3 ed., 3 v., Friburgi Brisgoviae: Herder Co., 1923), III, 78.

[3] L'exhortation aux curés est une prescription au canon 770; quant au reste du décret, il reste comme une interprétation doctrinale du « *quamprimum baptizentur* » (can. 770), cette interprétation paraitrait peut-être sévères en d'autres milieux, mais elle n'est que la pratique suivie au Canada.

[4] Quant au début du décret, il est de théologie morale.

suivants (**454-456**) ne sont que théologie morale et droit commun[5].

Le décret **457** doit être adapté aux canons 750-751, qui ont précisé l'ancien droit[6]. De même les décrets, **458**, **459**, **460** ne contiennent rien de particulier, mais doivent être nuancés selon le Code[7].

Le décret **461** est conforme au droit actuel[8], sauf une prescription *praeter ius*[9], encore en vigueur: . . . « inscribantur [nomina baptizatorum] secundum formulam ab Ordinariis praescriptam »[10].

---

[5] Voir les canons 746-747 qui précisent le décret 454, et le canon 139, §2, dont nous avons une application morale à l'alinéa *b* du même décret.

Au décret 455, l'irrégularité mentionnée ne se trouve pas dans le droit actuel (can. 983-985); les canons 759-760 donnent des règles plus complètes au sujet des cérémonies à suppléer. La conclusion du même décret garde sa valeur pratique, mais elle doit rester en conformité avec les canons 732 et 749. C'est-à-dire qu'il peut y avoir d'autres moyens qu'un billet pour prouver que le baptême a été administré, et que la présomption, théoriquement, est en faveur de la validité du baptême déjà administré, bien que, à cause de sa nécessité, le baptême douteux doive être réitéré sous condition.

Les règles données au décret 456 sont conformes au canon 732 et 2314, §2; cf. can. 759, §2, et *Rituale Romanum*, tit. II, cap. 3, n. 10-13.

[6] Remarquons que dans le cas donné, le baptême *peut* être administré si l'enfant est en danger de mort, et *doit* l'être si l'enfant est à l'article de la mort; deuxièmement, le simple espoir d'une éducation catholique n'est pas suffisant: le canon 750, §2, exige une certitude.

[7] Le canon 752 (cf. 745, §2, n. 2) tient place du décret 458; au décret 459, voir canons 733, 742, 744, 753, 755, et le Rituel (tit. II, cap. 2-5) qui font mieux la distinction entre le baptême privé et le baptême solennel, et où il est concédé aux Ordinaires la permission d'autoriser l'emploi de la formule pour enfants aux baptêmes des adultes; le reste du décret est de droit liturgique.

À noter au décret 460; *a*) par « *ab iis ad quos pertinet* » il faut entendre la personne à baptiser, ou son tuteur ou, à leur défaut, le ministre du baptême, et non le curé comme tel (can. 765, n. 4); *b*) l'âge de la puberté doit s'entendre ici de 14 ans, même pour les filles (can. 766, n. 1 cf. 88, §2); *c*) il doit y avoir un parrain, de droit canonique, ou du moins liturgique, au supplément des cérémonies (can. 762, §2; *Rituale Romanum*, tit. II, cap. 5), lequel, il est vrai, ne contracte pas de ce fait la parenté spirituelle. Cf. aussi can. 764-767.

[8] Canons 761, 777-778. La parenthèse *profanum tamen intra parentheses*, n'est plus qu'un minimum, en regard du canon 761, et il n'y a pas de faute à s'en tenir au texte du canon cité.

[9] À condition toutefois que cette formule contienne au moins ce que prescrivent le Code et le Rituel (tit. XII, cap. 2): ainsi doivent être indiqués, selon le canon 777, §1, le *lieu* et le *ministre* du baptême, bien que le décret n'en fasse pas mention expresse.

[10] La raison de ce décret est de satisfaire à la fois aux exigences du droit civil, nos registres faisant foi même au for civil. Cf. note 74 au décret 130, p. 35; Québec, *Syn.* 1940, d. 109.

462. *De loco baptismi.*—Necessitate excepta, nemo in privatis locis baptizare debet, quae praxis pluries a S. Cong. Rituum et a S. Cong. Conc. tanquam abusus damnata fuit (S.C.R., 27 Apr. 1877; S.C.C., 14 Apr. 1894.), sed in ecclesia parochiali seu baptisterio. Videant autem parochi ne baptisterium reponatur in frigido et humido loco, ut sic removeatur timor damni pro infantibus baptizandis. In baptismo autem domi propter necessitatem conferendo omnia sunt omittenda quae baptismum praecedunt, quaeque postmodum, convalescente puero, in ecclesia suppleantur, possunt tamen adhiberi caeremoniae Baptismum subsequentes (S. Rit. Cong., 23 Sept. 1820; S. Off., 10 Apr. 1861). In domibus vero seu locis privatis, ubi defectu ecclesiae missa celebratur, liceat baptismum conferri cum omnibus caeremoniis et benedictionem post partum impertiri.

Deux points sortent du droit commun [11]: le premier, regardant le lieu du baptistère, autorise vraisemblablement à le mettre à la sacristie, ou du moins dans un lieu autre que celui prévu par le Rituel [12]; le second permet le baptême solennel (de même que les relevailles) [13], dans les oratoires où se dit la messe à défaut d'église. Ceci est donc contre le Rituel, et s'accorde mal avec les canons 773-776; mais dans les circonstances indiquées au décret, les Ordinaires peuvent en tolérer la coutume, aux termes du canon 5 [14].

[11] Le reste se trouve au canon 774, puis 759 où l'on doit cependant remarquer l'obligation d'ajouter les cérémonies finales du baptême, dans les cas donnés à ce canon. Remarquons aussi que la *nécessité* dont parle le décret doit être le péril de mort dont parle le canon 759.

[12] C'est-à-dire adjacent à l'église et communiquant avec elle (*Rituale Romanum*, tit. II, cap. 2, n. 10, 12, 17).

[13] Rituel, tit. VII, cap. 2.

[14] Le lieu du baptistère, à l'église, est ici une considération morale plutôt que canonique, et la coutume n'interviendrait ici que pour légitimer le fait de laisser le baptistère, par exemple, à la sacristie au lieu de chauffer l'église. D'ailleurs nos sacristies sont souvent considérées comme chapelles faisant partie de l'église paroissiale elle-même.

Quant au second point, on pourrait aussi en certains cas considérer ces oratoires comme églises subsidiaires autorisées à garder des fonts baptismaux (can. 774, §2; 775; cf. S.C. de la Prop., instr., 25 juin 1920 — *AAS*, XII (1920), 331-333; Cappello, *De Sacramentis*, I, 155-156; Gariépy, *Nouveau Code de Droit canonique et Théologie morale*, p. 39-40, qui traite la question au point de vue moral). Ce qui est plus vraisemblable, c'est que la permission de l'Ordinaire (can. 776, n. 2) est ici présumée (cf. S.R.C., *Vicariatus Apostolici de Dania*, 10 fév. 1871, ad III — *Fontes*, n. 6035).

Le dernier décret **463**, n'est pas strictement canonique.

§3.—De la Confirmation

Teintés de théologie pastorale [15], les décrets **464-465** se retrouvent aux canons 787 et 786 respectivement.

> Décret **466**.—Dentur confirmandis, in idoneitatis signum, schedae parochi vel vicarii manu obsignatae, quas Episcopo sacramentum administraturo exhibeant . . . [16]

Ce billet d'idonéité et d'identification est *praeter ius* et encore en vigueur; il a aussi pour fin d'éviter les erreurs de noms et d'assurer la véracité des registres [17].

Pour ces registres, le Concile (décret **467**) n'exige pas plus que le droit commun [18].

Rien de droit particulier ne se trouve dans les autres décrets, **468, 469** [19].

---

[15] Les canons émettent les principes; les décrets chargent les curés d'en surveiller l'observance.

[16] Le reste du décret est de droit commun (canon 789).

[17] Le prêtre qui a examiné les confirmands sur la science requise (can. 786) donne à chacun de ceux qui sont trouvés suffisamment instruits ce billet d'admission à la cérémonie. De plus c'est avec la collection de ces billets (portant ordinairement les noms des parents et des parrains) qu'on fait les registres selon le canon 798; ceci remplace donc l'appel nominal que le Pontifical exige, par exemple, aux Ordinations.

[18] Canon 798 cf. 470. Les registres des baptêmes, en tant que certifiant les naissances, puis des mariages, et des sépultures parce qu'intéressant le for civil, doivent être faits selon les exigences du droit civil en même temps que du droit canonique; mais, ici, la confirmation ne changeant pas l'état civil des personnes, on ne se préoccupe pas du civil. Il est bon de remarquer enfin que dans la première partie de ce décret on n'entend pas sortir du droit commun; l'Évêque peut changer le nom du confirmand en lui en imposant un autre, mais non le changer absolument par une substitution ou un remplacement (S.R.C., *Iaurinen.*, 20 sept. 1749, ad 7 — *Fontes*, n. 5789); autrement on ne reconnaitrait plus la personne en inscrivant sa confirmation en marge du registre des baptêmes selon le canon 798.

[19] Le décret 468, est généralement conforme aux canons 794-797; notons toutefois qu'un non confirmé ne peut être validement parrain de confirmation (cf. Cappello, *De Sacramentis*, I, 199), que le canon 796, n. 1, n'est pas aussi sévère que le décret, pour l'admission du même parrain au baptême et à la confirmation; que le canon 794, §1, admet facilement plus d'un parrain pour chaque confirmand; et que si le ministre est

§4.—De l'Eucharistie

On ne trouve ici, aux décrets **470-474**, que du droit commun [20] de 1910, avec encore une teinte de théologie pastorale chargeant les curés de rappeler tels devoirs aux fidèles, au lieu de définir, sans plus, ces devoirs [21].

Il s'y trouve aussi des points purement moraux et liturgiques. Le Code garde substantiellement la même législation [22], principalement aux canons 853-865.

---

parrain, c'est le droit liturgique qui l'oblige à demander un procureur, les rôles de ministre et de parrain se trouvant incompatibles dans la cérémonie (S. C. R., *Policastren,* 14 juin 1873, ad III—(*Decreta authentica,* n. 3305).

Au décret 469, cf. can. 786, 788. Il faudrait ajouter à la fin du décret la fin du canon 788: « à moins de danger de mort ou de causes justes et graves ».

[20] Les sources en sont ordinairement données en marge.

[21] Comparer par exemple le décret 470 aux canons 854 et 863, le décret 471 au canon 859, §1.

L'alinéa *a* du décret 472 est compris aux canons 864, §3, et 865; l'alinéa *b* prenait parti dans la discussion d'avant-Code (cf. Cappello, *ibidem,* p. 422) maintenant définie au canon 864, §1; la peine dont parle l'alinéa *c* est abolie, selon le canon 6, n. 5, mais le curé garde son droit d'administrer le Viatique (canon 850), sinon sa réitération (Cappello, *ibidem,* p. 290).

Le décret 473 est conforme au canon 863 (cf. can. 810 et les sources citées à ces canons), mais il est plutôt de théologie morale et de droit liturgique (*Rituale Romanum,* tit. IV, cap. I, n. 3, 4).

Décret 474. Le début s'en trouve aux canons 846, 863, 867; la fin de l'alinéa *a,* et tout l'alinéa *b* sont des prescriptions liturgiques, qui se retrouvent dans le Rituel (Tit. IV, cap. 2 et 4).

[22] Décret 470. Voir canons 854; 856; 858, §2; 859, §1; 863; où l'on note un accès encore plus facile à la communion: non seulement on ne doit pas défendre la communion aux fidèles dûment disposés, mais on doit la leur recommander, puis le privilège accordé aux malades des maisons pies est étendu à tous les fidèles se trouvant dans les conditions du canon 858, §2; l'alinéa *b* est de théologie pastorale; l'alinéa *c* se retrouve au canon 863.

Le décret 471 se retrouve aux canons 859 et 860, adouci particulièrement au canon 859, §3; à l'alinéa *b,* cf. Cappello, *De Sacramentis,* I, 428; l'alinéa *c* doit être remis en conformité avec le canon 859, §2, à moins qu'on puisse invoquer coutume (cf. Wernz-Vidal, *Ius Canonicum,* IV, I*a* pars, 134-135, en note) ou indult (cf. Québec, *Syn.* 1940, d. 227).

§5.—De la Pénitence

Les sept premiers décrets (475-481) de ce paragraphe sont de droit commun, encore en vigueur [23], sauf quelques corrections au décret 478 [24].

> **482.** *De casibus reservatis.*—*a.* Cum dogma fidei sit in Ecclesia dari potestatem reservandi certos casus (Conc. Trid., Sess. XIV, cap. 7.), quaedam peccata atrociora reservari possunt vel ratione sui, vel ratione censurae. Peccata quae reservantur sint *atrociora*, *externa*, *opere consummata* et *certa;* cum reservatio sit stricte interpretanda, si delictum sit dubium aut ignoretur reservatio vel censura, volumus nullam esse reservationem; at confessarius poenitentem de existentia reservationis certiorem faciat... [25]

Le reste du décret est de droit commun, à remettre en accord avec le Code [26]; mais il faut retenir ceci: « *si ignoretur reservatio* . . .,

---

[23] Décret 475: théologie générale; can. 1332.

Décret 476: théologie morale; can. 872; *Rituale Romanum*, tit. III, cap. 1, n. 1-5.

Décret 477: théologie pastorale; can. 888, §2; *Rituale Romanum*, *ibidem*, n. 15-18.

Décret 479: can. 906, 1332.

Décret 480: can. 905.

Décret 481: can. 752, §1; 901; le Concile laisse ouverte la discussion des moralistes, à savoir si les néophites doivent se confesser avant de recevoir le baptême sous condition, laquelle discussion se continue encore. (Voir: Cappello, *De Sacramentis*, I, 143; Merkelbach, *Summa Theologiae Moralis*, III, 136; Vermeersch-Creusen, *Epitome Iuris canonici*, II, 110-112; Prümmer, *Manuale Theologiae Moralis*, III, 104; etc.)

[24] Décret 478*a*: *Rituale Romanum*, *ibidem*, n. 23, rapporté textuellement; le canon 900, n. 3, fait disparaitre la restriction ou condition de l'alinéa *b*; le canon 883 enlève bien des restrictions du droit antérieur: tel prêtre peut confesser ailleurs que dans le port même, et même si d'autres prêtres munis des facultés nécessaires se trouvent là, ou même (du moins les premiers jours) si le recours à l'Ordinaire est facile (C.P.I.C., 20 mai 1923, ad IV—*AAS*, XVI (1924), 114).

[25] Pour les prescriptions de droit commun rapportées ici, voir les canons 897-898, 2246-2247.

[26] L'alinéa *a* est remplacé par les canons 899-900, 2252-2254; la Constitution « *Apostolicae Sedis* » (Pie IX, 12 oct. 1869—*Fontes*, n. 552) mentionnée à l'alinéa *b* est remplacée (can. 6, n. 5) par le livre V du Code (can. 2236-2237, 2252-2253, 2255, 2259-2261, 2275, 2284, 2314, 2316-2318, 2324-2327, 2332-2335, 2338-2339, 2342-2343, 2345-2347, 2350-2351, etc . . .); l'alinéa *c* reste en vigueur (can. 893, 895, 2220-2221) sous les réserves données à ces canons et aux canons 898, 2246-2247.

volumus nullam esse reservationem », par quoi juridiction est accordée [27] aux prêtres d'absoudre des cas réservés en cette circonstance. On assimile ainsi les péchés réservés à l'Ordinaire *ratione sui* aux péchés réservés *ratione censurae* [28], en déclarant que seuls sont réservés à l'Ordinaire *ratione sui* les péchés déclarés comme tels par l'Ordinaire, et connus comme tels par le pénitent [29]: disposition *praeter*, ou même, sous un certain aspect, *secundum ius* [30], et encore en vigueur.

Le décret 483 est, en somme, conforme au droit actuel [31].

---

[27] Ici encore (voir plus haut p. 9, note 31) se pose la question de la compétence des conciles particuliers, au sujet de la juridiction et en particulier des cas réservés. La concession de la juridiction relève des Ordinaires plutôt que des conciles comme tels (can. 874-876; voir p. 98), mais la réserve des péchés peut être imposée par les conciles, puisqu'ils ont le pouvoir législatif requis par les canons 893, 2220, et pourvu que reste sauf le canon 897. Qu'un concile provincial fasse telle réserve, pour dix ans (can. 283), il sera plus difficile de dire que telle réserve est contre le canon 897, ou que la loi cesse parce que sa fin est complètement atteinte; mais le cas des conciles pléniers est différent: on ne les tient plus qu'à longs intervalles, tandis que la réserve des péchés est de soi un moyen extrême et temporaire limité par sa nécessité. De sorte que, au jugement et à la responsabilité des Ordinaires, quand un péché réservé n'est plus d'actualité, on doit faire tomber la réserve, même si elle a été portée par un concile. Voir sur le sujet, et d'opinion contraire: Nevin, « Power of Plenary Council to reserve sins » — *The Australasian Catholic Record*, VIII (1931), 288-331. (On trouve un résumé ou plutôt une recension de cet article dans le *Jus Pontificum*, XI (1931), 233.)

Pour ce qui regarde strictement cette loi particulière, les Évêques l'ont d'ailleurs souvent incorporée dans leurs lois diocésaines (dans les diocèses où l'on a des péchés réservés): Québec, *Syn.* 1940, d. 244; Montréal, *Const. syn.*, a. 167; etc.

[28] Can. 2229.

[29] Ou même par le confesseur, selon l'opinion de certains auteurs (Cappello, *De Poenitentia*, p. 455-456), et selon l'interprétation que semblent faire les Évêques (Québec, *Syn.* 1940, d. 248; Montréal, *Const. syn.* a. 167, etc.; cf. can. 2247, §3).

[30] Le décret est *secundum ius* en ce sens que les Ordinaires sont libres de déterminer à leur gré les circonstances et conditions des *cas* réservés (can. 893), et surtout que tel décret urge la promulgation efficace de la réserve, selon le canon 899, §1, en disant que si la promulgation n'a pas été efficace, la réserve ne tient pas.

[31] Il y a toutefois quelques nuances à observer; la sacristie à moins qu'elle soit à la fois oratoire (voir plus haut, note 14) n'est pas le lieu propre des confessions; la confession des hommes peut plus facilement être entendue en dehors du confessionnal; le droit commun n'impose plus de conditions déterminées pour la confession des femmes malades: les Ordinaires en jugent (canons 908-910).

484. *Confessio sacerdotum.*—In tota Canadensi regione unusquisque sacerdos, jam ad confessiones audiendas ab Ordinario suo approbatus, audire potest confessionem cujuscumque sacerdotis necnon et personarum quae cum sacerdote ratione propinquitatis seu famulatus degunt.

Droit particulier encore en vigueur [32].

§6.—De l'Extrême-Onction

Il n'y a vraiment pas de droit particulier au sujet de l'Extrême-Onction : le décret **485** est de droit commun et de théologie morale [33], **486** est de droit commun [34]; les décrets **487-488** sont plutôt de théologie pastorale [35], et **489-490** de liturgie et de morale [36].

---

[32] Canon 872, 874. (Voir plus haut, p. 98.)

On retrouve ce décret promulgué encore dans la plupart des collections particulières: Toronto-Kingston, *Conc. prov.*, d. 179; Québec, *Syn* 1940, d. 236; Montréal, *Const. syn.*, a. 170; Saint-Boniface, *Const.*, *syn.*, a. 159; etc.

[33] Les alinéas *a*, *b* et *c* se retrouvent aux canons 940, §1; 941 et 943, avec la distinction entre le péril de mort et sa probabilité. L'alinéa *d* est une règle de théologie pastorale, qui ne contredit pas le canon 941, et partant garde sa valeur. (Cf. Toronto-Kingston, *Conc. prov.*, d. 189, §2; Kilker, *Extreme Unction*, The Catholic University of America Canon Law Studies, n. 32 (Washington, D.C.: The Catholic University of America, 1926), p. 213-220; Ferreres, *Death, Real and Apparent*, translated at St. Louis University from the Third Edition of the Spanish and augmented by new matter (St. Louis, Mo.—Freiburg (Baden), 1906), p. 81-86, 96-107; Gariépy, *Nouveau Code de Droit canonique et Théologie morale*, p. 160.)

[34] Canons 731; 737, §1; 940, §1; 942; 2260, §1.

[35] Cf. canons 464, §1; 944; 1332.

L'expression « *gravissime peccant* », au début du décret 488, semble trop forte: « *certissime peccant* » nous paraît plus canonique, et plus conforme à l'enseignement même des moralistes. (Cf. Merkelbach, *Summa Theologiae Moralis*, III, 683; Cappello, *De Extrema Unctione*, p. 216-226.)

[36] *Rituale Romanum*, tit. V, cap. 1, n. 21; canon 940, §2. Le décret 490 contient en outre une opinion doctrinale basée sur la présomption qu'un malade ne peut pas rester absolument dans le même état pendant plus d'un mois, laquelle opinion garde sa probabilité (Kilker, *Extreme Unction*, p. 194-198; Gariépy, *Nouveau Code de Droit canonique et Théologie morale*, p. 161).

§7.—De l'Ordre

Les deux premiers décrets sont l'un dogmatique (**491**), l'autre pastoral (**492**), les deux suivants (**493-494**) sont de droit commun revisé par le Code [37].

Au décret **495** se trouve une détermination particulière, encore en vigueur, puisque *praeter legem* [38]:—

> . . . Titulum patrimonii obtinet, cum ordinandus talibus bonis certis, stabilibus et frugiferis, aliunde quam ab ecclesia provenientibus, est instructus, quae ad congruam ejus sustentationem, sufficere Episcopo censeantur (Inst. S.C. Prop. Fide *Cum indecorum*, 27 April. 1871). Porro decernimus ut in nostris dioecesibus bona praedicta ducentum saltem scutorum ($200.00) annuos reditus suppeditent . . .

Le reste du décret est substantiellement de droit commun actuel [39], de même que le décret suivant, **496** [40].

Le décret **497** est remplacé par les canons 968, 985 et 987 [41], et

---

[37] Le décret 492, pour sa partie canonique, se rattacherait aux canons 968, 973-991.

Le décret 493 est refait dans le nouveau droit. La raison *familiaritas*, de l'ancien droit (Conc. Trid., sess. XIII, *de ref.*, c. 8-9; Innocent XII, const. « *Speculatores* », 4 nov. 1694 — *Fontes*, n. 258; S.C.C., décret « *A primis* », 20 juillet 1898 — *Fontes*, n. 4307) est abolie; l'origine, de soi, n'est plus suffisante (can. 956), la raison bénéfice est limitée par le canon 154, le domicile reste le principal déterminant de l'Évêque propre, sous les restrictions et exceptions données au canon 956. Quant à l'incardination, voir canons 111-117, et ce qui a été dit plus haut (p. 43).

Le décret 494 se retrouve tel quel aux canons 974, §1, n. 7; 979.

[38] Canon 979. Il est à remarquer que la somme exigée dans le décret est un minimum, et, partant, que l'Évêque peut toujours exiger plus.

[39] Canon 979, 981. Le serment de se dévouer perpétuellement au service du diocèse est exigé.

[40] Canon 982.

[41] L'attention des Évêques n'est attirée, dans ce décret, que sur un empêchement et une irrégularité: l'hérésie personnelle ou celle des parents. De droit actuel, l'empêchement tombe à la mort des parents et n'atteint pas le second degré (C.P.I.C., 16 oct. 1919, ad 13—*AAS*, XI (1919), 478; 14 juillet 1922, ad IX—*AAS*, XIV (1922), 528; Cappello, *De Sacramentis*, II, III*a* pars, 487). Quant à la dispense, vue la fréquente incertitude du baptême, les Ordinaires s'en tirent souvent avec le canon 15 (Cappello, *ibidem*, p. 482).

le décret **498** est conforme au droit actuel, à peu de variantes près [42]. De même les décrets **499-500** sont de droit commun, conforme, en somme, à la présente législation [43].

Quant au dernier **501**, il est plutôt pastoral [44].

§8.—Du Mariage

Les décrets **502-505** sont bien conformes au droit commun [45]. Le dernier toutefois parait revêtir un caractère de loi *secundum ius* en raison du canon 1020, §3, en attirant l'attention des curés sur la parenté spirituelle, l'âge, la fin honnête des contractants [46], mais ceci est tiré de l'ancien Rituel [47].

La loi des bans rapportée au décret **506** a été amendée par le Code, et il faut donc s'en remettre aux canons 1022-1030 [48].

---

[42] Quant aux interstices: can. 974, §1, n. 6; 978, §2, qui donne comme causes de dispense celles mêmes que donnait le Concile de Trente (Sess. XXIII, *de ref.*, c. 11, 13): nécessité ou utilité de l'Église; le §3 du même canon pose des restrictions que n'exprime pas le décret 498.

Quant à l'âge: can. 974, §1, n. 3; 975. Les Évêques ne peuvent dispenser sans indult, mais les Facultés quinquennales (IV, S.C. des Religieux, 4—Bouscaren, *Canon Law Digest*, Supp. 1941, p. 32) leur concèdent ce pouvoir à l'égard des religieux.

[43] Il serait trop long de résumer ici les distinctions apportées dans les canons 955, 958-967, 996-997, dont traite le décret 499. Cf. Cappello, *ibidem*, p. 292-305, 506-510.

Au décret 500, notons que les testimoniales de l'Évêque de l'origine sont la même chose que le certificat de baptême dont parle le canon 993, n. 1, et qu'en raison du canon 956, l'Évêque du domicile est l'Évêque propre de l'ordinand. Cf. canons 993-994; Cappello, *ibidem*, p. 497-505.

[44] Ce décret viendrait sous le canon 1332.

[45] Canons 1012-1013 cf. 1099 (décret 502); canon 1016 (décrets 503-504).

[46] Les canons 1019-1021 ne mentionnent pas explicitement ces points; le nouveau Rituel non plus (Tit. VII, cap. 1); ils sont toutefois *secundum ius*, expressément, en regard de la récente Instruction de la S.C. des Sacrements (29 juin 1941—*AAS*, XXII (1941), 539, n. 3). Cf. can. 1033-1034; 1079 cf. 768; 1081, §2; et 1092, n. 2.

[47] *Rituale Romanum* (Baltimori [*ae*], 1873), *De Sacramento matrimonii*.

[48] Voir aussi can. 93-94. Le décret 506, ne fait que rapporter l'ancien droit (cf. Wernz, *Ius Decretalium*, IV, I*a* pars, 179-189); le nouveau droit dirime deux controverses en réglant que les bans se font les jours de fêtes *de précepte*, mais *possiblement* en dehors de la messe, puis il étend à six mois l'intervalle dispensant de la réitération.

Le lieu du mariage est mieux déterminé au canon 1109 [49], bien que le décret **507** reste vrai comme règle générale.

Le décret **508** se trouve dans le Rituel [50], et les décrets **509-510** sont conformes au droit actuel [51]; de même le décret **511**, qui est de théologie morale et pastorale [52]. Les Ordinaires peuvent maintenant permettre la bénédiction nuptiale en temps prohibé [53]; à part cette correction, le décret **512** est conforme au droit actuel [54].

§9.—Des empêchements de mariage

Tout ici est de droit commun antérieur [55]: les décrets **513-514**

---

[49] Cf. can. 733 et *Rituale Romanum*, tit. VII, cap. 1-2.

Le mariage des *catholiques* se fait dans l'église, et dans l'église paroissiale, régulièrement.

[50] Tit. VII, cap. 1, n. 16-17 (cf. canon 1108; *Missale Romanum*, Missa pro Sponso et Sponsa).

[51] En marge du décret 509: canons 1013-1014, 1016, 1069; S.C. des Sacrements, 16 déc. 1910—*AAS*, III (1911), 26-29; 18 déc. 1914, 29 avril 1915, 25 juin 1915—*AAS*, VII (1915), 40-44, 235-236, 276-279; 25 fév. 1916—*AAS*, VIII (1916), 151-153; 19 janv. 1917—*AAS*, IX (1917), 120-122; 18 nov. 1920—*AAS*, XIV (1922), 96-97; S.R.R. Decisiones, 19 oct. 1928 (Julien)—XX (1936), 426-433. Le Code civil de la Province de Québec (a. 108) est en cela conforme au droit ecclésiastique.

En marge du décret 510: canons 1014, 1120-1127; S.C.S.Off., décret du 10 juin 1937—*AAS*, XXIX (1937), 305-306; cf. Bouscaren, *Canon Law Digest*, I, 551-554; II, 157; Supplement-1941, 135-136.

[52] Cf. canon 1033. Il ne faut pas voir de droit particulier dans la monition « Nupturientes, ante celebrationem matrimonii, eodem sub tecto non habitent », extraite de l'ancien Rituel; cette défense reste de théologie morale, et l'Ordinaire ne peut la sanctionner (quant au mariage) qu'aux termes du canon 1039, devant la crainte par exemple d'un empêchement (cf. canons 1074, 1075, 1087); par ailleurs, la cohabitation est énumérée parmi les causes motivant dispense d'empêchement (S.C. de la Prop., instr., 9 mai 1877, n. 7 et 12—*Fontes*, n. 4890).

[53] Canon 1108, §3. Sous l'ancien droit, sauf privilèges particuliers (cf. sources du canon cité), les Ordinaires n'avaient pas ce pouvoir (Cappello, *De Sacramentis*, III, pars II, *De Matrimonio*, 208-209).

[54] Canons 733, 1100-1101, 1108; *Rituale Romanum*, tit. VII, cap. 1-2; *Missale Romanum*, Missa pro sponso et sponsa. La Sacrée Congrégation des Rites accorde aux Ordinaires dans les facultés quinquennales aux Évêques d'Amérique le pouvoir de bénir les mariages en dehors de la messe (Facultés quinquennales, V, S.C.R., 5—Bouscaren, *Canon Law Digest*, Supp. 1941, p. 33), selon les formules données dans le Rituel Romain (Appendix, *De Matrimonio*).

[55] Les sources en sont notées en marge.

se retrouvent à peu près tels quels dans le Code [56]; les alinéas *a-c* du décret **515** de même [57], la principale réforme apportée par le Code se trouvant sous la lettre *d* du même décret et au décret **516** [58].

§10.—De la solennité des fiancailles et du mariage

Viennent sous ce paragraphe les prescriptions du décret « *Ne Temere* »[59], qui se trouvent maintenant codifiées presque telles quelles [60] au canon 1017 et au chapitre « *De forma celebrationis matrimonii* ».

Et donc, après avoir introduit « *Ne Temere* » au premier décret (**517**) on le cite à grands traits tout le reste du paragraphe: le décret **518** n'est qu'une citation [61]; à **519** on ajoute une réponse de la S. Congrégation du Concile et une remarque sur les vicaires paroissiaux [62];

---

[56] La déclaration de droit public donnée au décret 513 se retrouve aux canons 1016, 1038, 1553.

Le décret 514 sert les fins du canon 1027 (cf. can. 1332).

[57] L'alinéa *a* est contenu au canon 1040; l'alinéa *b*: voir canons 42, 45, 84, 1042, 1054; la règle donnée à l'alinéa *c* persiste bien que non consignée dans le Code (Van Hove, *De Rescriptis*, p. 71; Cappello, *ibidem*, I, 333; cf. can. 56). Quant à l'obligation de se servir de ces moyens, elle n'existe jamais (C.P.I.C., 12 nov. 1922, ad V — *AAS*, XIV (1922), 662-663).

[58] Le canon 1098 est plus large que la première phrase du décret 515*d*, mais les canons 1043-1045 gardent substantiellement l'ancien droit rapporté dans le reste du décret, en comprenant de plus le pouvoir de dispenser de la forme. Le décret 516 se trouve aussi contenu au canon 1045, qui ne mentionne pas *eo ipso die*, mais dit simplement *cum iam omnia sunt parata ad nuptias*, même s'il reste quelques jours avant le mariage. (Voir: Cappello, *ibidem*, I, 284-291.)

[59] S.C.C., décret, 2 août 1907—*Fontes*, n. 4340.

[60] Wernz-Vidal, *Ius Canonicum*, V, 624.

[61] « *Ne Temere* », I. Le canon 1017 en étend les prescriptions à la promesse unilatérale, prévoit le cas où les parties *ne peuvent* écrire, en précise les effets de telle promesse, unilatérale ou bilatérale.

[62] Cf. « *Ne Temere* », II; S.C.C., *Romana et aliarum*, 1 fév. 1908, n. VII, IX—*Fontes*, n. 4344; décret conciliaire 135 et commentaire, plus haut, p. 37.

Sous le nom de *curé*, ne viennent de droit actuel que les prêtres dont parle le canon 451 (cf., can. 216, 471 ss), et non plus les missionnaires.

Notons aussi que la délégation n'est pas admise pour être témoin qualifié aux promesses matrimoniales (Darmanin, *De promissione matrimoniali* (Romae: « Angelicum », 1931), [26]—*Angelicum*, VIII (1931), 328): ainsi les missionnaires et les vicaires coopérateurs peuvent être délégués pour les mariages (can. 1096, §1) mais non pour ces promesses.

les décrets **520-523** sont une répétition du même droit commun [63].

> **524**. *Inscriptio matrimonii.—a*. Celebrato matrimonio, parochus vel qui ejus vices gerit statim describat in libro matrimoniorum nomina conjugum ac testium, locum et diem celebrati matrimonii, dispensationem, si quae obtenta fuerit, a denunciationibus, vel ab aliquo canonico impedimento. Et si ipse ex facultate subdelegata dispensaverit, mentionem faciat sui indulti. Ipse quoque, una cum sponsis et testibus rogatis, saltem quando id praescribitur a jure particulari, descriptam in libro celebrationem claudat proprium nomen et cognomen subscribendo. Quod praestare etiam debet sacerdos qui ex licentia Ordinarii vel parochi matrimonio adfuerit, facta mentione habitae delegationis.

L'alinéa *b* du même décret est de droit commun actuel [64], de même qu'une partie de l'alinéa *a* [65], mais la signature des actes par les parties et les témoins est de droit particulier *praeter ius* [66], encore en vigueur.

Au décret **525** se trouve une prescription particulière *secundum ius* [67]:

« *Si vero, gravi intercedente necessitate, nuptiis subditorum aliorum adsis-*

---

[63] Le décret 520 (« *Ne Temere* », III, IV) se retrouve aux canons 1094 et 1095; le décret 521 (« *Ne Temere* », VII, VIII) reste vrai, mais en deça des facultés extraordinaires accordées aux canons 1045 et 1098; on retrouve, et avec plus de précisions, aux canons 1032 et 1097 le décret 522 (« *Ne Temere* », V).

Toute la question des promesses matrimoniales est réglée par le canon 1017; il n'en est plus question au chapitre du mariage même. Il faut donc corriger en ce sens le décret 523 (« *Ne Temere* », XI; S.C.C., *Romana et aliarum*, 1 fév. 1908, n. V—*Fontes*, n. 4344), et s'en tenir au canon 1099, qui donne de nouvelles règles particulièrement pour les enfants catholiques éduqués en dehors de l'Église. Voir aussi: C.P.I.C., 20 juillet 1929, ad II—XXI (1929), 573; 17 fév. 1930, ad IV—*AAS*, XXII (1930), 195; 25 juillet 1931, ad II—*AAS*, XXIII (1931), 388; Bouscaren, *Canon Law Digest*, I, 544-545 et Supplement-1941, 132-133.

[64] Canons 1103 (« *Ne Temere* », IX).

[65] Canon 1103, §1; *Rituale Romanum*, tit. XII, cap. 4.

[66] La raison de cette prescription est de pourvoir aux effets civils des actes. (Voir plus haut, p. 35.)

[67] On étend ici au curé propre (can. 94) la notice à envoyer au curé de la paroisse natale (canon 1103, §2), aux fins du canon 470 (*librum de statu animarum*).

tant, volumus ut certior de ea re fiat eorum parochus vel Ordinarius . . . »

Le reste est de droit commun actuel [68].

§11.—Des mariages mixtes

De portée générale, les décrets **526-527** restent vrais, mais ne contiennent rien de particulier [69].

> **528**. *Acatholicae partis conversio procuranda.*—Si tamen, aliquo in casu extraordinario, gravissima habeatur causa postulandi dispensationem, tunc prius totis viribus curandum est ut pars acatholica convertatur. (Conc. Am. Lat., n. 591.)

Ce décret n'est peut-être pas plus sévère que le canon 1061 [70] mais il est plus sévère que l'ancien droit [71], et nous le rapportons surtout parce qu'il suggère fortement les instructions prématrimoniales catéchistiques à donner aux non catholiques [72].

Le décret suivant (**529**), après des prescriptions de droit commun [73] se retrouvant au canon 1061, continue:—

> . . . Volumus quoque in nostra regione a partibus exigi ut promittant se, ante vel post matrimonium, non adituras haereticum ministellum atque universam prolem in catholica religione esse educandam, etiam postquam pars catho-

---

[68] Canon 1097 (« *Ne Temere* », X, et *sub fine*). Quant aux peines, elles ne peuvent être imposées qu'aux termes du canon 2221.

[69] Les dispositions de ces deux décrets se retrouvent aux canons 1060 et 1064.

[70] « *Gravissima habeatur causa* », et « *urgeant iustae ac gravae causae* » ont à peu près la même valeur morale.

[71] La dispense s'accordait « *gravibus de causis* » simplement selon l'Instruction de la Secrétairerie d'État, en date du 15 novembre 1858 (*Fontes*, n. 6454), ou du moins « *accedente gravique causa* » (Wernz, *Ius Decretalium*, IV, I*a* pars, 308).

[72] Cf. canons 1020, 1033.

Voir: Ter Haar, *De Matrimoniis mixtis eorumque remediis* (Taurini-Romae: Marietti, 1931), p. 79-94, 175-179. Il s'y trouve des considérations très intéressantes sur l'aspect moral de la question.

Dans la plupart des diocèses canadiens ces cours de religion sont obligatoires. (Toronto-Kingston, *Conc. prov.*, d. 197; Québec, *Syn.* 1940, d. 280; Montréal, *Const. syn.*, a. 196, §3; Vancouver, *Syn.* 1937, 104*d*; etc.)

[73] Secrét. d'État, instr., 15 nov. 1858—*Fontes*, n. 6454.

lica vita decesserit. Cautiones vero quae a parte acatholica exiguntur, quaeque in scriptis dari debent, enixe exhortamur ut dentur per modum contractus ineundi secundum dispositiones legis civilis in unoquoque loco vigentis. Et sciant pastores se ex gravi conscientiae officio teneri invigilare ut promissae a conjugibus conditiones observentur et effectum sortiantur.

La promesse de ne pas se présenter devant un ministre hérétique [74] est de droit particulier encore en vigueur, sauf le canon 1063, §3 [75]. Quant au reste, les *garanties* (*cautiones*) au sujet de l'éducation des enfants, à signer par les deux parties [76], doivent être faites de manière à valoir même au for civil, si possible, et cela sous peine de nullité de la dispense [77]. L'avertissement final se retrouve au canon 1064, n. 3.

Dans le reste du paragraphe (décrets **530-532**), rien de droit particulier [78].

[74] Cette promesse, non obligatoirement écrite comme les *cautiones* (can. 1061, §2), entrerait vraisemblablement toutefois dans le document à signer par les parties, selon ce que plusieurs synodes prescrivent: Montréal, *Const. syn.*, a. 196, §4; S.-Boniface, *Const. syn.*, a. 168, §5; Saint-Jean d'Amérique, *I Syn.*, p. 77-80; *Consitutiones Dioecesis Antigonicensis, quae in Synodo dioecesana Antigonicensi prima . . . A.D.* 1921 . . . *latae et promulgatae fuerunt* (Quebeci: L'Action Sociale, Limitée, 1921), p. 91, 93; etc.

[75] Dans les lieux, où, pour les effets civils, les époux auraient à se présenter devant un ministre acatholique agissant exclusivement comme officier civil, cette prescription deviendrait contraire au canon cité et tomberait de ce fait.

[76] La présente clause du décret porte seulement « exhortamur », et ne mentionne que la partie non catholique.

[77] S.C.S.Off., décret du 14 janv. 1932—*AAS*, XXIV (1932), 25; et Bouscaren, *Canon Law Digest*, I, 505-506.

Le décret cité, du Saint-Office, ne semble pas trouver son application au Canada, où du moins dans la province de Québec; sous la spécieuse argumentation que, pour le bien de l'ordre public, un père ne peut pas se départir de ses droits et devoirs paternels, nos juristes civils contestent la validité de ces engagements, en ce qui regarde l'éducation des enfants. Cf. *Code civil*, a. 13, 243, 989-990, 1257-1259.

[78] Le décret 530 est conforme au canon 1061 (cf. plus haut, p. 118; Ter Haar, *De Matrimoniis mixtis eorumque remediis*, p. 43-46); la règle générale du décret 531 est donnée au canon 1026, mais le Concile ne restreint pas le droit qu'ont les Ordinaires de permettre les publications, *servatis servandis;* les canons 1102 et 1109, §3, comprennent le décret 532*a*, et encore ici doit rester sauf le canon 1102, §2; le décret 532*c* est évident, en considération des canons 1031, §2, n. 2, et 1061. Transcrivons le vœu du décret 532*b*: *In votis est ut Episcopi numquam istis conjugiis assistentiam praestent*, en notant qu'une défense expresse eût été contraire au canon 1097.

§12.—Des Catholiques tentant mariage devant un ministre acatholique

Le décret **533** présente de telles difficultés que, pour ne pas avoir à y consacrer ici trop d'espace, on serait tenté d'invoquer les doutes qu'il comporte et de dire qu'il ne peut tenir, en raison des canons 19; 2219, §1; 2245, §4; et 2246, §2. Mais, au risque de n'être pas clair pour rester bref, il vaut mieux exposer du moins ces difficultés et suggérer une solution moins facile.

Quelques notes chronologiques faciliteront l'intelligence du décret, et en feront mieux saisir la portée. En 1869 paraissait la Constitution « *Apostolicae Sedis* » [79], frappant les mariages devant ministre *hérétique* d'une excommunication réservée au Souverain Pontife [80]; mais le texte n'était pas aussi explicite [81], et un doute restait dans les esprits, les docteurs en discutaient, et même, le Saint-Office, en 1871, répondait que l'absolution de la censure, en l'occurence, devait être omise [82]. En 1874 toutefois, le Saint-Office reconsidérait la question et affirmait que tel mariage était puni de censure [83]; mais on n'y mentionnait que les mariages mixtes, et tout doute n'était pas tombé en ce qui regarde les mariages de deux catholiques devant un ministre hérétique. Pour parer à ce doute, le troisième concile plénier de Baltimore, en 1884 [84], portait la loi [85] qu'on retrouve textuellement au décret 533*b* du Concile

---

[79] Pie IX, 12 oct. 1869—*Fontes*, n. 552.

[80] « *Apostolicae Sedis* », §I, 1.

[81] Ce n'est qu'implicitement en effet que se trouvait comprise cette peine dans le texte suivant: « *Omnes a christiana fide apostatas, et omnes ac singulos haereticos, quocumque nomine censeantur, et cujuscumque sectae existant, eisque credentes, eorumque receptores, fautores, ac generaliter quoslibet illorum defensores* ».

[82] S.C.S.Off., 4 avril 1871—Wernz, *Ius Decretalium*, IV, II pars, 449.

[83] S.C.S.Off., 17 mars 1874—*Fontes*, n. 1029.

[84] Ce concile fut tenu du 9 novembre au 7 décembre 1884, mais les décrets n'en furent promulgués que le 6 janvier 1886.—*Acta et Decreta Concilii Plenarii Baltimorensis Tertii*, p. xlii, xlv, xiii-xiv.

[85] *Ibidem*, n. 127.

La force de ce décret est contestée par De Becker (*De Sponsalibus et Matrimonio* (2 ed., Lovanii-New York, 1903), p. 137), et mise en doute par Schenk (*The Matrimonial Impediments of Mixted Religion and Disparity of Cult*, The Catholic University

de Québec; mais en 1892, le Saint-Office donnait une réponse non équivoque affirmant que les catholiques tentant mariage devant un ministre *acatholique* encouraient la censure réservée [86]. Et la question en était là, suffisamment claire, en 1909 [87]; les premiers schèmes du Concile n'ont rien des décrets 533 et 534 [88]; pendant la tenue même du Concile, on ajoute d'abord les décrets 533*a* et 534 [89], qui déjà semblent comporter une certaine confusion entre les termes *hérétique* et *acatholique*, puis ensuite 533*b* [90], qui porte à croire qu'on a oublié la réponse donnée par le Saint-Office en 1892.

Il est peut-être osé de l'exprimer, mais il ressort de ces faits qu'ici l'attention du législateur a été trompée: le décret 533*b* a été invalidement porté, en réservant aux Ordinaires une censure déjà réservée au Saint-Siège [91].

---

of America Canon Law Studies, n. 51 (Washington, D.C.: The Catholic University of America, 1929), p. 266-267). D'autre part Barrett (*A Comparative Study of the Councils of Baltimore and the Code of Canon Law*, p. 136) soutient que cette loi particulière tient encore, mais il ne réfute pas les arguments de Schenk; il n'invoque que la récognition des décrets par le Saint-Siège, présomption de droit mais qui admet preuve contraire, et l'on ne peut donc faire la contre-preuve en invoquant seulement cette présomption, si forte soit-elle: il faut réfuter les arguments donnés contre cette prée-somption.

[86] S.C.S.Off., 11 mai 1892—*Fontes*, n. 1154; cf. Pie X, lettre apost. « *Provida* », 18 janv. 1906—*Fontes*, n. 670, II.

[87] On ne discutait plus qu'à savoir à quél titre les catholiques encouraient cette censure: *haeresis fautores* ou *credentes;* mais on admettait que la censure les atteignait Cf. Wernz, *Ius Decretalium*, IV, II pars, 449-450; Gasparri, *Tractatus canonicus de Matrimonio* (3 ed., 2 v., Parisiis, 1904), I, 356-357; Cappello, *De Matrimonio*, I, 407; Chelodi, *Ius Matrimoniale iuxta Codicem Iuris Canonici* (4 ed., Tridenti: A. Ardesi, 1937), p. 72; et *Ius Poenale et Ordo procedendi in Iudiciis criminalibus, iuxta Codicem Iuris Canonici* (4 ed., Tridenti: A. Ardesi, 1935), p. 80.

[88] *Archives de l'Archevêché de Québec, Schemata Decretorum Conc. Plen. Quebec. I Theologorum examini proposita.*

[89] *Archives de l'Archevêché de Québec*, CPl, III, 5.

[90] *Ibidem*, CPl, III, 7 (74).

[91] La substance du canon 2247, §1, se trouvait dans l'ancien droit: voir les sources citées en marge de ce canon, et surtout la lettre de la S.C. des Évêques et Réguliers aux Évêques, le 26 novembre 1602 (*Fontes*, n. 1615), rapportée dans l'Instruction du Saint-Office, le 13 juillet 1916 (*Fontes*, n. 1302, n. 4).

On pourra objecter la récognition du Concile par le Saint-Siège; mais cette récognition *in forma communi* n'est ni une approbation ni une revalidation: elle est une

L'analyse du décret en lui-même mènerait d'ailleurs à bien près de la même conclusion pratique: aucune valeur actuelle.

L'alinéa *a* n'a pas d'autre fin, évidemment, que de résumer le droit commun, et il affirme que les catholiques tentant mariage devant ministre *hérétique* ou mariage mixte devant ministre *acatholique* encourrent l'excommunication réservée au Souverain Pontife.

À la première lecture de l'alinéa *b* se présentent déjà les restrictions des canons 1063 et 2247, et il reste de droit particulier que deux catholiques tentant mariage devant ministre *infidèle* sont excommuniés [92]. Si on admet que le canon 2319 s'applique aux mariages entre catholiques [93], le décret passe entièrement dans le domaine du droit commun [94]. Si au contraire on n'applique ce canon qu'aux mariages mixtes [95], on reste avec une loi particulière boiteuse, punissant les mariages contractés entre catholiques devant ministre *infidèle*, alors que ne le sont plus les mêmes mariages contractés devant ministre *hérétique;* et devant ce fait, impliquant une sorte

---

simple permission de promulguer les décrets (voir plus haut, p. 10, note 37). Sans doute, il est étonnant qu'on ait laissé passer une loi invalide, mais cela peut encore s'expliquer par bien des circonstances, et particulièrement du fait que cette loi était empruntée au Concile de Baltimore.

[92] Il n'est pas vraisemblable qu'on ait retranché la circonstance « *uti sacris addicto* » en voulant sanctionner d'excommunication les mariages civils; l'expression employée: « *coram ministro cujuscumque sectae acatholicae* » l'indique assez clairement d'ailleurs.

D'autre part, en considération de l'alinéa *a*, *acatholique* ne peut comprendre ici ni schismatique ni apostat: un ministre schismatique est fatalement hérétique (surtout depuis la proclamation de l'infaillibilité pontificale), et l'apostasie n'est qu'un degré plus avancé dans l'hérésie (can. 1325, §2).

Et pour ne pas vider le décret de tout sens, il faut ici prendre l'expression « *secte non catholique* » au sens défini par la Commission d'interprétation du Code (30 juillet 1934—*AAS*, XXVI (1934), 494), embrassant les sectes infidèles et athées.

[93] C'est l'opinion de Blat (*Commentarium Codicis Iuris Canonici*, VII, 206), de Wernz-Vidal (*Ius Canonicum*, VII, 449), de Schenk (*The Matrimonial Impediments of Mixed Religion and Disparity of Cult*, p. 264-265) et de plusieurs auteurs cités par lui.

[94] Le canon emploie l'expression ministre *acatholique*, et non pas seulement *hérétique* tel que donné dans le décret 533*a*.

[95] C'est l'opinion de Chelodi (*Ius poenale*, p. 80), de Coronata (*Institutiones Iuris Canonici*, IV, 312), de Cappello (cité par Coronata), et de Leech (*A Comparative Study of the Constitution « Apostolicae Sedis » and the « Codex Juris Canonici »* [The Catholic University of America, Canon Law Studies, n. 15, Washington, D.C.: The Catholic University of America], 1922, p. 93).

d'anomalie [96], doit s'appliquer ici la règle de droit: « *Accessorium naturam sequi congruit principalis* » [97], et cette loi particulière a perdu sa valeur quand a été abolie la loi commune à laquelle elle était greffée, dont elle n'était qu'une extension [98].

Par contre, les prescriptions du décret suivant [99] restent en vigueur, *mutatis mutandis* [100]: présomption que la délégation générale d'absoudre des cas réservés ne comprend pas la censure encourue par un mariage devant un ministre non catholique [101]; obligation d'exposer deux fois l'an la législation matrimoniale [102]. Voici le texte:

> 534. *Parochorum munera.—a.* Sciant parochi, si interrogentur a contrahentibus vel si certe noverint eos adituros ministrum haereticum, ad consensum matrimonialem

---

[96] La loi telle qu'elle resterait maintenant, après la parution du Code, ne rencontrerait sûrement plus l'intention du législateur; et vu que pour les catholiques canadiens le danger est bien plus grand qu'ils se présentent devant un ministre hérétique que devant un ministre infidèle, cette loi ne répondrait plus, adéquatement du moins, à sa fin qui était d'empêcher les mariages en dehors de l'Église.

[97] Reg. 42, R.J., in VI°. Voici le vrai sens de cette règle, selon Reinffenstuel (*Tractatus de Regulis Juris*, Romae, 1834): « *Tanta est dependentia Accessorii a Principali, ut, regulariter loquendo, inducto, concesso, prohibito, annullato, sublato, vel confirmato principali, inductum, concessum, prohibitum, annullatum, sublatum vel confirmatum etiam censeatur Accessorium* », qui en donne ensuite le commentaire suivant: « *Haec Regula valde late patet, ita ut fere ubique procedat, praesertim in Legibus et Rescriptis, . . . etc* ».

[98] Nous remarquons d'ailleurs que dans la plupart des collections particulières (conciles ou synodes) publiées au Canada depuis le Code, on ne trouve pas mention de cette réserve.

[99] Le début de ce décret est plutôt de théologie morale; puis la deuxième phrase n'est pas comprise au canon 1065 et dépasse le canon 1066, mais elle est conforme au droit actuel obligeant le curé à consulter l'Ordinaire quand dans l'enquête matrimoniale il découvre un mariage antérieur nul par défaut de forme (C.P.I.C., 16 oct. 1919, ad 17—*AAS*, XI (1919), 479).

[100] Cette censure n'est plus réservée au Saint-Siège, mais toujours à l'Ordinaire (canon 2319); la législation matrimoniale étant changée, il est évident que c'est la législation actuelle qu'il faut exposer en chaire.

[101] Au sens du canon 2319 et des interprétations données par les auteurs. (Cf. plus haut, p. 122.)

[102] Cf. can. 1018; décret 514.

L'*Appendice au Rituel* (p. 38-43; 73) donne aux curés, pour répondre à ce décret, un texte à lire en chaire le premier dimanche après l'Épiphanie et le dimanche de la *Quasimodo*.

praestandum, se rem silentio dissimulare non posse, sed monere eos debere de nullitate matrimonii, de gravissimo peccato quod patrant et de censuris in quas incurrunt. (S. Off., 17 Feb. 1864; 12 Dec. 1888.) Quod si nupturientes consensum coram parocho renovare velint, postquam praestitus fuerit coram ministro acatholico, parochi nihil agant nisi prius res delata sit ad Ordinarium. Nostra enim mens est ut, quando facultates etiam amplissimas concedimus absolvendi a casibus reservatis, tum illas quae Ordinariis sunt propriae, tum etiam illas quae Nobis a S. Sede per indultum tribuuntur, in hac regione, numquam recenseatur potestas absolvendi eos qui sic matrimonialem consensum coram ministro acatholico praestiterint.

b. Mandamus tandem omnibus parochis ut bis in anno, videlicet in Dominica post Epiphaniam et in Dominica in Albis, praesens decretum, sicut decreta *De impedimentis matrimonialibus*, *De solemnitatibus sponsalium et matrimonii* et *De matrimoniis mixtis*, clare et lucide exponant.

§13.—Du divorce

Il y a dans tout ce paragraphe une atmosphère de théologie morale et dogmatique, et de droit public de l'Église; on y trouve peu de lois précises. Le décret **535** se rattache aux canons 1013, §2, ou 1110; le décret **536** contient une mise en garde qu'il faut souligner parce qu'elle semble sortir de la pure théologie morale [103]:

> . . . Interim fideles abstineant, in praedicta divortii curia, ab agendis partibus, quibus concurrant ad solvendum matrimonii vinculum; quamvis damnari non possint ii qui de facto aliquo testimonium ferre quodammodo coguntur.

En marge du décret **537**, voir les canons 1016, 1069, 1075; et du décret **538**, les canons 1128-1132.

---

[103] Sur les diverses opinions regardant la participation aux jugements civils en matière de lien matrimonial, voir Gasparri, *Tractatus canonicus de Matrimonio* (ed. 1932), II, 323-337.

Le décret 536 se grefferait au canon 1553.

CHAPITRE DOUZIÈME

DU CULTE

§1.—Du culte à rendre à Dieu et aux saints

Seulement deux décrets (**539-540**) dans ce paragraphe, et ils sont de théologie dogmatique [1].

§2.—De l'observance du dimanche et des fêtes

Les deux premiers décrets donnés ici (**541-542**) se retrouvent aux canons 1247 et 1248 [2].

Le décret **543** ne contient non plus rien de particulier: l'alinéa *a* est remplacé par les canons 1248-1249 [3] et l'alinéa *b* est plutôt de théologie morale.

Se rattachant aussi au canon 1248, le décret **544** *a* est encore de théologie morale, mais sous la lettre *b* se trouvent des déterminations partiulières:

> Generatim loquendo prohibentur opera forensia, opera ruralia, mercaturae, quales sunt nundinae, venditiones publicae aliaeque quas necessitas vel consuetudo legitima non probavit. Nec permittenda sunt, diebus dominicis et festis, oblectamenta publica pro quibus pretium exigitur, etiam si ad pia opera promovenda instituantur.—Opera autem caritatis, sicut et opera vere necessaria, quantumvis servilia haud prohibentur.

Et donc on ne pourrait facilement invoquer au Canada les coutumes dont parle le canon 1248; de plus les amusements publics

---

[1] On les a mis en forme de canons dans le Code (canons 1256-1257, puis 1255).

[2] Le décret 542, corrigé d'ailleurs au décret 543*b*, est trop sévère s'il déclare que, dans la ligne du droit, en plus de la messe d'autres obligations positives lient strictement les fidèles dans l'observance du dimanche. Cf. can. 1248.

[3] La satisfaction au précepte dominical de la messe peut aussi être remplie *sub dio* (canon 1249) et en dehors de tout oratoire: messe dite par privilège concédé en vertu du canon 822 ou d'indult, à moins de restriction spéciale; ces messes sont assimilées aux messes dites *sub dio*, qui signifie ici « en dehors des églises ou oratoires » semble-t-il: en effet, en mentionnant les oratoires privés, le canon semble donner une liste exhaustive des lieux ou peut se dire la messe. Cf. aussi canon 1344.

non gratuits sont défendus. Quant à l'alinéa *c* et au décret **545**, ils ne sont pas strictement juridiques [4].

> **546**. *Festa annuntianda*. Ne populus ignoret quos dies festos sanctificare debeat, ecclesiarum rectoribus praecipimus, ut omnibus diebus dominicis, intra missarum solemnia, annuntient dies festos qui in hebdomadam inciderint, necnon dies jejunii de praecepto, vigilias, et rogationum dies. Pridie cujuslibet festi, ubi nihil obstat, campanas pulsari curent, ut admonitus populus ad illud sanctificandum excitetur.

Encore une disposition particulière *praeter ius* [5].

§3.—De la messe

Les décrets **547** et **548** ne sont pas de vraies lois [6], mais au décret **549** se trouve une détermination particulière [7], aux fins du canon 863:

> . . . Item excitentur fideles ad sequendum vel amplectendum pium usum missae quotidianae assistendi. Quod ut succedat, assuescant sacerdotes missam certa et fixa hora celebrare.

Le canon 818 [8] résume le décret **550**, et le canon 813 (cf. can. 818) le décret **551**. Au décret **552**, outre les prescriptions des canons 814-815, et pour en assurer l'observance, on avertit les Évêques de surveiller particulièrement la qualité du vin de messe [9]:

---

[4] Cette invitation aux autorités civiles a trouvé une réponse dans nos lois du repos dominical: *Statuts Refondus de Québec* (1909), n. 4462-4472; *ibidem* (1925), ch. 199; et *Statuts revisés du Canada* (1927), ch. 123.

[5] Cf. can. 1332 ou 1344; *Appendice au Rituel*, p. 27-113.

[6] On peut comparer ces décrets aux canons 801 et 809.

[7] Le reste du décret est implicitement compris aux canons 467, 1332, 1344. Évidemment, cette loi particulière est encore en vigueur.

[8] Cf. aussi can. 1332, 1334.

[9] Les Vicaires Forains ont aussi leur responsabilité en la matière (can. 447, §1, n. 3). Les Évêques ont obtempéré à cette monition par des lois provinciales ou diocésaines: Toronto-Kingston, *Conc. prov.*, d. 165; Québec, *Syn.* 1940, d. 204; Montréal, *Const. syn.*, a. 148, §2 et 3; Saint-Boniface, *Const. syn.*, a. 148, §2 et 3; Vancouver, *Syn.* 1937, d. 66; etc.

. . . Vinum habeatur certo genuinum, singulorumque Episcoporum erit mediis opportunioribus curare ut haec sacrosancti sacrificii conditio indubitanter impleatur.

Les deux décrets suivants (**553-554**) sont de droit liturgique universel [10].

Les canons 806 et 824 [11] tiennent lieu des deux derniers décrets **555, 556**, sans apporter d'ailleurs de changements notables.

§4.—Des rites sacrés à observer

Ce paragraphe est en grande partie de droit liturgique universel [12], et c'est le canon 2 qui s'applique sans imposer de corrections aux décrets **557**, **558** [13], **559**, dont découle le décret **560** rappelant aux prêtres qu'ils doivent « lire assidûment et scruter attentivement » les rubriques des livres liturgiques [14].

> Décret **561**. *De eligendo Caeremoniali.—a.* Imo ut hunc finem tutius assequantur, atque uniformitas hac in re optanda observetur, decernimus ut in tota regione nostra duo tantum adhibeantur manualia sanctarum caeremo-

---

[10] Cf. can. 1264, 1296.

En vertu du canon 2, les décrets de la Sacrée Congrégation des Rites restent en vigueur, et ainsi le décret 553; quant au décret 554, il est maintenant tout de droit commun (Pie X, Motu proprio « *Inter pastoralis officii* », 22 nov. 1903—*Fontes*, n. 654 (cf. Pie X, Motu proprio « *Nostro motu proprio* », 25 avril 1904—*Fontes*, n. 660); Pie XI, lettre apost. « *Divini Cultus* », 20 déc. 1928—*AAS*, XXI (1929), 33-41), mais il nous est agréable de souligner ici que la dernière phrase du décret allait plus outre que le *Motu Proprio* et se trouvait de droit particulier avant « *Divini Cultus* ». Sur l'avance, au point de vue chant collectif de « *Divini Cultus* » sur le *Motu Proprio*, voir : Bourque, *Cérémonial du célébrant et Cérémonial liturgique en général* (Québec : Éditions de la Commission des Cérémonies [1937]), p. 130-131.

[11] Voir aussi le canon 466, §1, obligeant *en justice* aux termes du canon 824, §2 (Blat, *Commentarium Textus Codicis Iuris canonici*, II, 500).

[12] Les sources de chacune des dispositions en sont notées.

[13] L'alinéa *b* de ce décret est d'ailleurs conforme au canon 1259, et l'alinéa *c* au canon 818.

[14] Le Code a cependant ajouté à ces dispositions: les Vicaires Forains doivent veiller à ce que soient observées les prescriptions liturgiques dans les fonctions sacrées (can. 447, §1, n. 4, cf. décrets 558-559); l'étude de la liturgie (décret 560) s'impose encore plus fortement maintenant, en vertu du canon 131, §1.

niarum, scilicet Le Vavasseur et Victorii ab Appeltern.

b. Circa vero usum Memorialis Rituum a Benedicto XIII pro parvis ecclesiis editi, parochi et capellani hanc normam a Sancta Sede praescriptam sequantur: « Si Ecclesiae sufficiens clerus suppetat, peragant functiones juxta Missale Romanum; si tres aut quatuor clericos tantum habeant, utantur Memoriali Rituum Benedicti XIII ». (S. Rit., Cong., 7 Dec. 1888, ad 17 (n. 3697).)

Utinam possimus semper affirmare de nostris dioecesibus quod jam profitebatur Venerabilis Franciscus de Montmorency-Laval in sua relatione missionis Canadensis anno 1660 ad Sanctam Sedem missa: « Romanum ritum hic omnes sequimur, neque errores ulli, ulli abusus irrepserunt » !

L'alinéa *a* est encore en vigueur, *mutatis mutandis* [15] parce que *praeter ius;* l'alinéa *b* (première partie) est trop large et doit être corrigé selon le droit commun [16]; la deuxième partie n'est pas législative [17].

---

[15] Les cérémoniaux dont il est question ici sont: de Le Vavasseur: principalement son *Cérémonial selon le Rit Romain d'après Baldeschi et Favrel* (6 éd., Paris, 1882) et *Les Fonctions pontificales selon le Rit Romain* (3 éd. par Haegy, 2 v., Paris 1904); et de Victorius ab Appeltern: *Manuale liturgicum* (2 v., Mechliniae [1901]).

Le *Manuale liturgicum*, vraisemblablement adopté pour les régions de langue anglaise, n'est plus réédité; quant à Le Vavasseur, il a été réédité par Haegy, puis dernièrement par Stercky.

De plus, pour le diocèse de Québec, la Commission diocésaine des Cérémonies a édité des ouvrages pratiques, conformes aux auteurs officiels dont parle le présent décret, et qui sont imposés par le synode de 1940 (d. 175, §2): Bourque, *Cérémonial du Célébrant et Cérémonial des Enfants de Chœur;* Desrochers, *Cérémonial des Ministres Sacrés* et *Cérémonial de la Visite pastorale;* et Frenette, *Cérémonial du Synode diocésain.*

[16] Seules les églises paroissiales et dépourvues de clergé suffisant sont autorisées à suivre le *Memoriale Rituum* au lieu du Missel, et ceci depuis toujours (Préface du *Memoriale Rituum* (ed. typ. 1920); S.C.R., *Comen*, 9 déc. 1899, n. 4049, ad I—*Fontes*, n. 6303; Bourque, *Cérémonial du Célébrant*, p. 363); on semble avoir pris, au décret qui nous intéresse, une concession particulière, et douteuse puisqu'il peut s'agir ici d'églises paroissiales (S.C.R., *Ordinis Minorum Capuccinorum S. Francisci*, 7 déc. 1888, n. 3697, ad XVII—*Fontes*, n. 6192), pour un décret de portée universelle. (Cf. Moretti, *Coeremoniale iuxta Ritum Romanum*, I, 11-12.)

Les Évêques cependant, en vertu de leurs facultés quinquennales, peuvent concéder ce privilège aux églises non paroissiales, aux oratoires publics ou semi-publics (Facultés quinquennales, V, S.C.R., 10—Bouscaren, *Canon Law Digest*, I, 69; Suppl. 1941, p. 34).

[17] On trouve cette relation de Mgr de Laval à Rome dans les *Mandements des Évêques de Québec*, I, 17-27. (Le numéro 24 en est cité ici.)

§5.—Du culte du Saint-Sacrement

Les deux premiers décrets (**562-563**) concernant la Sainte Réserve ne sont qu'un sommaire du droit commun, généralement encore en vigueur, mais particulièrement précisé par l'Instruction de la Sacrée Congrégation des Sacrements, en date du 26 mai 1938 [18].

Le canon 1274 contient le décret **564**, avec peu de variantes [19]; le canon 2 laisse subsister les prescriptions (de droit commun) rapportées au décret **565** [20]; le Code impose les Quarante-Heures, qui n'étaient pas de droit commun auparavant, et ainsi le décret **566** perd son caractère particulier [21].

Quant aux processions, elle sont régies par les canons 1290-1295, auxquels le décret **567** doit se conformer [22].

---

[18] *AAS*, XXX (1938), 198-207 (cf. S.C. des Sacrements, 10 fév. 1941—*AAS*, XXXIII (1941), 57). La correspondance des décrets au droit actuel s'établit comme suit. Décret 562*a*: can. 1266, 1273; Instr., n. 5; S.R.C., *Urgellen*, 7 août 1871, ad VII (*Decreta Authentica*, n. 3254 — *Fontes*, n. 6041). Décret 562*b*: can. 1265, 1267, 1270. Décret 563 *a* et *b*: can. 1269; *Rituale Romanum*, tit. IV, cap. 1, n. 6; S.R.C., *Briocen*, 21 juillet 1855, ad 10 (*Decreta Authentica*, n. 3035 — *Fontes*, n. 5976); *Auxitana*, 7 août 1880 (*Decreta Authentica*, n. 3520); 1 juillet 1904 (*Decreta Authentica*, n. 4137). Décret 563*c*: can. 1269. Décret 563*d*: can. 1270. Décret 563*e*: can. 1269; Instr., n. 6. Décret 563*f*: can. 1269; S.R.C., *Tridentina*, 12 mars 1836, ad 1 (*Decreta Authentica*, n. 2740 — *Fontes*, n. 5880); *Ordinis F.F. Minorum Provinciae Portugalliae*, 11 juin 1904, ad II (*Decreta Authentica*, n. 4136 — *Fontes*, n. 6331); *Caeremoniale Episcoporum*, lib. I, cap. 12, n. 11. Décret 563*g*: can. 1271.

[19] Ici l'Évêque permet les expositions solennelles « *prout dioecesanis suis prodesse existimat* » tandis que le canon cité exige pour ces expositions spéciales une « cause juste et grave surtout publique ». D'autre part le canon autorise ces expositions solennelles pendant l'octave de la Fête-Dieu.

[20] Can. 1275.

[21] L'Instruction Clémentine promulguée par Clément XII, le 1 septembre 1731, se trouve en appendice au Volume III de la collection des Décrets authentiques de la Sacrée Congrégation des Rites.

Comme ses prescriptions ne sont que *directives* en dehors de Rome, mais que toutefois, pour le gain des indulgences, il faut les suivre en substance (Blat, *Commentarium Textus Codicis Iuris canonici*, III, pars II, 198), le décret 566 équivaut au droit commun en disant de se rapprocher autant que possible du mode donné dans l'Instruction.

[22] Il faut donc entendre l'alinéa *a* au sens du canon 1291, §2, qui donne aux églises un droit strict de faire une procession dans l'octave de la Fête-Dieu, et que l'Ordinaire ne peut restreindre de lui-même, juridiquement.

§6.—Du culte du Sacré-Coeur

Il n'y a pas de lois dans ce paragraphe: le décret **568** est une profession de foi et d'amour; le décret **569** une exhortation pastorale [23]. Le Code d'ailleurs n'a aucun canon à ce sujet [24].

§7.—Du culte du Saint-Esprit

Il n'y a rien de particulier sous le décret **570**: théologie dogmatique, exhortation pastorale, et droit commun [25].

§8.--Du culte de la Sainte-Famille

Aucune loi formelle aux décrets **571**, **572** et **573** [26].

§9.—Du culte de la Sainte-Vierge

Décrets **574-578** [27].

Deux prescriptions particulières sont à noter ici, qui gardent leur actualité [28]:

Et en raison du canon 2, les images, effigies et reliques des saints sont défendues (S.C.R. *Veneta*, 17 juin 1684, n. 1731, ad I; S.C.R., *Almerien.*, 31 janv. 1896, n. 3878; S.C.R., *Basileen et Lucanen*, 1 juillet 1898, n. 3997).

[23] Plusieurs Évêques toutefois ont déterminé ce décret 569 par des lois particulières: Montréal, *Const. syn.*, a. 267-270; Vancouver, *Syn.* 1937, d. 134; etc.

[24] Plusieurs documents ont paru depuis le Code, toutefois: Pie X, lettre encyclique « *Miserentissimus Redemptor* », 8 mai 1928 (*AAS*, XX (1928), 165-178); et les réponses et décrets suivants de la S.C.R.: 8 juillet 1921—*AAS*, XIII (1921), 391; 16 juin 1922—*AAS*, XIV (1922), ad XII; 27 juin 1923—*AAS*, XV (1923), 379; 28 avril 1926—*AAS*, XVIII (1926), 319-320; 29 janv. 1929—*AAS*, XXI (1929), 77.

[25] Cf. *Preces et Pia Opera, in favorem omnium christifidelium vel quorumdam coetuum personarum indulgentiis ditata et opportune recognita* ([Civitate Vaticana:] Typis Polyglottis Vaticanis, 1938), n. 263.

[26] En marge du décret 571, voir: *Mandements des Évêques*, I, 51-66, sur le culte et la confrérie de la Sainte-Famille.

[27] Ces décrets se rattachent aux canons 1255, 1276.

[28] Les exercices du Rosaire pendant le mois d'octobre, avaient été prescrits pour l'Église universelle, mais *pro tempore* seulement (S.R.C., *Urbis et Orbis*, 28 août 1886,

575*b*. Fere ubique nunc obtinet pia consuetudo Octobrem mensem integrum specialibus exercitiis in honorem Reginae Rosarii sanctificandi; quae consuetudo ubi nondum viget, nisi rationabiles obstent causae, introducatur oportet . . .

d. Praestent insuper [pastores] ut confraternitas SS. Rosarii suis in ecclesiis rite instituatur, fidelesque gratias et indulgentias ei adnexas consequantur.

Le reste n'est pas législatif.

§10.—Du culte des autres saints

Décrets **579-582** [29].

Il n'y a rien dans ces décrets qui soit de droit particulier [30].

§11.—Du culte des reliques et des images

Le décret **583**, sur les reliques, est tout contenu dans le Code [31]. De même ce qui est dit au sujet des images (décrets **584-585**) ne comporte rien de particulier et se trouve implicitement dans le droit commun [32].

---

n. 3666; S.R.C., *Urbis et Orbis*, 11 sept. 1887, n. 3681); les Pères du Concile décrètent qu'on doit en continuer l'observance.

Quant à la confrérie du Saint-Rosaire, l'obligation de l'ériger partout est *praeter ius*.

[29] Ces décrets se rattachent aux canons 1255, 1278.

[30] La seule partie dispositive de ce paragraphe était, à la fin du décret 579 *b*, l'addition de la louange « Béni soit saint Joseph, époux de la Vierge Marie », après la bénédiction du Saint-Sacrement: cette addition, un peu changée (soit: « Béni soit saint Joseph son très chaste époux»), fait maintenant partie du texte officiel et indulgencié des louanges (*Preces et Pia Opera*, n. 646).

[31] La disposition générale se trouve aux canons 1255, §2, et 1276.

À l'alinéa *a*, cf. can. 1285, §2; *b*, cf. can. 1283, qui est plus large toutefois que le décret, mais que le canon 1284 remet dans le sens du décret; *c*, cf. can. 1281, 1282, 1289; *d*, cf. can. 1287.

[32] Le décret 584 *a* est résumé aux canons 1255, §2, et 1276; et les alinéas *b* et *c* du même décret sont contenus dans les canons 1261; 1279 et 1399, n. 12 (S.C.S.Off., décret du 26 mai 1937—*AAS*, XXIX (1937), 304-305). Malgré une certaine ambiguité due au titre « *Translatio imaginum* », le décret 585 n'ajoute rien au canon 1201, semble-t-il. (Cf. can. 716-717.)

§12.—Des funérailles

Le droit actuel couvre presque toute la matière de ce paragraphe: les canons 1203 et 1205, §1, reprennent les décrets 586-587; les décrets 588-589 sont devenus lois plus formelles aux canons 1204-1205 et 1235 [33], mais un point du décret 588 dépasse le droit commun, bien qu'il soit *secundum ius* [34], c'est la messe anniversaire:

> . . . Antiquissimum retineatur, quantum fieri potest, institutum, ut missa, praesente corpore defuncti, pro eo celebretur, antequam sepulturae tradatur; item in anniversario defuncti . . .

On le voit, le *quantum fieri potest* devrait venir à propos de cette messe anniversaire plutôt qu'au début de la phrase [35]: on ne peut urger au même point l'observance de ces deux prescriptions, sans déterminer mieux les responsabilités dans la dernière [36].

---

[33] Les renvois aux livres liturgiques (can. 1205) sont les suivants pour ce qui regarde les décrets donnés: *Rituale Romanum*, tit. VI, cap. 1, n. 7, 11; *ibidem*, cap. 3, n. 3, 4, 7; *Missale Romanum*, *Additiones et variationes* . . . , III, 4.

[34] Can. 2, cf. *Missale Romanum*, *ibidem*, 6-7.

La messe anniversaire est mentionnée, en passant, au canon 1241.

[35] La messe devant le corps physiquement ou moralement présent, ou mieux la messe « *in die obitus* » peut toujours avoir lieu. (Cf. S.C.R., 28 fév. 1920—*AAS*, XII (1920), 128). Le décret, bien qu'ambigu, doit donc s'entendre de la présence physique, et alors s'explique mieux le « *quantum fieri potest* » au début.

[36] Pour que ces deux prescriptions aient la même portée ou la même efficacité il aurait fallu prévoir au moins le cas des pauvres, comme il est prévu pour les funérailles.

CHAPITRE TREIZIÈME

DES LIEUX SACRÉS

§1.—Des édifices sacrés

Les décrets **590-594** sont conformes au droit actuel [1], mais le décret **595** est opposé au canon 1165, ou du moins doit être tiré dans le sens de ce canon [2].

> **596**. *Bona mobilia domus presbyteralis.*—Valde probamus quod certa quaedam bona, a domo presbyrerali haud facile mobilia, ad usum sacerdotis sumptibus fabricae vel parochiae cum licentia Episcopi praebeantur; quorum descriptio, fideliter facta, in scriptis est Ordinario tradenda et in archivio curiae episcopalis sedulo conservanda.
>
> **597**. *Cautiones.*—Nulla, nostris in regionibus, nimia existimetur cautio contra pericula incendii, lapsus aut cujuscumque ruinae.—Salubris sit in aedibus sacris habitatio, talisque earum conformatio ut, si quis subitus terror in congregatos fideles incidat, exitus praesto sint quibus se expediant.—Cuncta aedificia ecclesiastica tuto ac tempestive contra damna ex incendio oriunda assecurentur.

Ces deux décrets sont de droit particulier et restent en vigueur, puisque *praeter ius* [3].

---

[1] Décret 590: canons 1519, 1527, 1162, 1164.

Décret 591: canons 1182, 1186, 1477-1478, 1527.

Décrets 592 et 593; canon 1164.

Décret 594: canon 2 (cf. *Caeremoniale Episcoporum*, Lib. I, cap. XII, 10, 13; *Missale Romanum*, *Ritus Servandus*, V, 3; Moretti, *Caeremoniale inxta Ritum Romanum*, I, 138); canons 908-909 (voir plus haut, p. 111), et 1271.

[2] On admettait généralement avant le Code (Many, *Praelectiones de Locis Sacris* (Parisiis, 1904), p. 50-51) que la consécration des églises n'était plus obligatoire, parce qu'abolie par la coutume, et c'est dans cet esprit qu'a été redigé ce décret; mais le Code (can. 1165) a maintenu l'ancien droit écrit. Cependant, si, en raison de la dette dont est grevée telle église, l'Ordinaire craint qu'elle ne soit plus tard convertie aux usages profanes, il peut la bénir, mais non la consacrer, au dire de certains auteurs (Cf. Coronata, *Institutiones Iuris canonici*, II, 38); ce n'est qu'en interprétant le canon en ce sens que le décret pourrait garder de sa valeur.

[3] Le décret 596 toutefois comprend plutôt une recommandation *praeter ius* (connexe au canon 1477) en même temps qu'une prescription *iuxta Codicem* (canon 1522-1523).

Le début du décret 597 est très général, mais il impose ensuite aux Ordinaires un nouveau point à surveiller dans les réparations et constructions d'églises (canon 1164, §1), puis rend les assurances obligatoires (cf. canon 1523, n. 1).

§2.—Du soin des églises

Rien de particulier ne se trouve dans ce paragraphe: le décret **598** est presque entièrement compris au canon 1178 [4], et le décret **599** est soit de droit liturgique [5], soit de droit canonique actuel [6].

§3.—Des cimetières

Les dispositions du décret **600** sont de droit commun actuel [7]; mais le décret suivant est encore en force parce que *praeter ius* [8]:

> **601**. *Ossuaria tempore hiemali.*—Ubi, hiemali tempore, corpora ad suum quodque loculum deferri nequeunt, curandum est ut ossuaria, in quae interim congeruntur, decentia sint nonnullisque distincta signis, saltem imagine crufixi Salvatoris, quibus praetereuntes intelligant locum hunc haud profanum esse.

Les deux derniers décrets (**602-603**) sont compris aux canons 1212 et 1239, §1, puis 1206 respectivement [9], sauf la toute dernière

---

[4] Au décret *c*, voir aussi: le *Cérémonial des Évêques*, Lib. I, cap. VI, 2; Moretti, *Caeremoniale iuxta Ritum Romanum*, I, 163.

Au décret *d*: canon 1523.

Au décret *e*, voir les auteurs de liturgie. (Par exemple: Villeneuve, *Entretiens liturgiques* (Québec: L'Action Catholique, 1937), p. 32; Stercky, *Manuel de Liturgie et Cérémonial selon le Rit romain* (16 éd., 2 v., Paris: Librairie Lecoffre, 1935), I, 48.)

Au décret *f* ne sont données que des règles générales d'hygiène, ne sortant pas du canon 1178.

[5] Canon 2, cf.: Missel Romain, *De defectibus in celebratione . . .*, X, 1; *Cérémonial des Evêques*, Lib. I, cap. VI; Pie X, Motu proprio « *Inter pastoralis officii* » (22 nov. 1903, V, 13-14 — *Fontes*, n. 654).

[6] Canons 683, 1185.

[7] Canon 1205; canon 2 cf. *Pontificale Romanum, De Coemeterii Benedictione*, et *Rituale Romanum*, Tit. VIII, cap. 29.

[8] Ce décret n'est pas opposé au canon 1205, et n'est donc pas de l'épikie: le canon 1205 parle de la sépulture perpétuelle et non pas seulement temporaire comme celle dont il est ici question et que prévoit d'ailleurs le Rituel (Tit. VI, cap. I, n. 24-25).

Notons aussi que ces charniers ou sarcophages communs et temporaires ne sont pas des lieux sacrés au sens strict du canon 1154, parce qu'ils ne sont pas sujets d'une bénédiction constitutive.

[9] Au décret 602, il faut bien remarquer qu'il s'agit des enfants non baptisés; pour les autres on réserve un lieu spécial dans le cimetière même (can. 1209, §3; *Rituale Romanum*, Tit. VI, cap. 6).

phrase: . . . « *Suum habeat unaquaeque ecclesia campum sacrum, parum, si nihil obstet, ab ea distans et in ejus umbraculis positum* ».

Ceci est *praeter ius*, et tient encore, en principe [10].

§4.—De la sépulture ecclésiastique et de la crémation

Les deux premiers décrets **604** et **605** ne contiennent pas de droit particulier [11], et sont remplacés par les canons 1239-1240 principalement [12].

> **606**. *Exceptio.*—Ubi agatur de sepultura eorum qui fuerunt ad fidem conversi et quorum superstites acatholici fundum domesticum in alieno coemeterio habent, fas erit ritus ecclesiasticos, sive domi sive in ecclesia, adhibere, dummodo id ab Episcopo ob graves rationes interdictum non fuerit, et loculus sepeliendi corporis benedicatur.

Parce qu'il présente une certaine difficulté, voilà un décret qui mérite qu'on s'y arrête. Ce décret ne semble pas, en effet, pouvoir

---

[10] Toutefois la proximité normale du cimetière (nonobstant le canon 1232), est insinuée par les canons 1208 et 1231 et par le Rituel (Tit. VI, cap. 3); l'obligation d'avoir des cimetières paroissiaux propres est plutôt *secundum ius* (can. 1208, §1).

L'ancien droit n'exigeait pas absolument non plus que les cimetières fussent près de l'église (Many, *Praelectiones de Locis Sacris*, p. 238).

Nous disons que le décret tient encore *en principe*, sachant combien souvent les Évêques ont à en dispenser, aux termes du canon 291, §1, en raison des exigences du Service d'Hygiène, de la difficulté d'obtenir le terrain nécessaire aux abords immédiats de l'église, etc.

[11] Comme interprète et commentateur des sources citées à ces décrets, voir particulièrement: Many, *Praelectiones de Locis Sacris*, p. 351-366.

[12] Le décret 604 est donné au canon 1239, §3.

Au décret 605, la correspondance des canons se fait comme suit:—alinéa *a*: canons 1212, 1239, §3 (cf. Coronata, *Institutiones Iuris Canonici*, II, 131); remarquons en passant que cet alinéa porte une certaine confusion avec le décret 602: ici on dit « partie non bénite du cimetière », or la partie non bénite d'un cimetière n'est pas constituée en cimetière au sens du canon 1205, §1 (cf. can. 1210); de sorte que, canoniquement et liturgiquement, il y a ici une contradiction dans les termes. Ici non plus il n'est pas question du canon 1209, §3, où l'on prévoit une partie du cimetière pour les enfants baptisés et morts avant l'usage de la raison (cf. note 9 au décret 602).

Alinéa *b*: canons 1239, §1; 1240, §1; alinéa *c*: canons 1233, §2; 1240, §1 et 2; alinéa *d*: canon 1240, §1 et 2; alinéa *e*: canon 1240, §2.

Ces canons ayant raison de peine ecclésiastique, il faut les interpréter strictement (cf. can. 6, n. 5, et can. 19); le Code a d'ailleurs adouci l'ancien droit à ce sujet, particulièrement au canon 1240, §1, n. 1. (Cf. Coronota, *loc. cit.*)

se concilier tel quel avec les canons 1204-1205 [13] et surtout avec la réponse du Saint-Office, en date du 13 février 1936 [14]: « *Tumulationem catholici in coemeterio acatholico non esse permittendam, multo minus cum adsistentia ministri catholici et ritibus sepulturae ecclesiae* ». Et donc, si par *tolérance*, un catholique devait être enseveli dans un cimetière non catholique, le prêtre ne pourrait faire la conduite au cimetière et bénir la fosse, comme dans le cas du canon 1206, §3, et tel que normalement supposé dans les livres liturgiques [15].

Nous serions ici devant le cas où le clergé ne peut se rendre au cimetière, et où alors il reconduit le corps jusqu'à la porte de l'église seulement; c'est là que se chantent les dernières prières du rite funéraire, et se font les dernières cérémonies [16].

Quant à l'interdiction des rites ecclésiastiques, dont parle le décret, elle entre aux canons 1215, ou 1240, §2 [17].

Les décrets **607-608** sont conformes au droit actuel: canons 1203 et 1240, Instruction donnée le 19 juin 1926 par le Saint-Office [18].

---

[13] Le canon 1204 décrit la sépulture ecclésiastique en lui donnant comme partie intégrante la *déposition du cadavre dans un lieu légitimement désigné* pour cela (selon le canon 1205); le canon 1205 oblige à ensevelir les cadavres des fidèles dans les cimetières *bénits* spécialement pour cela, et la seule exception à ceci est donnée au canon 1206, §3, qui ne comprend pas le cas donné. Cf. d'opinion contraire, Kerin, *The Privation of Christian Burial*, The Catholic University of America Canon Law Studies, n. 136 (Washington D.C.: The Catholic University of America Press, 1941), p. 247-255.

[14] *Periodica de Re Canonica et Morali*, XXVI (1937), 467-468. Cette réponse est aussi rapportée par Bouscaren (*Canon Law Digest*, Supp.-1941, 137), mais la traduction anglaise porte à équivoque à cause de l'emploi du mot *burial* signifiant à la fois *sepultura* et *tumulatio*.

Notons en passant le fait que cette réponse est donnée par la Congrégation du Saint-Office, gardienne de la foi (can. 247, §1); ce fait indique la raison de la défense: danger ou, même, espèce de communication *in sacris acatholicorum* (can. 1258).

[15] *Rituale Romanum*, Tit. VI, cap. 3, n. 11-15.

[16] Cf. S.R.C., *Brixien*, 28 juillet 1832, n. 2696, ad I; les auteurs de liturgie (v.g. Bourque, *Cérémonial du Célébrant*, p. 617).

[17] Les fidèles ayant un strict droit à la sépulture ecclésiastique s'ils n'en sont pas expressément privés par le Code (can. 1239), cette défense de l'Évêque serait plutôt une déclaration que, selon le droit commun, la sépulture ecclésiastique normale ne peut avoir lieu en tel cas.

[18] *AAS*, XVIII (1926), 282-283.

La correspondance plus détaillée des décrets aux canons se fait comme suit: décret 607: canon 1203; décret 608*a*: canon 1203, §2; *b*: canon 1240, n. 5; *c*: *ibidem* et Instr. du Saint-Office; *d*: canon 1240, §2; *e*: canon 1203, §2.

CHAPITRE QUATORZIÈME

DES ŒUVRES PIES

Nous ne croyons pas devoir analyser en détail les décrets que comprend ce titre: on n'y trouve qu'une loi formelle particulière, et très peu de droit commun antérieur: sur les confraternités (décrets **609-611**), il n'y a que le dernier décret qui soit législatif, et tout y est conforme au droit commun actuel [1]; sur les Tiers-Ordres (**611-615**) on ne trouve pratiquement que des exhortations pastorales [2]; de même sur les œuvres de charité et de miséricorde (**616-619**) [3]; mais après les considérations générales du décret **620** vient une disposition particulière *praeter ius*, et encore en force au sujet du denier de Saint-Pierre (décret **621**):

> . . . Volumus autem ac praecipimus ut, semel saltem in anno, in omnibus ecclesiis in quibus publicum celebratur officium, fiat collecta inter unamquamque missam, ac pecunia sic percepta tota ad Ordinarium mittatur; cujus erit pecuniam illam ad Romanum Pontificem opportuno tempore transmittere.

---

1. Ces décrets se rattacheraient: le premier aux canons 684-685; le deuxième, aux mêmes canons, mais de plus au canon 711, §2, qui charge les Ordinaires de voir à l'établissement des confréries du Saint-Sacrement et de la doctrine chrétienne dans chaque paroisse; le dernier décret se retrouve aux canons 686, 693, 708-709, 716-717.

[2] La seule loi que nous trouvions ici (au décret 614) a pour objet d'urger les règles données dans la Constitution « *Misericors Dei Filius* » (Léon XIII, 30 mai 1883—*Fontes*, n. 588) pour le Tiers-Ordre de saint François; à laquelle constitution réfère le canon 702, §1.

[3] Notons que ces sociétés d'aide aux missions, dont parle le décret 617, ont été tout à fait réorganisées par les derniers papes, qui en ont fait des œuvres pontificales. Voir à ce sujet l'encyclique « *Maximum illud* » (Benoît XV, 30 nov. 1919—*AAS*, XI (1919), 440-455), l'encyclique « *Rerum Ecclesiae* » (Pie XI, 28 fév. 1926—*AAS*, XVIII (1926), 65-83), et le Motu proprio « *Romanorum Pontificum* » (Pie XI, 3 mai 1922—*AAS*, XIV (1922), 321).

CHAPITRE QUINZIÈME

DES BIENS ECCLÉSIASTIQUES

§1.—Du droit de l'Église

Après un décret (622) établissant le droit public général de l'Église [1], on établit le droit des personnes morales ecclésiastiques, au décret 623, et on décrit les biens qu'elles peuvent posséder (décret 624): le tout conformément au droit commun actuel [2]. Quant au décret 625, il est corrigé par les canons 1497 et 2346 [3].

§2.—Des moyens de pourvoir au culte divin

Des principes généraux de droit divin sont rappelés aux fidèles dans un décret préliminaire (626) [4], puis, on précise ce qui suit au décret 627*b*:

> Illis in locis, ubi obligatio ad decimas vel ad certam pecuniae summam a fidelibus solvendam nec praestituta sit nec imponenda censeatur, Episcopus salarium a parocho vel a missionis rectore ejusque adjutoribus percipiendum determinet, ex omnium ecclesiae proventuum massa seu cumulo assumendum.

---

[1] Ce droit est aussi énoncé aux canons 1495-1496, 1499.

[2] Le décret 623*a* est compris au canon 1495, §2; le décret 623*b* aux canons 1499, 1518-1519; quant au décret 523*c*, il découle des canons 99 cf. 1501 (cf. Coronata, *Institutiones Iuris Canonici*, I, 170); et le décret 623*d* est mieux déterminé au canon 1501.

L'énumération donnée au décret 624 est résumée au canon 1497, §1.

[3] On trouve en effet une définition morale du sacrilège, dans ce décret (Cf. Merkelbach, *Summa Theologia Moralis*, II, 782-786), mais le droit canon restreint le sacrilège réel à la violation d'une chose destinée au culte par bénédiction ou consécration (can. 1497, §2). Le canon 2346 (où d'ailleurs il n'est pas question de sacrilège) apporte plusieurs distinctions et variantes au résumé donné dans le décret.

[4] Cf. canons 1502-1507 (aussi 2349).

Dans la province civile de Québec, la loi de la dîme est reconnue au for civil (*Archives de l'archevêché de Québec*, G. III, 3, 4; *MEQ*, II, 480, 527; *Édits et Ordonnances*, I, 231, 305-308, et II, 133-134; *Code Civil*, a. 1994-2219).

On prohibe, en somme [5], un mode de constituer la dote des bénéfices paroissiaux, auxquels on assimile les missions, et cela pour les endroits où il n'y a ni dîme ni capitation. L'Évêque ne peut assigner comme dote les seules quêtes ou oblations non stables [6]. Même règle pour le salaire des vicaires. Cette disposition n'est pas opposée au Code [7] et reste en vigueur.

Les décrets permettant la location des bancs (**628**) et les quêtes faites à l'église ou à domicile (**629**) ne sont pas, de soi, opposés aux canons 1181, 1263 et 1503 [8]: ils ne contiennent pas, à vrai dire, de droit particulier.

Sauf la restriction qu'il appartient à l'assemblée provinciale des Évêques, selon le canon 1507, de fixer le tarif [9], le reste du décret **630** est conforme au droit actuel [10].

Les décrets **631-633** ne contiennent rien de particulier et sont remplacés dans le Code par les canons 1236, 1182, 1545-1549 et 826-841 [11]; sauf la prescription d'afficher à la sacristie un tableau des

---

[5] C'est-à-dire en intervertissant la forme du décret et en la comparant au canon 1410. Il est vrai que pour ce qui est des bénéfices proprement dits il n'y aurait rien de particulier ici, vu que les oblations dont parle le canon cité doivent être *certaines*.

A part ce salaire, d'ailleurs, on prévoit aux décrets suivants les revenus moins stables: droits d'étoles, etc.

[6] Ces quêtes ne sont pas défendues, mais elles ne peuvent constituer à elles seules la dote ou le salaire: quelque chose de plus déterminé et certain doit la constituer.

[7] Canons 1410; 1414, §2; 1418.

[8] Le décret remet à l'Évêque toutes approbations particulières au sujet de la location des bancs, pour que reste bien sauf le droit commun; et nous ne voyons pas qu'il soit nécessaire même d'invoquer le canon 5 pour le justifier.

Quant aux quêtes, il est évident qu'on n'entend pas ici un droit d'entrée à l'église: la taxe d'entrée à l'église est défendue au décret 635; il s'agit ici des quêtes permises aux canons 415, §2, n. 5; 630, §4; et 1410, que le canon 1503 défend aux particuliers, et non aux curés.

[9] Voir aussi la Résolution de la S.C. du Concile, à ce sujet, en date du 11 décembre 1920 (*AAS*, XIII (1921), 350-352). Il faudrait donc dire, au décret 630 *d*: *In singulis provinciis* . . .

[10] Canon 463, cf. can. 1410, 1507; canon 1476 cf. can. 1522-1523, et 1301.

[11] L'exception faite pour les Mendiants, au décret 631, n'est pas non plus de droit particulier: le renvoi qu'on donne au Concile de Trente le prouve; et donc, cette exception est comprise dans le « Salvo iure *particulari* »: par lois locales, spéciales ou privilèges (Wernz-Vidal, *Ius Canonicum*, IV, I pars, 722).

messes fondées (décret 633*a*), qui est *praeter can.* 1549, et encore en force.

Les canons 1503-1507 tiennent lieu du dernier décret (634) de ce paragraphe [12].

§3.—Des modes défendus de recueillir de l'argent pour des causes pies

635. *Taxae indebitae.*—*a*. Omnino prohibetur ne taxa ad januas ecclesiarum exigatur uti conditio sine qua quis nequeat ingredi ad audiendum missam vel ad assistendum cuicumque alii functioni sacrae.

b. Prohibemus etiam ne missae solemniores ad modum concentus annuntientur et celebrentur neque pro eisdem majus, quam soleat, pretium sedium ab auditoribus requiratur.

c. Strenue damnandus esset agendi modus sacerdotis, qui intra, celebrationem missae aut functionis sacrae quam peragit, altare vel sanctuarium desereret ad collectam in ecclesia faciendam.

Le décret 632 reste plutôt dans la simple théologie morale mais on en retrouve des applications aux canons 691, §2, et 1182.

On retrouve aux canons 1545-1546 et 1549 l'alinéa *a*, et aux canons 843-844 l'alinéa *b* du décret 633; au canon 831 l'alinéa *c*; aux canons 831, et 1545-1546 l'alinéa *d*; aux canons 828, 834-835 l'alinéa *e*, mais les règles données par la S.C. du Concile dans le décret *Ut debita* (11 mai 1904—*Fontes*, n. 4317), et auxquelles renvoie cet alinéa ne sont plus que directives, d'après plusieurs auteurs (Blat, *Commentarium Textus Iuris canonici*, IV, 163; Keller, *Mass Stipends* (St. Louis, Mo.: Herder Book Co., 1926), p. 129-134; et les auteurs cités par ce dernier); au canon 838 l'alinéa *f*, qui, aussi, doit être amendé en ce sens que la permission de l'Ordinaire n'est pas requise pour transmettre des honoraires manuels à des prêtres, même en dehors du diocèse, dont on connaît par ailleurs l'intégrité (S.C.C., *resolutio*, 19 fév. 1921—*AAS*, XIII (1921), 228; cf. Cappello, *De Sacramentis*, I, 706-708); enfin, les deux derniers alinéas sont aux canons 840 et 827 respectivement.

[12] L'alinéa *a* n'est pas contraire au canon 1503, qui sous-entend que, même pour d'autres œuvres que le Séminaire (cf. can. 1355), les Évêques peuvent imposer des quêtes diocésaines. Le *cathédratique* (alinéa *b*) doit être imposé soit par indult, soit aux termes du canon 1504; notons à l'alinéa *c* que le *subside caritatif* peut être imposé aux bénéficiers (can. 1505), et non aux bénéfices comme l'impôt spécial sur les bénéfices, qui, lui, ne peut être imposé que dans l'acte de fondation ou de consécration (can. 1506); le canon 1507 corrige le dernier alinéa dans le sens donné plus haut, p. 139 (au décret 630).

Ce décret est encore en vigueur, et le droit particulier qui s'y trouve est tout à fait dans l'esprit de la loi [13].

Dans le décret suivant aussi, on a du droit particulier:

> **636**. *Concentus.—a*. Dolenda necessitas eo quandoque cogit, ut pro solvendis expensis cultus aut piorum operum, recurratur ad concentus, nundinas, excursiones, conventus vulgo dictos *pique-niques*, sp:ctacula, convivia, ludos aliave similis generis delectamenta.
>
> *b*. Cum autem ex iis pecuniae procurandae modis non raro scandalum aut peccatum provenir possit, sedulo praestandum est, ut omnia recte fiant malique occasiones praesertim proximiores removeantur.
>
> *c*. Quare nulla praedictorum delectamentorum apparatio in gratiam bonorum operum fiat, nisi prius scripta licentia ab Ordinario concessa fuerit.
>
> *d*. Ordinariorum autem conscientiae, quae in hoc graviter oneratur, relinquimus, ut in singulis casibus judicent de necessitate ejusmodi industriae, de absentia periculi, de cautionibus specialiter injungendis.
>
> *e*. Generatim tamen statuimus: ne permittantur excursiones noctu faciendae, nec in ulla ex his delectationibus tolerantur sive saltationes sive liquores inebriantes, nec nundinae habeantur diebus dominicis, festis aut esurialibus.
>
> *f*. Demum abstineant catholici ab omni ludo instituto in quaestum operibus acatholicis procurandum, neque timore moveantur deterrendi acatholicos a ludis catholicorum frenquentandis.

---

[13] Le décret 635*a* est absolument conforme au canon 1181.

L'alinéa *b* est un complément au décret 628, en ce qui regarde la location des bancs: on ne veut pas tout de même que la taxe soit jamais prohibitive ou même sélective; et les pauvres doivent toujours avoir leur place dans l'église. Tout cela est bien dans l'esprit des canons 1181 et 1263. Quant à la prohibition des offices-concerts, elle répond bien aussi aux prescriptions du *Motu proprio* de Pie X (« *Inter pastoralis officii* », 22 nov. 1903—*Fontes*, n. 654) et de la Lettre Apostolique « *Divini Cultus* » (Pie XI, 20 déc. 1928—*AAS*, XXI (1929), 5-11).

En marge de l'alinéa *c*, citons Stercky, *Manuel de liturgie et Cérémonial selon le Rit romain*, I, 390-391; et l'axiome liturgique « *nec plus, nec minus, nec aliter quam in rubricis* ».

À travers les considérations morales, les alinéas *c*, *e* et *f* sont juridiques et tiennent encore parce que nullement opposés au droit commun [14].

> 637. *Collectae per ephemerides.—a*. Eleemosynarum pro quocumque pio opere collectio, mediantibus ephemeridibus, haud fiat sine expressa Ordinarii licentia.
>
> *b*. Stricte prohibemus ne ad alliciendos donatores, per viam ephemeridum aut encycliorum, promittantur missae pro benefactoribus dicendae.

Voilà encore deux déterminations du droit commun: la première est pour ceux qui seraient tentés d'adopter l'interprétation large du canon 1503 [15], la deuxième est portée en considération des canons 727 et 827-828; et toutes deux sont donc encore en vigueur.

Le dernier décret (638) est de droit commun antérieur au Code [16] et doit être remplacé par les canons 621-624, 804, 1503 et les Instructions du Saint-Siège, sur les Orientaux particulièrement [17].

---

[14] Ces décrets touchent de si près la théologie morale qu'ils n'ont pas leur analogie dans le Code: on les rattacherait seulement aux canons 469, 335, ou voire 290. Toutefois, partie de l'alinéa *e* se trouve au canon 1248, et l'alinéa *f* entre dans l'ombrage du canon 1258. En marge de l'alinéa *e* il faut aussi voir la confirmation et l'extension que lui a données la S.C. Consistoriale le 31 mars 1916 et le 30 novembre 1917 (*AAS*, VIII (1916), 147-148, et X (1918), 17).

[15] Vermeersch (*Epitome Iuris canonici*, II, 508) et quelques auteurs avancent que le canon 1503 ne défend pas les quêtes par lettres circulaires, revues, etc.; on invoque pour légitimer cette opinion le décret *Singulari* (S.C. des Év. et Rég., 27 mars 1896—*Fontes*, n. 2029), mais nous ne voyons nullement comment ces quêtes auprès d'abonnés inconnus peuvent être justifiées par le texte invoqué. Quoiqu'il en soit, le Concile exige l'autorisation de l'Ordinaire, sauf privilège apostolique et droit commun (can. 621-624), et ce n'est pas *contre* le canon 1503, du moins.

[16] Les sources sont indiquées aux alinéas *a* et *c*; l'alinéa *b* est emprunté à la lettre Encyclique de la S.C. de la Propagande en date du 20 avril 1873 (*Fontes*, n. 4884).

[17] Voir, pour l'admission à célébrer, ce qui a été dit au décret 141 (p. 38), et, pour le reste: S.C.Orient., *Monitum* [2 avril 1928]—*AAS*, XX (1928), 107; décrets, 7 janv. 1930—*AAS*, XXII (1930), 106-108, 108-110; *Monitum*, 20 juin 1937—*AAS*, XXIX (1937), 342-343.

§4.—De l'administration des biens ecclésiastiques

Il n'y a pas de droit particulier dans les trois premiers décrets (**639-641**) résumant les droits et devoirs des Évêques [18],des curés [19] et des autres administrateurs [20] des biens ecclésiastigues.

Le décret **642** est contenu aux canons 1530-1533 [21], le décret **643** aux canons 1520, 1523 et 1529 [22].

À propos des inventaires, le décret **644** non plus ne semble pas aller plus loin que le Code, aux canons 1522-1523 et 1525 [23]. Même l'obligation de reviser l'inventaire chaque année pour y ajouter les biens acquis et les charges encourues pendant l'année, il semble qu'on y satisfait au canon **1525**, dans le rapport financier annuel.

Dans les trois autres décrets (**645-647**) [24] il n'y a qu'un point particulier sur lequel on attire l'atetntion des curés: les archives paroissiales doivent être tenues à l'abri du vol, de l'incendie et de toute corruption [25].

---

[18] Canons 1519, 1357 et 1359, 1483, 1521, etc.

Le terme administrateur *suprême* pourrait être discuté. On entend ici, évidemment, suprême en regard des autres administrateurs de biens ecclésiastiques dans le diocèse, mais non pas absolument comme dans le canon 1518 à propos du Souverain Pontife; et encore en 1919 la S. Rote attribuait à l'Évêque le titre de « suprême administrateur des biens ecclésiastiques de son diocèse » (Causa S. Angeli de Lombardis (Cattani Amadori), 28 fév. 1919)—*AAS*, XII (1919), 90). Mais l'expression semble trop forte, en raison de l'absolu qu'elle comporte; et le premier devoir de l'Évêque, au sujet des biens ecclésiastiques, est un devoir de surveillance (can. 1519, §1). Voir sur le sujet: Bernier, *De Patrimonio paroeciali*, p. 128-132.

[19] Canons 1182-1186, 1476-1478, 1521-1529, etc.

[20] Canons 532-535, 1357, 1359, 1525, etc.

[21] Cf. can. 1547. Voir les commentateurs de ces canons: Wernz-Vidal, *Ius Canonicum*, IV, II pars, 228-229; Vermeersch, *Epitome Iuris canonici*, II, 528.

[22] Il ne s'agit pas dans le décret des provinces ecclésiastiques, mais civiles, dont chacune a son code civil.

[23] Cf. canons 1301, 1483.

[24] Le décret 645 se trouve aux canons 1476, 1527, 1530-1533; et les décrets 646-647 aux canons 375-378, 383, 470.

[25] Décret 647. Le canon 470 dit simplement « . . . *religiose caveat ne ad extraneorum manus perveniant* »; mais le canon parallèle, 375, dit que les archives épiscopales doivent être dans un lieu sûr: ceci comprend toutes précautions contre la perte et la destruction des documents (vol, incendie, humidité, etc). Pour satisfaire à ce point dans les archives paroissiales, le Concile suggère les coffres-forts. De plus, le canon 1523, n. 3, à propos des biens ecclésiastiques oblige aussi à les tenir en lieu sûr.

§5.—De l'aliénation des biens ecclésiastiques

Le Code précise le décret **648** aux canons 533-534, 1530-1534 (cf. 1281), 1476, 1527, 2345-2346; quant au décret **649** il est compris au canon 1523.

QUATRIÈME PARTIE

DES JUGEMENTS

CHAPITRE SEIZIÈME

DES JUGEMENTS ECCLÉSIASTIQUES

Une étude détaillée de cette dernière partie dépasserait, semble-t-il, le but pratique que cette dissertation s'est imposé [1] et ne serait d'aucune utilité immédiate. Les membres des tribunaux ecclésiastiques sont des spécialistes en la matière, pour qui un commentaire du Concile à ce sujet n'aurait qu'un intérêt historique.

Cette quatrième partie ne contient d'ailleurs aucune disposition particulière spécifiquement conciliaire: elle n'est qu'un résumé des Instructions du Saint-Siège.

Que suffise un renvoi général au Livre V du Code, puis aux principales Instructions parues depuis: « *Provida Mater* » [2]; « *Regulae servandae in processibus super matrimonio rato et non consummato* » [3]; « *Regulae servandae in processibus super nullitate sacrae Ordinationis* » [4]; qui ont remplacé la quatrième partie du Concile.

---

[1] Voir plus haut, *Avant-propos* p. XIII-XIV,

[2] S.C. des Sacrements, 9 août 1936—*AAS*, XXVIII (1936), 313-361; et les Appendices à cette Instruction, *ibidem*, p. 362-370.

[3] S.C. des Sacrements, 7 mai 1923—*AAS*, XV (1923), 389-413 (*Appendice*, p. 414-436). Cf. aussi l'Instruction pour prévenir les substitutions de personnes (*AAS*, XXI (1929), 490-493.

[4] S.C. des Sacrements, 9 juin 1931—*AAS*, XXIII (1931), 457-473, et Appendice, *ibidem*, p. 473-492.

CONCLUSION

Les Pères et théologiens du Concile Plénier s'étaient donné comme but non seulement de rechercher et de définir des moyens particuliers d'accroître la foi, de corriger les mœurs, de réprimer les abus et d'unifier la discipline ecclésiastique [1]; ils voulaient en même temps fournir aux prêtres, et aux curés particulièrement, un traité assez complet de théologie pastorale. Tout le long de cette étude [2], on aura remarqué cet aspect pastoral sous lequel les questions sont traitées: la partie dogmatique, rappelant à grands traits les vérités de foi, nous semble là pour préparer les mises en garde qui suivent, contre les erreurs modernes, autant que pour rester dans la tradition des Conciles, offrant toujours ces canons préliminaires sur la Doctrine de foi [3]; sur les Personnes et les Choses, les décrets particuliers apparaissent comme noyés dans le droit commun, canonique ou liturgique, dans les avertissements, les exhortations et les vœux [4]. Tout ceci s'explique et se justifie à la pensée que les Pères ont voulu donner particulièrement aux curés un code pratique et assez complet, avant et en attendant le Code. Ils y ont admirablement réussi [5].

---

[1] Canon 290.

[2] Nous l'avons souvent souligné en passant.

[3] Cette tradition trouve bien sa justification dans l'histoire ecclésiastique, mais depuis la parution du Pontifical Romain, et depuis le Code, la profession de foi vient normalement dans les *Actes* plutôt que dans les *Décrets* des conciles particuliers. Les cérémonies du concile comprenant la profession solennelle de foi (*Caeremoniale Episcoporum*, Lib. I, cap. XXXI; *Pontificale Romanum, Ordo ad Synodum*), tandis que le canon 290 confie simplement aux conciles particuliers d'étudier et de décréter ce qui parait plus utile à l'accroissement de la foi dans telle région. Et donc les décrets conciliaires doivent porter plutôt sur les moyens de conserver et d'augmenter la foi des fidèles, tandis que la profession de foi des Pères du concile entre normalement dans les Actes du concile, en signe de communion avec le Saint-Siège.

[4] Les vœux exprimés dans le Concile n'ont pas retenu ordinairement notre attention, parce qu'ils ne sont pas juridiques; ils sont une imperfection dans un recueil de lois comme tel, mais on en trouve même dans le Code (canons 1262, 1345, 1380), et Van Hove (*Prolegomena*, p. 345) les justifie comme suit: « ipsa forma hortatoria effectum iuridicum habere potest, quatenus in certis casibus conceditur Episcopo potestas imponendi illud quod Codex suadet.» On peut en dire autant des conciles, et de fait, les vœux du Concile sont souvent devenus par la suite lois diocésaines.

[5] L'aspect strictement juridique de ce travail ne nous a pas permis d'exprimer jusqu'ici notre profonde vénération et admiration pour les travailleurs du Concile; et pourtant il nous tardait de le faire, et nous le faisons ici avec la plus grande sincérité.

Mais le Code attendu est paru peu après le Concile, faisant au droit commun d'importantes retouches comportant certaines répercussions dans le droit particulier. À tel point que s'il s'agit d'un décret conciliaire rapportant le droit commun, il serait imprudent d'y recourir plutôt qu'au Code: les principales variantes entre le droit antérieur et le droit actuel ont été ordinairement indiquées au cours de ce commentaire, mais il est une infinité de nuances et de distinctions entre les deux droits qui fait que l'ancien droit ne doit servir, la plupart du temps, qu'à interpréter le nouveau. Et donc, ce qui est dans le Code, il faut toujours le prendre dans le Code.

Quant au droit particulier, voici donc la liste des principales lois [6] encore en vigueur, avec une appréciation de leur force respective [7].

L'astérisque (*) indiquera une simple présomption établie par le Concile, mais que les Ordinaires restent libres d'abolir; elle marquera aussi les décrets dont les Ordinaires peuvent disposer plus facilement qu'aux termes du canon 291, §2, soit à cause du caractère de ces décrets n'admettant pas de « cas particuliers » [8], soit à cause de la liberté que leur en laisse le Concile ou que leur en donne le Code.

Décrets **70.**—Obligeant les Vicaires Forains et les Ministres de la Curie à émettre la profession de foi après leur nomination;

104.—Obligeant les Évêques à faire leur testament dans les trois mois qui suivent leur consécration et à en confier le double à une autre personne;

---

[6] Nous disons *principales* pour ne pas rapporter ici, par exemple tous les décrets qui sont des vœux, des considérations plutôt pastorales, ou morales plutôt que des dispositions canoniques. Parmi les plus forts des décrets ainsi laissés de côté citons toutefois: 34, 78, 138, 145*b*, 164, 167, 178, 194, 280, 287, 290, 293, 299*b*, 302, 306, 321, 323*c*, 324, 330, 339, 349, 370, 461, 526, 546, 549, 552, 588, 596, 600, 603, 633, 635, 636, 647.

[7] On trouve au commentaire de chacun des décrets la raison spéciale qui affaiblit tel décret.

[8] Ainsi le décret 484 ne peut admettre dispense dans les cas particuliers.

L'Ordinaire en cette occurence ne dispense toutefois pas; mais un décret épiscopal contraire à la loi conciliaire peut équivaloir à une déclaration doctrinale indiquant que telle loi conciliaire manque désormais sa fin, qu'elle a perdu d'elle-même sa vigueur en devenant nuisible plutôt qu'utile à la communauté, qu'elle n'a plus raison de loi, *ordinatio rationis ad bonum commune*.

119.—Obligeant les Chanoines à prêter un serment d'office analogue à celui des membres de la Curie;

120.—Fixant un minimum de quatre réunions annuelles du Chapitre;

122*b*.—Obligeant le Chapitre à notifier le Délégué Apostolique et les Évêques de la Province et de la mort de l'Évêque et de l'élection du Vicaire Capitulaire;

130.—Obligeant les curés à faire annuellement la visite paroissiale, et à faire signer les actes des registres par qui de droit;

136.—Obligeant les vicaires à la loi de la résidence;

151*a*.—Déterminant une probation triennale dans le diocèse d'adoption, devant précéder l'excardination-incardination des prêtres;

155.—Demandant des formules uniformes d'excardination et d'incardination des prêtres;

168.—Obligeant les élèves des Petits Séminaires à s'exercer aux cérémonies sacrées et au chant grégorien;

169.—Déterminant certaines matières à enseigner dans les Petits Séminaires: histoire, géographie, mathématiques, sciences naturelles, tenue des livres;

173.—Prohibant l'emploi des séminaristes comme professeurs ou surveillants, pendant le Grand Séminaire;

175.—Exigeant la demande *écrite* pour l'admission au Grand Séminaire et une déclaration au sujet de la possibilité d'être ordonné à titre de patrimoine;

177.—Spécifiant que le règlement journalier du Grand Séminaire doit comporter la visite au Saint-Sacrement et la récitation du rosaire;

179.—Imposant aux séminaristes l'étude des langues nécessaires au ministère sacré, et la pratique du chant collectif aux exercices qui ont lieu dans leur chapelle;

183.—Obligeant les maîtres des séminaristes à se réunir deux fois l'an pour discuter de la vocation de chacun des séminaristes, et à en faire rapport à l'Évêque;

184.—Exigeant que les séminaristes subissent des examens deux ou trois fois l'an, et qu'on tienne registre des résultats de chacun;

185.—Statuant que les séminaristes ne doivent pas travailler à gages pendant les vacances, et que leur curé doit faire rapport sur leur conduite, à la fin des vacances;

***197.**—Fixant le terme et l'objet des examens des jeunes prêtres: quatre ans; Écriture Sainte, Théologie dogmatique et morale, Droit canonique, histoire sainte;

***199.**—Fixant certaines matières à discuter en conférences théologiques: Écriture Sainte, Théologie morale ou Droit canonique;

***200.**—Fixant le mode selon lequel doivent se tenir ces conférences théologiques;

210.—Obligeant les prêtres à avoir sous la main et à étudier les décrets conciliaires;

211.—Déterminant certains exercices de piété des prêtres: oraison mentale quotidienne d'une demi-heure, célébration quotidienne de la messe, lecture spirituelle quotidienne, confession hebdomadaire, exercercices fréquents du Chemin de la Croix;

212.—Déterminant que les prêtres doivent faire chaque année (ou du moins tous les deux ans) une retraite commune;

214.—Obligeant tous les prêtres à faire leur testament (et à le revoir chaque année) puis à le confier à une personne digne de foi;

***215.**—Obligeant les prêtres à porter la soutane ou du moins la soutanelle ou habit long;

218.—Déterminant diverses précautions que les prêtres doivent prendre à l'égard des femmes;

226.—Défendant aux clercs de poursuivre les laïcs en cour civile, du moins au sujet de dettes à l'Église;

233.—Défendant aux clercs de s'immiscer dans les questions politiques;

*263.—Soustrayant à la juridiction des curés les personnes morales collégiales ayant leur chapelain;

264c.—Exigeant une permission *écrite* de l'Ordinaire pour l'érection des maisons religieuses de droit diocésain;

266.—Imposant certaines règles concernant l'observance de la clôture dans les communautés de femmes;

305*b*.—Exigeant l'érection d'une chaire de Droit public de l'Église dans les universités, et que les étudiants en Droit subissent en cette matière comme dans les autres les examens accoutumés;

307.—Prohibant la fréquentation des universités hétérodoxes;

308.—Exigeant que les étudiants catholiques dispensés de la loi précédente soient confiés à la vigilance et direction d'un prêtre déterminé;

319.—Confiant aux vicaires une part dans le ministère de la prédication;

*327.—Demandant aux Ordinaires d'accorder des pouvoirs étendus aux confesseurs pendant les missions populaires;

328.—Conditionnant la vente des livres et des objets pieux à l'occasion des missions;

329.—Déterminant que chaque année doit avoir lieu une retraite paroissiale, du moins une recollection;

334.—Urgeant la nomination d'aumôniers spéciaux pour les immigrants, du moins dans les grandes villes;

338.—Obligeant les curés à organiser des bibliothèques paroissiales;

362.—Déterminant que les catholiques membres de sociétés défendues doivent obtenir du Délégué Apostolique une autorisation spéciale pour rester inscrits dans ces sociétés;

366.—Réservant au collège des Archevêques la condamnation des sociétés suspectes;

***372.**—Établissant un règlement pour les pèlerinages, et accordant juridiction au Directeur;

***378.**—Demandant aux Ordinaires de consulter un censeur avant d'approuver des prières ou dévotions publiques;

400.—Faisant sienne la loi civile prohibant la contrebande, la vente et la fabrication des liqueurs enivrantes;

403.—Défendant d'ouvrir les tavernes les dimanches et jours de fêtes;

466.—Obligeant les confirmands à se présenter avec un billet d'idoneité signé par le curé ou le vicaire;

482.—Annulant la réserve des péchés dans les cas d'ignorance de cette réserve;

***484.**—Accordant aux prêtres déjà approuvés pour les confessions dans leur diocèse juridiction pour entendre dans tout le Canada les confessions des prêtres et de leurs familiers ;

494.—Fixant à un minimum de deux cents dollars ($200.00) le revenu annuel légitimant l'ordination au titre de patrimoine;

524.—Statuant que les actes des mariages, aux registres, doivent être signés par les nouveaux époux et les témoins;

525.—Statuant qu'un avis de mariage doit être envoyé aux curés propres des époux qui se sont mariés en dehors de leur paroisse;

***529.**—Exigeant des futurs époux voulant contracter un mariage mixte la promesse de ne pas se présenter devant un ministre hérétique;

***534.**—Établissant la présomption que mention expresse de ce cas doit être faite dans ses *facultés* pour qu'un prêtre puisse absoudre de la censure encourue par un mariage devant ministre non catholique; et obligeant les curés à prêcher deux fois l'an sur les empêchements de mariage;

544.—Prohibant les amusements publics non gratuits les dimanches et jours de fêtes;

561.—Donnant comme seuls cérémoniaux à suivre, les ouvrages de *Le Vavasseur* et de *Victorius ab Appeltern;*

575.—Urgeant la pratique du *mois du Rosaire*, et l'érection des Confréries du S. Rosaire;

597.—Déterminant certaines précautions et assurances à prendre contre les incendies des édifices ecclésiastiques;

620.—Établissant la quête annuelle, ordinairement appelée *denier de Saint-Pierre;*

627*b*.—Prohibant un mode de constituer le salaire des prêtres: quêtes ou oblations non stables;

636.—Exigeant la permission écrite de l'Ordinaire pour organiser des amusements taxés au profit des œuvres pies, et demandant aux catholiques de ne point prendre part aux organisations similaires non catholiques;

637.—Prohibant les quêtes par revues et journaux, et avec promesses de messes pour les bienfaiteurs.

Les Évêques canadiens eux-mêmes, on l'a remarqué dans la liste, sont le sujet passif de plusieurs de ces décrets[9]; les décrets 199, 120 et 122*b* trouveraient normalement leur place dans les Statuts Capitulaires; mais les autres doivent faire l'objet spécial de l'étude des Commissions présynodales. Dans cette dernière catégorie un bon nombre de décrets laissent place à une législation diocésaine plus déterminée [10], et il faut en tenir compte dans la préparation des lois synodales.

---

[9] Décrets 104, 148, 155, 168, 169, 173, 177, 179, 183, 184, 305*b*, 334, 366, 378.
Les décrets 177, 179, 183, 184 et 305*b* règlent, il est vrai, la régie interne des Séminaires et des Universités, mais la responsabilité en retombe en définitive, sur les Évêques, selon le Code (canon 1357).

[10] Voir les décrets 136, 197, 199, 200, 212, 214, 215, 218, 226, 233, 263, 266, 308, 319, 327, 328, 329, 334, 338, etc.

D'ailleurs, les autres décrets conciliaires, non contenus dans cette liste, et plus particulièrement ceux que l'on trouve énumérés plus haut (p. 150), doivent aussi entrer en considération dans la préparation des synodes.

Enfin, à part les lois formelles, il y a dans le Concile tant de théologie pastorale, de conseils, de mises en garde et de vœux commandant notre respect, que de ce seul fait se trouverait encore justifié le décret 210: « Que tous les prêtres en aient sous la main un exemplaire et en fassent l'objet de leur étude ».

BIBLIOGRAPHIE *

Sources

Archives de l'Archevêché de Québec.

I.—Sources de droit ecclésiastique universel:—

Acta Apostolicae Sedis, Commentarium Officiale, Romae—Typ. Pol. Vatican., 1909 —.

Acta Sanctae Sedis, 41 v., Romae, 1865-1908.

Caeremoniale Episcoporum, Clementis VIII, Innocentii X et Benedicti XIII jussu editum, Benedicti XIV et Leonis XIII Auctoritate recognitum, Mechliniae: Dessain [1906].

Canones et Decreta Sacrosancti Oecumenici Concilii Tridentini sub Paulo III, Julio III et Pio IV Pontificibus Maximis, cum appendice Theologiae Candidatis perutili, Taurini: Marietti, 1913.

Catechismus Romanus, ex decreto Concilii Tridentini ad parochos, Pii V Pontificis Maximi jussu editi, 4 ed., Ratisbonae . . . : Pustet, MDCCCCVII.

Codex Iuris Canonici, Pii X Pontificis Maximi iussu digestus, Benedicti Papae XV auctoritate promulgatus, Romae: Typis Polyglottis Vaticanis, 1917.

Codex Iuris Canonici, Pii X Pontificis Maximi iussu digestus, Benedicti Papae XV auctoritate promulgatus, praefatione, fontium annotatione et indice analytico-alphabetico ab Emo Petro Card. Gasparri auctus, 9 v., Romae [—Civitate Vaticana]: Typis Polyglottis Vaticanis, 1917. Reimpressio, 1930.

Codicis Iuris Canonici Fontes, cura Em. Petri Card. Gasparri [v. I-IV, et] *Emi Iustiniani Card. Serédi* [v. VII-IX] *editi*, 9 v., Romae [—Civitate Vaticana]: Typis polyglottis Vaticanis, 1923-1939.

Corpus Iuris Canonici, ed. Lipsiensis 2, post Aemilii Ludovici Richteri curas instruxit Aemilius Friedberg, 2 v., Lipsiae: Ex officina Berhardi Tauchnitz, 1879-1881. Editio anastatice repetita, Tauchnitz, 1922.

Decreta Authentica Congregationis Sacrorum Rituum, 5 v. et 2 app., Romae, 1898-1927.

Enchiridion Clericorum, Documenta Ecclesiae Sacrorum Alumnis instituendis, [Civitate Vaticana:] Typis Polyglottis Vaticanis, MCMXXXVIII.

Index Librorum prohibitorum, SS. mi D.N. Pii PP. XI iussu editus, [Civitate Vaticana:] Typis Polyglottis Vaticanis, 1938.

Memoriale Rituum pro aliquibus praestantioribus sacris functionibus persolvendis in minoribus ecclesiis, Benedicti XIII Pont. Max. jussu editum, Benedicti Papae XV auctoritate recognitum, Romae et Ratisbonae: Pustet, 1920.

Missale Romanum, ex decreto Sacrosancti Concillii Tridentini restitutum, S. Pii V Pontificis Maximi jussu editum, aliorumque Pontificum cura recognitum, Pii Papae X auctoriate reformatum, Romae-Tornaci-Parisiis: Desclée, 1939.

Ordinamento dei Seminari, S. Congregazione dei Seminari e delle Università degli Studi, Romae: Tipografia poliglotta Vaticana, 1920.

---

* Cette bibliographie n'est qu'une liste et une description des sources et ouvrages déjà mentionnés dans ce travail.

Pontificale Romanum, Summorum Pontificum jussu editum, a Benedicto XIV et Leo XIII Pontificibus Maximis recognitum et castigatum, Mechliniae: Dessain [1895].

Preces et Pia Opera in favorem omnium christifidelium vel quorumdam coetuum personarum indulgentiis ditata et opportune recognita, [Civitate Vaticana:] Typis Polyglottis Vaticanis, 1938.

Rituale Romanum, Pauli V Pontificis Maximi jussu editum aliorumque Pontificum cura recognitum, atque auctoritate SSmi D.N. Pii Papae XI ad normam Codicis juris canonici accomodatum, Taurini-Romae: Marietti, 1926.

Rituale Romanum, Pauli V Pontificis Maximi jussu editum et a Benedicto XIV auctum et castigatum . . ., Baltimori [*ae*] 1873.

S. Romanae Rotae Decisiones seu Sententiae (1909—), Romae [—Civitate Vaticana]: Typis Polyglottis Vaticanis, 1912—.

II.—Sources de droit ecclésiastique conciliaire:—

Acta et Decreta Concilii Plenarii Americae Latinae in Urbe celebrati anno Domini MDCCCXCIX Romae: Typis Vaticanis, 1902.

Acta et Decreta Concilii Plenarii Baltimorensis Tertii, Baltimorae, 1886.

Acta et Decreta Concilii Plenarii Quebecensis Primi [Pro Manuscripto], Quebeci, 1909.

Acta et Decreta Concilii Plenarii Quebecensis Primi, anno Domini MCMIX, Quebeci, 1912.

Acta et Decreta Concilii Provincialis Marianopolitani Primi A.D. MDCCCXCV, praeside Illmo et Rmo Eduardo Carolo Fabre Archiepiscopo Marianopolitano, Marianopoli, 1901.

Acta et Decreta Concilii Provincialis Torontini secundi, Toronti in Ecclesia Metropolitana celebrati diebus XIII, XIV, XV Decembris MCMXXXVIII, [? , 1940].

Acta et Decreta Quinti Concilii Provinciae Quebecensis in Quebecensi civitate anno Domini MDCCCLXXIII celebrati, a Sancta Sede revisa et recognita, Quebeci, 1875.

Acta et Decreta Sacrorum Conciliorum recentiorum, Collectio Lacensis, Auctoribus Presbyteris S. J. e domo B.M.V. sine Labe Conceptae ad Lacum, 7 v., Friburgi Brisgoviae, 1870-1892.

Acta et Decreta Septimi Concilii Provinciae Quebecensis in Quebencensi civitate anno Domini MDCCCLXXXVI celebrati, a Sancta Sede revisa et recognita, Quebeci, 1888.

Acta et Decreta Sexti Concilii Provinciae Quebecensis in Quebecensi civitate anno Domini MDCCCLXXVIII celebrati, a Sancta Sede revisa et recognita, Quebeci, 1882.

Appeltern, Victorinus ab—, *Manuale Liturgicum juxta novissiman rubricarum reformationem et recentissima SS. Rituum Congregationis decreta*, 2 v., Mechliniae [1901].

Appendice au Compendium du Rituel Romain, à l'usage des diocèses de la province ecclésiastique de Québec, publié par l'ordre et avec l'approbation de NN. SS. l'Archevêque et les Évêques de la province de Québec, Québec, 1853.

Appendice au Rituel Romain, à l'usage de la province ecclésiastique de Québec, publié avec l'ordre et avec l'approbation de NN. SS. l'Archevêque et les Évêques de la province ecclésiastique de Québec, Québec, 1874.

Appendice au Rituel Romain, à l'usage des provinces ecclésiastiques de Québec, Montréal, Ottawa, publié par l'ordre et avec l'approbation de NN. SS. les Archevêques et Évêques de ces provinces, Québec, 1890.

Appendice au Rituel Romain, réédité par ordre des Pères du Premier Concile Plénier de Québec, Québec: L'Action Sociale Ltée, 1919.

Cérémonial du Premier Concile Plénier du Canada ouvert solennellement à Québec le 19 *septembre* 1909, Québec, 1909.

Compendium Ritualis Romani ad usum Dioecesium Provinciae Quebecensis, jussu Concilii Provincialis Quebecensis I editum, Quebeci, 1853.

Concilia Provinciae Quebecensis I, II, III, IV, in Quebecensi civitate celebrata, et a Sancta Sede revisa et recognita, Quebeci, 1870.

Concilii Plenarii Baltimorensis Secundi Acta et Decreta, Baltimorae, 1868.

Concilii Provincialis Kingstoniensis Primi Acta et Decreta, Kingstoniae in Ecclesia Metropolitana celebrati, Diebus VI, VII, VIII, Decembris MCMXXXVIII [?, 1940].

Concilium Plenarium Quebecense Primum, Congregationum synodalium relationes, Quebeci, 1909.

Concilium Plenarium Quebecense Primum, Relatio amplior Congregationum particularium Patrum Concilii, Quebeci, 1909.

Concilium Romanum, in Sacrosancta Basilica Lateranensi celebratum anno Universalis Jubilaei . . . Se trouve dans *Acta et Decreta Sacrorum Conciliorum recentiorum, Collectio Lacensis*, I, 341-466.

Haegy, Joseph, voir: Le Vavasseur, et Stercky.

Le Vavasseur [Léon], *Cérémonial selon le Rit Romain, d'après Baldeschi et Favrel*, 6 éd., 2 v., Paris, 1882.

————*Les Fonctions pontificales selon le rit romain*, 3 éd. revue et augmentée par le R. P. Haegy, 2 v., Paris, 1904.

Manuale Practicum Concilii Plenarii Canadensis Primi, Quebeci, 1909.

Schemata Decretorum Conc. Plen. Quebec. I, Theologorum Examini proposita [Pro manuscripto, Quebeci, 1909].

Stercky, Louis, *Manuel de liturgie et Cérémonial selon le Rit romain, par les PP. Léon Le Vavasseur et Joseph Haegy*, 16 éd. revue et mise à jour par le P. Louis Stercky, 2 v., Paris: Librairie Lecoffre, 1935.

Victorinus ab Appeltern, voir Appeltern, Victorinus ab.

III.—Sources de droit ecclésiastique diocésain:—

Acta et Decreta Synodi Dioecesanae Quebecensis (post promulgatum Codicem Iuris canonici secundae), Emo ac Revmo Ioanne Maria Roderico Cardinali Villeneuve, Archiepiscopo Quebecensi convocante ac praeside, anno 1940 *Quebeci celebratae*, Quebeci: Cancellaria Curiae Metropolitanae, 1940.

Constitutiones Dioecesis Antigonicensis, quae in Synodo dioecesana Antigonicensi prima, in Ecclesia Cathedrali S. Niniani die nono et decimo mensis Augusti A.D. 1921 *celebrata a Reverendissimo Jacobo Morrison, Episcopo Antigonicensi, latae et promulgatae fuerunt* Quebeci: L'Action Sociale Limitée, 1921.

Constitutiones Dioecesis Sancti Joannis in America, quae in Synodo Dioecesana Prima, die 30*a Novembris* 1920 *habita in Ecclesia Cathedrali Immaculatae Conceptionis, a Reverendissimo Eduardo Alfrido Le Blanc, Episcopo Sancti Joannis in America, latae et promulgatae fuerunt*, Quebeci: L'Action Sociale Limitée, 1921.

Constitutions synodales du diocèse de Montréal, publiées et promulguées par Son Excellence Révérendissime Monseigneur Georges Gauthier, Archevêque titulaire de Tarona, Coadjuteur cum futura successione *de Montréal, en la fête de la Présentation de la Très Sainte Vierge, le* 21 *novembre* 1938, Archevêché de Montréal, 1938.

Constitutions synodales du diocèse de Saint-Boniface, publiées et promulguées par Son Excellence Révérendissime Monseigneur Emile Yelle, P.S.S., Archevêque titulaire d'Arcadiopolis, Coadjuteur cum futura successione *de Saint-Boniface, en la fête de l'Immaculée Conception de la Bienheureuse Vierge Marie*, Archevêché de Saint-Boniface, 1939.

Desrochers, Bruno, *Cérémonial de la Visite pastorale*, Québec: Éditions de la Commission des Cérémonies liturgiques, 1938.

——— *Cérémonial des Ministres Sacrés*, Québec: Les Éditions de la Commission des Cérémonies liturgiques [1938].

Discipline du Diocèse de Québec, par Monseigneur E. A. Taschereau, Archevêque de Québec, Québec, 1879.

Discipline diocésaine, publiée par l'autorité de S. Em. le Cardinal Villeneuve, O.M.I., Archevêque de Québec, Québec: L'Action Catholique, 1937.

Ecclesiae Sancti Hyacinthi duodecima Synodus, ab Illustrissimo ac Reverendissimo Domino Fabiano Zoello Decelles, Episcopo Sancti Hyacinthi, diebus 20-21-22 *Maii A.D. MCMXXX celebrata*, Sancti Hyacinthi: Le Courrier de Saint-Hyacinthe, 1930.

Extract from the Quebec Ritual, containing the administration of the sacraments, the benedictions, the order of the episcopal visitation of parishes, and also the form of several acts to be drawn up by the curates, &c, which is to be annexed to the book intitled Formulas extracted from the Quebec Ritual for announcing feasts, solennities, &c, published at Quebec, by authority, in the year 1830, *compiled by order of His Lordship the bishop of Quebec*, Quebec, 1836.

Extraits du Rituel de Québec, contenant l'administration des sacrements de baptême, de la Confirmation, de la Pénitence, de l'Eucharistie, de l'Extrême-Onction et de Mariage, et aussi les bénédictions et diverses formules d'actes, publié par l'ordre de Monseigneur l'Évêque de Québec, Québec, 1836.

Formules des annonces des fêtes et des solennités, qui doivent être faites au prône des églises de Québec, publiées par l'ordre et avec l'approbation de Monseigneur l'Archevêque de Québec, Québec, 1849.

Frenette, Irénée, *Cérémonial du Synode diocésain*, Québec: Éditions de la Commission des Cérémonies liturgiques, 1940.

Mandements, Lettres pastorales et Circulaires des Évêques de Québec [1659—], Québec: Côté et Cie-Chancellerie de l'Archevêché, 1887—.

Prima Synodus dioecesana, praeside Ill. mo ac Rev. mo Josepho Henrico Prud'Homme, episcopo Principis-Alberti et Saskatoonensis, anno 1927, *Principis Alberti habita*, Neapoli: Ex Typis Pontificiis Michaelis d'Auria, 1927.

Recueil d'ordonnances synodales et épiscopales du diocèse de Québec, publié par Monseigneur l'Administrateur du diocèse, Québec, 1859. (2 éd.: Québec, 1865.)

Rituel du Diocèse de Québec, publié par l'ordre de Monseigneur l'Évêque de Québec, Paris, 1703.

Statuts, Ordonnances et Lettres pastorales de Monseigneur de Saint-Vallier, Évêque de Québec, pour le règlement de son diocèse, Paris, 1703.

Statuts publiés dans le premier Synode, tenu à Québec le 9 *novembre* 1690. Se trouvent dans *Statuts et Ordonnances*, p. 16-20, et dans *MEQ*, I, 270-274.

Statuts publiés dans le quatrième Synode, tenu à Québec le 8 *octobre* 1700. Se trouvent dans *Statuts et Ordonnances*, p. 79-88, et dans *MEQ*, I, 390-398.

Statuts publiés dans le second Synode, tenu à Ville-Marie le 10 *et* 11 *de mars de l'année* 1694. Se trouvent dans *Statuts et Ordonnances*, p. 43-50, et dans *MEQ*, I, 316-322.

Statuts publiés dans le troisième Synode, tenu à Québec le vingt-sept février de l'année 1698. Se trouvent dans *Statuts et Ordonnances*, p. 68-78, et dans *MEQ*, I, 368-377.

Synodus dioecesana, praeside E. mo Card. Ludovico Nazario Bégin, Archiepiscopo Quebecensi, anno 1923, *Quebeci habita*, Quebeci: L'Action Sociale Limitée, 1923.

Synodus dioecesana Prima, die XIX mensis Maii anno Domini MCMXXXVII in ecclesia Cathedrali Metropolitana in honorem Beatae Mariae Virginis sub titulo sacratissimi Rosarii Deo dicata, Vancuveriae celebrata, praeside Excellentissimo ac Revendissimo Domino Gulielmo Duke, Archiepiscopo Vancuveriensi [Vancuveriae: ?, 1937].

IV.—Sources de droit civil:—

Code Civil de la Province de Québec, annoté et mis à date par René Deguire, LL.L., avocat au Barreau de Montréal, 7 éd., Montréal: Wilson et Lafleur, 1941.

Code Criminel du Canada, comprenant les modifications depuis 1907, *édité sous la direction de Antoine Rivard*, C.R., Collection de Lamirande, Montréal: Les éditions légales de Lamirande, 1939.

Édits, Ordonnances royaux, déclarations et arrêts du Conseil d'état du roi concernant le Canada, revus et corrigés d'après les pièces originales déposées aux Archives Provinciales, [vol. II:] *Arrêts et règlements du Conseil Supérieur de Québec et Ordonnances et Jugements des Intendants du Canada*, [vol. III:] *Compléments des Ordonnances et Jugements des Gouverneurs et Intendants du Canada, précédé des Commissions des dits Gouverneurs et Intendants et des différents Officiers Civils et de Justice, avec une table alphabétique de toutes les matières contenues tant dans ce volume que dans les deux volumes précédents*, Québec, 1854-1856.

Statuts Refondus de la Province de Québec, 1909, 4 v., Québec: Charles Pageau, 1909.

Statuts refondus de la Province de Québec, 1925, 5. v., Québec: Ls. A. Proulx, 1925.

Statuts revisés du Canada, 1927, 5 v., Ottawa: Frederick Albert Acland, 1927-1928.

AUTEURS

Augustine, Chas., *A Commentary on the new Code of Canon Law*, 8 v., v. II, 6. ed., St. Louis, Mo: Herder Book Co., 1936.

Barrett, John D., *A Comparative Study of the Councils of Baltimore and the Code of Canon Law*, The Catholic University of America Canon Law Studies, n. 83, Washington, D.C.: The Catholic University of America, 1932.

——— *The Councils of Baltimore and the Code*, A dissertation submitted to the Faculty of the School of Canon Law of the Catholic University of America in partial fulfilment of the Requirements for the Degree of Licentiate in Canon Law [Manuscript], Washington, 1926.

Bastnagel, Clement Vincent, *The Appointments of Parochial Adjutants and Assistants*, The Catholic University of America Canon Law Studies, n. 58, Washington, D.C.: The Catholic University of America, 1930.

Benoît XIV, *De Synodo Dioecesana*, Romae, 1748.

Bernier, Paulus, *De Patrimonio paroeciali*, Dissertatio ad Lauream in iure canonico consequendam, Quebeci, 1938.

Beste, Uldaricus, *Introductio in Codicem*, Collegeville, Minn.: St. John's Abbey Press [1938].

Blat, Albertus, *Commentarium textus Codicis Iuris Canonici*, 6 v. in 7 (v. II et IV, 2. ed.; v. III, 3. ed.), Romae: Typ. Pont. in Instituto Pii IX—Institutum Pontificium Internationale « Angelicum », 1921-1934.

Bouix, D., *Tractatus de Concilio Provinciali*, 2. ed., Parisiis-Lugduni, 1862.

——— *Tractatus de Episcopo, ubi et de Synodo dioecesana*, 2 v., Parisiis, 1859.

——— *Tractatus de Parocho*, Parisiis, 1855.

Bouscaren, T. Lincoln, *The Canon Law Digest, Officially Published Documents affecting the Code of Canon Law*, 2 v., Supplement—1941, Milwaukee: The Bruce Publishing Company, 1934-1941.

Brunini, Joseph Bernard, *The Clerical Obligations of Canons* 139 *and* 142, The Catholic University of America Canon Law Studies, n. 103, Washington, D.C.: The Catholic University of America, 1937.

Campagna, Angelo, *Il Vicario Generale del Vescovo*, The Catholic University of America Canon Law Studies, n. 66, Washington, D.C.: The Catholic University of America, 1931.

Cance, Adrien, *Le Code de Droit canonique, Commentaire succinct et pratique*, 5 éd., 3 v., Paris: Gabalda et Fils, 1930.

Cappello, F. M., *Tractatus canonico-moralis de Sacramentis*, 3 v. in 6: vol. I, *De Sacramentis in genere, De Baptismo, Confirmatione et Eucharistia*, 3. ed., Romae, 1938; vol. II, pars I, *De Poenitentia*, 3. ed., Romae, 1938; pars II, *De Extrema Unctione*, Romae, 1932; pars III, *De Sacra Ordinatione*, Romae, 1935; vol. III, pars I et pars II, *De Matrimonio*, Romae, 1939.

Capitant, Henri, *Introduction à l'étude du droit civil, Notions générales*, 3 éd., Paris, 1912.

Chelodi, Ioannes, *Ius de Personis iuxta Codicem Iuris canonici*, Tridenti, 1922.

——— (et Dalpiaz, Vigilius), *Ius matrimoniale iuxta Codicem iuris canonici*, 4. ed., Tridenti: A. Ardesi: 1937.

——— (et Dalpiaz, Vigilius), *Ius poenale et Ordo procedendi in iudiciis criminalibus*, 4. ed., Tridenti: A. Ardesi, 1935.

Cimetier, F., *Les Sources du Droit ecclésiastique*, Bibliothèque catholique des sciences religieuses, [Paris:] Bloud et Gay [1930].

Cocchi, Guidus, *Commentarium in Codicem Iuris Canonici, ad usum Scholarum*, 8 v., Taurinorum Augustae: Marietti, 1931-1938.

Commentarium Lovaniense in Codicem Iuris Canonici. Voir: Van Hove.

Coronata, Conte a, P. Matthaeus, *Institutiones iuris canonici ad usum utriusque Cleri et Scholarum*, 5 v., (V. I et II, 2. ed.) Taurini-Romae: Marietti, 1933-1939.

Creusen, Joseph, *Religious Men and Women in the Code*, 3rd English ed. by Adam C. Ellis, Milwaukee: The Bruce Publishing Company [1940].

Dalpiaz, Vigilius, voir Chelodi-Dalpiaz.

Darmanin, P. Augustinus, *De Promissione Matrimoniali ad can.* 1017 *CIC*, Romae: Angelicum, 1931.

De Becker, Julius, *De Sponsalibus et Matrimonio*, 2. ed., Lovanii—New York, 1903.

Desrochers, Bruno, *Le Premier Concile Plénier de Québec, Étude historique*, Dissertation soumise à la Faculté de Droit canonique de *The Catholic University of America* en satisfaction partielle aux exigences de la Licence en Droit canonique [Manuscrit], Washington, D.C., 1941.

Donnelly, Francis B., *The Diocesan Synod*, The Catholic University of America Canon Law Studies, n. 74, Washington, D.C.: The Catholic University of America, 1932.

Eppler, H., *Quelle und Fassung Katholischen Kirchenrechts mit einem Anhang ueber seinem zeitlichen Geltungsbereich*, Zurich, 1928.

Falco, M., *Introduzione allo studio del Codex iuris canonici*, Torino, 1925.

Ferreres, Juan B., *Death, Real and Apparent, in relation to the Sacraments*, translated at St. Louis University from the Third Edition of the Spanish and augmented by new matter, St. Louis, Mo. and Freiburg (Baden), 1906.

Gariépy, C.-N., *Nouveau Code de Droit canonique et Théologie morale*, 2 éd., Québec, 1920.

Gasparri, Petrus, *Tractatus canonicus de Matrimonio*, 2 v., 3. ed., Parisiis, 1904; ed. nova ad mentem codicis I.C., Typis Polyglottis Vaticanis, 1932.

Gignac, Jos.-N., *Compendium Juris Canonici ad usum Cleri canadensis, De Personis*, Quebeci, 1901.

Gosselin, Auguste, *Vie de Mgr de Laval, premier évêque de Québec et apôtre du Canada*, 1622-1708, 2 v., Québec, 1890.

[Icard, Henricus Josephus,] *Praelectiones Juris Canonici habitae in Seminario Sancti Sulpitii*, 3. ed., 3 v., Parisiis, 1886.

Jaeger, Leo A., *The Administration of Vacant and Quasi-vacant Episcopal Sees in the United States*, The Catholic University of America Canon Law Studies, n. 81, Washington, D.C.: The Catholic University of America, 1932.

Keller, Charles Frederick, *Mass Stipends*, St. Louis, Mo.: Herder Book Co., 1926.

Kerin, Charles A., *The Privation of Christian Burial*, The Catholic University of America Canon Law Studies, n. 136, Washington, D.C.: The Catholic University of America Press, 1941.

Kilker, Adrian Jerome, *Extreme Unction*, The Catholic University of America Canon Law Studies, n. 32, Washington, D.C.: The Catholic University of America, 1926.

Klekotka, Peter J., *Diocesan Consultors*, The Catholic University of America Canon Law Studies, n. 8, Washington, D.C.: The Catholic University of America, 1920.

Leech, George Leo, *A Comparative Study of the Constitution « Apostolicae Sedis » and the « Codex Juris Canonici »*, The Catholic University of America Canon Law Studies, n. 15, Washington, D.C.: The Catholic University of America, 1922.

[Lindsay, Lionel,] *Le Premier Concile Plénier de Québec* (10 *septembre—1er novembre* 1909), *Travaux préparatoires, Séances solennelles, Fêtes religieuses et civiques, Allocutions*, Québec, 1910.

Many, S., *Praelectiones de Locis Sacris, nimirum de Ecclesiis, Oratoriis, Altaribus, Coemeteriis et Sepulturis*, Parisiis, 1904.

Maroto, Philippus, *Institutiones Juris Canonici ad norman novi Codicis*, Tom. I, Matriti, 1918.

Meier, Carl, « Provisions for the Pastor affected by penal administrative deprivation » — *The Jurist*, I (1941), 199-209.

McBride, James, *Definition, Origin, Developement and Modes of Incardination and Excardination*, A dissertation submitted to the Faculty of Canon Law of the Catholic University of America in partial fulfilment of the requirements for the Degree of Licentiate in Canon Law [Manuscript], Washington, D.C., 1928.

Melchers, Card. Paulus, *De Canonica Dioecesium Visitatione, cum appendice de Visitatione sacrorum liminum*, Coloniae ad Rhenum, 1893.

Merkelbach, Benedictus Henricus, *Summa Theologiae Moralis ad mentem D. Thomae et ad normam iuris novi*, Tom. I: *De Principiis*, 3. ed., Parisiis: Desclée De Brouwer et Soc. [1938], Tom. II: *De Virtutibus moralibus*, 3. ed., Parisiis: Desclée De Brouwer et Soc. [1938], Tom. III: *De Sacramentis*, 2. ed., Parisiis: Desclée De Brouwer et Soc. [1936].

Michiels, Gommarus, *Normae generales iuris canonici*, 2 v., Lublin, Polonia: Universitas catholica, 1929.

Mignault, P.-B., *Le Droit paroissial*, Montréal, 1893.

Moretti, Aloisius, *Caeremoniale iuxta Ritum Romanum seu de Sacris Functionibus Episcopo celebrante, assistente, absente*, 4 v., Taurini: Marietti, 1936-1939.

Neuberger, Nicholas J., *Canon 6 or The Relation of the Codex Juris Canonici to Preceding Legislation*, The Catholic University of America Canon Law Studies, n. 44, Washington, D.C.: The Catholic University of America, 1927.

Nevin, J., « Power of Plenary Council to reserve sins » — *The Australasian Catholic Record*, VIII (1931), 288-331.

Prümmer, D.M., *Manuale Theologiae Moralis*, 2. et 3. ed., 3 v., Friburgi Brisgoviae.: Herder Co., 1923.

Quigley, Joseph, *Condemned Societies*, The Catholic University of America Canon Law Studies, n. 46, Washington, D.C.: The Catholic University of America, 1927.

Reiffenstuel, Anacletus, *Tractatus de Regulis Juris*, Romae, 1834.

Schaefer, P. Timotheus, *De Religiosis ad normam Codicis iuris canonici*, Romae: S.A.L.E.R. [1940].

Schenk, Francis J., *The Matrimonial Impediments of Mixted Religion and Disparity of Cult*, The Catholic University of America Canon Law Studies, n. 51, Washington, D.C.: The Catholic University of America, 1929.

Slafkosky, Andrew Leonard, *The Canonical Episcopal Visitation of the Diocese*, The Catholic University of America Canon Law Studies, n. 142, Washington, D.C.: The Catholic University of America Press, 1941.

Smith, S. B., *Counter-points in Canon Law*, Newark, N.J., 1879.

——————*The New Procedure in Criminal and disciplinary causes of Ecclesiastics in the United States*, 3. ed., New York, 1898.

Suarez, P. Emmanuele, *De Remotione Parochorum*, Romae: Pontificium Internationale Institutum « Angelicum » de Urbe, 1931.

Ter Haar, Franciscus, *De Matrimoniis Mixtis eorumque remediis*, Taurini-Romae: Marietti, 1931.

Toso, Albertus, *Ad Codicem Juris canonici Commentaria minora*, 5 v. (V. I, 2. ed), 1921-1927.

Van Hove, A., *Commentarium Lovaniense in Codicem iuris canonici*, Vol. I, Tom. I: *Prolegomena*, Mechliniae-Romae: Dessain, 1928, Tom. II: *De Legibus ecclesiasticis*, Mechliniae-Romae: Dessain, 1930; Tom. III: *De Consuetudine et Temporis supputatione*, Mechliniae-Romae: Dessain, 1933; Tom. IV: *De Rescriptis*, Mechliniae-Romae: Dessain, 1936; Tom. V: *De Privilegiis; De Dispensationibus*, Mechliniae-Romae: Dessain, 1939.

——————« Le Ve Concile provincial des Malines » — *Ephemerides Theologicae Lovanienses*, XV (1938), 600-601.

Vermeersch, A., et Creusen, J., *Epitome Iuris Canonici*, 3 v., 3. ed., Mechliniae-Romae: Dessain, 1927.

Villeneuve, Jean-Marie-Rodrigue, Cardinal Archevêque de Québec, *Entretiens liturgiques*, Québec: Les Éditions de l'Action Catholique, 1937.

Vromant, G., *Jus Missionariorum, De Personis*, Louvain: Éditions du Museum Lessianum, 1929.

Wernz, Franciscus Xav., *Ius Decretalium*, Tomus II, pars II, 3. ed., Prati, 1915; Tomus III, pars I, 2. ed., Romae, 1908; Tomus IV, pars I, 2. ed., Prati, 1911; pars II, 2. ed., Prati, 1912; Tomus V, Prati, 1914.

Wernz, Franciscus Xav., et Vidal, Petrus, *Ius canonicum ad Codicis normam exactum; Tomus I: Normae generales;* Tomus II: *De Personis*, 2. ed., Tomus III: *De Religiosis*, Tomus IV: *De Rebus* (2 v.); Tomus V: *Ius matrimoniale*, 2. ed.; Tomus VI: *De Pro-*

cessibus; Tomus VII; *Ius poenale ecclesiasticum*, Romae: Apud Aedes Universitatis Gregorianae, 1927- 1938.

Zaplotnik, Ioannes Leo, *De Vicariis Foraneis*, The Catholic University of America Canon Law Studies, n. 47, Washingtonii, D.C.: Catholica Universitas Americae, 1927.

Annuaires

Annuaire ecclésiastique 1941, *Archidiocèse de Québec*, Québec: Chancellerie de l'Archevêché, 1941.

La Gerarchia cattolica, anno 1910, Roma: Tipografia poliglotta Vaticana, 1910.

The Official Catholic Directory, v. XXIV, New York—Milwaukee: The M. H. Wiltzius Co., 1909.

Périodiques

Angelicum, Romae, 1924—.

Australasian Catholic Record, The, Manly, 1923—.

Canoniste contemporain, Le, Paris, 1878-1922.

Commentarium pro Religiosis, Romae, 1920—; ab anno 1935: *Commentarium pro Religiosis et Missionariis*.

Ephemerides Theologicae Lovanienses, Louvain, 1924—.

Jurist, The, Washington, D.C., 1941—.

Jus Pontificium, Romae, 1921—.

Periodica de Re canonica et morali, utili praesertim Religiosis et Missionariis, Bruges, 1905—.

NOTES BIOGRAPHIQUES

Bruno Desrochers naquit à Lotbinière, Canada, le 17 avril 1910. Il fréquenta l'école primaire de cette localité, puis fit ses études classiques et théologiques au Petit et au Grand Séminaire de Québec, de 1922 à 1934. Il fut ordonné prêtre à Lotbinière le 30 juin 1934.

À la même date il fut nommé secrétaire de Son Éminence le Cardinal Archevêque de Québec et maître des cérémonies à la cathédrale; fonctions qu'il remplit jusqu'à l'automne 1938, alors que grâce à la générosité de Son Éminence il partait pour étudier le Droit canonique à Rome, inscrit à l'Institut Pontifical *Angelicum*. Cependant, après un an seulement d'études, la guerre le ramena à Québec, où il fut nommé vice-chancelier de l'Archevêché; puis à l'automne 1940, il continuait ses études canoniques à *The Catholic University of America*.

Il obtint de l'Université Laval (Québec) son Baccalauréat ès Arts, sa Licence en Philosophie et son Baccalauréat en Théologie, puis de l'*Angelicum* (Rome) le titre de Bachelier en Droit canonique, et enfin de l'Université Catholique (Washington) sa Licence en Droit canonique.

Enfin, il a publié: en 1933, *Les Fonctions ordinaires des Ministres sacrés* (Anonyme), Grand Séminaire de Québec; en 1938 un *Cérémonial de la Visite pastorale*, et un *Cérémonial des Ministres sacrés*, aux Éditions de la Commission des Cérémonies liturgiques, Québec.

TABLE DE CORRESPONDANCE DES CANONS AUX DÉCRETS

Canons	*Décrets*
108	93
111-117	149, 151, 493
120	226, 652
124	205-207, 209, 213, 217, 220, 225
125	209, 211
126	212
127-128	94, 133, 208, 216, 229, 234
129	192, 210, 221
130	196-197
131	198-200, 251, 560
133	218
134	136
135	211
136	215
138-139	217, 222-224, 454
140	228
142	223-224, 328
143-144	150-151
152-155	99, 493
159	113
213	139
216	125
218	45-48, 620-621
267	51
272	107
274	108, 110
283	146
284	108
290	148
292	109
296	250
329	49-51, 93
335	92, 229-234, 636
336	92, 97, 100, 146
338	103
340-342	105
343-344	101, 254
356-362	121, 147-148, 252
363	650
364	113
366	113-115
368-369	113, 115
372	651
375-378	646-647
383	646-647
386, 388	121
391	116, 122
392	118
394	121
396	118
397	116, 122
403	121
406	121, 124
409	123
411	120
412	122
423-428	110, 117-121
430-444	108, 110-112
447	522, 558-559
451	133, 319
454	127
455	99, 126
456	262
458-459	99, 126
462	128, 131
463	137, 630
464	128, 229-234, 263, 271, 367-368, 399-406, 487-488
465	129, 133
466	132, 367
467	34, 128, 131, 288, 367-368, 381, 399-406, 445, 450, 549
468	131
469	128, 131, 229-234, 288, 399-406, 636
470	130, 133, 646-647
471-473	319
475-477	133-137
479-486	262-263, 271
487	235-238, 247-248, 268
488	250
492	245

Canons	*Décrets*	*Canons*	*Décrets*
493-498	242, 246, 258, 264, 268	757	451
499	235-238	759	455, 462
500-507	245-246, 262	760	455
509	239	761	461
512-513	101, 245-246, 254	762	460
514	263	765-766	460
518	263	770	452
520-528	269-270	773-776	462
529	271	777-778	461
530	269	785	101, 464
532-535	101, 245, 257, 641, 648	786	465-466
544-545	239	787	464
552	243	788	469
581	240	789	466
595	269	794-797	468
603-604	101, 266	798	467
608	106, 145, 247-248	801	547
615	101, 250	804	140-142, 638
617-619	101, 242, 246, 250, 266	806	555
621-624	267, 638	807	211, 445
631	254	809	31, 548
637-642	153, 241	810	211
647-668	241	811	215
683	599	813-815	551-552
684-685	87, 131, 352-366, 609-610	818	550, 558
686	263, 611	824	556, 633
702-703	612-613	827-828	633, 637
708-709	611	831	633
711	610	834-835	633
716-717	611	838, 840	633
731	444-445, 447, 450, 486	843-844	633
732	455-456	846	474
733-735	445, 446, 448, 459, 512	848	263
736	449	850	472
737	451, 486	854	315, 317, 470
742	459	855	450
743	453	856-858	470
744	459	859-860	263, 317, 470-471
746-747	454	863	293, 317, 369, 470, 473-474, 549
749	455		
750-751	457	864-865	263, 445, 472
752	458, 481	867	474
753	445, 459	872	476, 484
755	459	874-877	260, 262-263, 372, 484

Canons	*Décrets*	*Canons*	*Décrets*
883	478	**1094-1095**	520
893, 895	482	**1097**	522, 525, 532
897-898	482	**1098**	515, 521
899-900	327, 478, 482	**1099**	523
901	481	**1100-1101**	512
905	480	**1102**	532
906	315-316, 479	**1103**	524-525
908-910	316, 372, 483	**1108**	512
911-936	32-34	**1109**	507, 532
938	263	**1110**	535
940-943	485-486, 489-490	**1113**	282-283, 285, 289, 368
955	499	**1120-1127**	510
956	182, 493, 500	**1128-1132**	538
958-967	499	**1162**	590-591
968	492, 497	**1164**	590, 593, 597
972	173, 185	**1165**	595
973-974	139, 174-175, 180, 184, 492, 494-495, 498	**1178**	598
		1181	628-629, 635
975-976	173, 180, 184, 186, 498	**1182**	591, 632, 640
978	498	**1183-1184**	640
979-981	139, 175, 182, 494-495, 627	**1185**	599
982	496	**1201**	585
985, 987	497	**1203**	586-587, 607-608
992	182	**1204**	588, 606
993-994	175, 180, 184-185, 500	**1205**	587, 589, 600-601, 606
996-997	174, 180, 184, 499	**1206, 1208**	603
1012-1014	284, 502, 509-510, 535	**1212**	602, 605
1016	503-504, 509, 513, 537	**1216, 1221**	255
1017	517-519	**1225**	255
1020	505	**1229-1230**	255
1022-1025	506	**1233**	605
1026	506, 531	**1234**	137
1027	506, 514	**1235**	589
1028-1030	506	**1236**	631
1032	522	**1239**	602, 604-605
1038	513	**1240**	605-606, 608
1040-1043	515-516, 521	**1247**	541
1054	515	**1248**	403, 542-544, 636
1060	526	**1249**	543
1061	528-530, 532	**1250-1254**	373
1063-1064	527, 529	**1255**	1-31, 540, 568-584
1065-1066	450	**1256-1257**	539
1069	509, 537	**1258**	407-415
1075	537	**1259**	378, 558

Canons	*Décrets*	*Canons*	*Décrets*
1261	87, 101, 246, 378	**1363**	160, 162, 175-176
1263	628, 635	**1364**	164, 170, 296-300
1264	554	**1365**	167, 173, 179-180, 184, 187-191, 296-300
1265-1267	562	**1366**	178-179, 296-300
1269	101, 563	**1367**	164, 168, 174, 177, 185
1270-1271	562-563	**1369**	161, 163, 170, 174, 183
1273	317, 562	**1370**	185
1274	263, 564	**1371**	162, 164, 180, 184
1275	566	**1372**	273-275, 285-286, 289-290
1276	571-584	**1373**	276-281, 285-286, 289, 291, 293, 308
1278	579-582	**1374**	276-281, 285, 292
1279	378, 584	**1375**	291, 301-306
1281-1289	583	**1376**	301-308
1290-1295	567	**1379**	280, 285, 287-288, 292, 301-308
1296	553	**1380**	181, 193, 201-204
1298-1301	104, 214	**1381**	100, 131, 256, 286, 288, 308
1322-1326	1-31, 87, 92, 229-234, 407-415	**1382**	100, 246, 256, 286, 288
1327-1328	97, 261, 318, 326, 328-329	**1384**	340, 342-348, 377
1329	131, 309, 314	**1385**	259, 340, 376, 378
1330-1331	128, 131, 312, 314, 316-317	**1386**	259, 340
1332	34, 78, 128, 131, 309-311, 314, 319, 321, 370, 381 383, 447, 475, 479, 487, 501, 534, 546, 549	**1387-1389**	340
1333	128, 131, 314, 319	**1390**	340, 378
1334	246, 319	**1391**	340, 376
1335	274, 289	**1393**	340, 379-380
1337	318	**1394**	259
1338-1340	261	**1397-1398**	341-348
1343	318	**1399**	83, 341-348, 376, 378-380, 584
1344	128, 192, 319-320, 549	**1405**	337
1345	78, 128, 192, 321	**1406**	70
1346	192, 319	**1410**	627
1347	167, 192, 321-325	**1415-1417**	126
1349	326	**1418**	126, 627
1350	330-331	**1419-1427**	126, 253
1353	156-159	**1428**	121
1354	98, 160, 173, 296-300	**1432**	99, 126
1355	194-195	**1473**	219-220
1357	98-99, 173-174, 183, 639, 641	**1476**	630, 640, 645, 648
		1477	591, 596, 640
1359	174, 639, 641	**1478**	591, 640
1360	161, 163, 173, 178	**1483**	639

Canons	*Décrets*	*Canons*	*Décrets*
1495	620-623	**1590**	651
1496	622	**1594**	108
1497	624-625	**1925**	226, 386, 652
1499	622-623	**1926-1928**	226
1501	623	**1929**	386
1502	625, 627	**1933-1959**	653-671
1503	629, 634, 637-638	**1960-1992**	674-688
1504-1507	634	**2142-2167**	127, 143-144
1512	387	**2168-2185**	127, 143-144, 653-671
1518	623	**2186-2194**	127, 143-144, 658, 672-673
1519	590-591, 623, 639	**2214**	96, 102, 145
1520-1521	639-640, 643	**2220-2222**	482, 525
1522	133, 596, 640, 644	**2246-2247**	482
1523	596, 598, 640, 643-644, 647, 649	**2252-2254**	482
		2259	411
1524	430-435	**2260**	486
1525	133, 226, 640-641, 644	**2269**	263
1526	226	**2311**	145
1527-1528	590-591, 640, 645, 648	**2314**	353, 456
1529	640, 643	**2318**	376
1530-1534	642, 645, 648	**2319**	533-534
1545-1549	633, 642	**2335**	353
1553	513, 536-537	**2345-2346**	625, 648
1554	652	**2350**	394
1573	115, 651	**2354**	388
1575	651	**2357**	392-393
1580-1586	651	**2403**	70

TABLE ALPHABÉTIQUE

Administrateur diocésain, 28.
Amusements taxés et défendus, 141-142, 155.
Assurances contre incendies, 133, 155.

Baillargeon, Mgr Charles-François, 3-4.
Bans de mariage, 114.
Baptême: inscription, 106; lieu, 107; matière, 105; sujet, 106.
Bénédiction nuptiale, 115.
Bibliothèques paroissiales, 91, 153.
Biens ecclésiastiques: acquisition, 138-142; administration, 143; meubles des presbytères, 133.
Boissons enivrantes: prohibitions particulières, 100-101, 154.

Cas réservés, 110-111, 154.
Catéchisme, 85.
Cathédratique, 140.
Cautiones pour mariages mixtes, 118-119.
Censure des livres et feuillets de prières, 99, 154.
Cercles d'étude, 91.
Cérémonial uniforme pour le Canada, 127-128.
Cérémonies sacrées dans les Petits Séminaires, 45-47, 151.
Chanoines: doivent prêter le serment d'office, 31, 151.
Chant collectif, 127.
— — dans les Séminaires, 50, 151.
— grégorien dans les Petits Séminaires, 45-47, 50, 151.
Chapelet, voir *Rosaire*.
Chapitre des Chanoines, 30; convocation quatre fois l'an, 31, 151; devoirs *Sede vacante*, 32, 151.
Charniers, 134.
Cimetières, 134-135.
Clercs: prohibitions et devoirs en temps d'élections politiques, 65-68, 152; prohibition de poursuivre en cour civile, 64-65, 152; Voir *Séminaristes* ou *Prêtres*.
Clôture, voir *Religieux*.
Collèges ecclésiastiques, voir *Séminaires*.
Communion, 109.
— solennelle, 86.
Concile Plénier de Québec: histoire, 5-8; obligation d'en étudier les décrets, 58, 152, 156.
Conciles pléniers: compétence, 9-10, 34; récognition par le Saint-Siège, 10-11.
Conciles provinciaux, 40.
— — de Québec, 3-4.
Conférences théologiques, 55-56, 152.
Confession: devoir d'en faciliter l'accès aux fidèles, 96; voir *Juridiction* et *Pénitence*.
Confirmation: identification et inscription des confirmands, 108, 154; parrain et procureur, 108-109.
Consulteurs diocésains: devoirs, 32; nomination, 30-31; serment d'office, 31.
Critériums pour apprécier les lois particulières antérieures au Code, 8-12.
Curés, 33-36; salaire, 138-139; visite annuelle de la paroisse, 151.

Denier de Saint-Pierre, 137, 155.
Dimanche: observance, 125-126, 141-142, 154-155.
Dîme, 138.
Divorce, 124.

Écoles catholiques: établissement et soutien, 77-80; pour les sourds-muets, 80.

LES CHIFFRES RENVOIENT AUX PAGES

Écoles secondaires: vie spirituelle, 81.
Églises: consécration, 133; construction et réparation, 133.
Élections politiques: devoirs des clercs, 65-68.
Élocution dans les collèges ecclésiastiques, 46, 47.
Empêchements de mariage, 115-116.
Étrangers: secours spirituels, 90.
Eucharistie, 109; voir *Messe, Communion, Saint-Sacrement.*
Évêques: devoirs, 21-28, 150.
Examens des Séminaristes, 51; des jeunes prêtres, 54-55.
Excardination des prêtres, 41-43, 151.
Excommunication sanctionnant mariage devant ministre acatholique, 120-123.
Exercices de piété des prêtres, 58-59, 152; dans les écoles secondaires, 81.
Extrême-Onction, 112.

Fêtes d'obligation: annonce préalable, 126; observance, 125-126, 141-142, 154-155.
Fiançailles, 116-117.
Francs-maçons: prohibition de participer à leurs organisations, 93.
Funérailles, 132.

Géographie: matière à enseigner dans les Petits Séminaires, 45-47, 151.

Habit ecclésiastique, 61-62, 152.
Histoire: matière à enseigner dans les Petits Séminaires, 45-47, 151.

Ignorance la réserve d'un péché, 110-111, 154.
Immigrants: secours spirituels, 90, 153.
Incardination des prêtres, 41-43, 151.
Indulgences: devoir de les enseigner aux fidèles, 15.

Journaux, 92.
Juridiction aux directeurs de pèlerinage, 97-98, 154; pour la confession des prêtres, 112, 154.

Langues: matières à apprendre au Séminaire, 50, 151.
Laval, Mgr de—, 1.
Lectures honnêtes à promouvoir, 91.
Le Vavasseur, auteur officiel de Cérémonies au Canada, 127-128, 155
Libéralisme doctrinal: devoir de le combattre, 17.
Lieux sacrés, 133-136.
Liqueurs, voir *Boissons.*
Livres paroissiaux, 35; signature des actes, 35.
Lois particulières d'avant 1918 en regard du Code, 8-12.

Maisons religieuses: érection, 75, 153; soustraction à la charge du Curé, 71-72, 153; suppression, 72-73, 153; visite canonique, 26-27.
Maîtres dans les Séminaires: ne doivent pas être séminaristes, 48, 151; doivent tenir conseil au moins deux fois l'an, 51, 151.
Mariage, 114-124, 154.
Mathématiques: matière à enseigner dans les Petits Séminaires, 45-47, 151.
Messe: assistance quotidienne, 126; célébration à heures fixes, 126; transmission des honoraires, 140; vin, 126-127.
— anniversaire de la mort, 132.
Messes fondées, 139-140.
Métropolitains, 28.
Missions pour les acatholiques, 90.
— (retraites), 88-89, 153.
— (parties de territoire), 33.

Ordre (sacrement), 113-114.

Pape: quête annuelle, 137.
Pâquet, Mgr Louis-Adolphe, 6-8.
Patrimoine (titre d'ordination), 113, 154.
Pèlerinages, 96-98, 154.
Pénitence (sacrement), 110-112; voir *Juridiction*.
Périodiques, 92.
Philosophie dans les collèges ecclésiastiques, 82.
Prédication, 87-88; part que les vicaires doivent y prendre, 87, 153.
Prêtres: études et lectures, 58, 152; examens quadriennaux, 54-55, 152; habit, 61-62, 152; précautions à l'égard des personnes du sexe, 63, 152; règle de vie et exercices de piété, 58-59, 151; retraite annuelle, 59-60, 152; salaire, 138-139, 155; testament, 60-61, 152.
— étrangers: admission à célébrer, 38.
— malades, 37; soutien pécuniaire, 38.
— tombés, 39; surveillance fraternelle et amicale, 39.
Procès en cour civile: prohibition aux clercs, 64-65.
Professeurs dans les collèges ecclésiastiques, 45; dans les Séminaires, 49; voir *Maîtres*.
Profession de foi des Vicaires Forains et des Ministes de la Curie, 16.
Promesses matrimoniales, 116-117; (pour mariages mixtes), 118-119.

Quarante-Heures, 129.
Quêtes à l'église, 140-141; par périodiques et revues, 142, 155; pour le Pape, 137, 155.

Recteurs de missions, 33; salaire, 138-139.
Registres: baptême, 106; confirmation, 108; mariage, 117; signatures, 151.
Religieux, 70-75; clôture, 73-74, 153; voir *Maisons religieuses*.
Retraites (missions): ecclésiastiques, 59-60, 152; dans les écoles secondaires, 81; dans les paroisses, 88-89.
Rosaire: confraternité, 130-131, 155; mois, 130-131, 155; récitation par les Séminaristes, 49, 151.

Sacramentaux: devoir d'en recommander l'usage aux fidèles, 96.
Sacrements, 105-124.
Sainte-Vierge: culte, 130-131.
Saint-Sacrement: culte, 129.
Saint-Vallier, Mgr de—, 2.
Sciences naturelles: matière à enseigner dans les Petits Séminaires, 45-47, 151.
Séminaires: collèges ecclésiastiques, 44-47; pour les clercs, 47; soutien, 53.
Séminaristes: conditions d'admission, 48-49, 151; études, 50, 52-53, 151; examens, 51, 152; règles de vacances, 52, 152; surveillants ou professeurs, 48, 151.
Sépulture: *convertis*, 135-136; enfants non baptisés, 134, 135.
Servantes dans les presbytères, 63.
Signay, Mgr—, 2-3.
Sociétés défendues, 93-94, 153; suspectes, 94-95, 153.
Sourds-muets: éducation catholique, 80.
Spiritisme: prohibition de participer, 17.
Synode diocésain: tenue tous les dix ans, 40; substitution par la retraite ecclésiastique, 40.

Taschereau, Mgr—, 4.
Tavernes: fermeture le dimanche, 101, 154.
Tempérance dans les collèges ecclésiastiques, 45.

LES CHIFFRES RENVOIENT AUX PAGES

Testaments des Évêques, 27-28; des prêtres, 60-61.
Titre d'ordination, 113.

Universités catholiques: chaire de droit public de l'Église, 83, 153; devoir de parfaite l'éducation catholique, 83; soutien, 83.
— non catholiques: fréquentation, 84, 153.

Ventes à l'occasion des retraites paroissiales, 89.
Vicaire Capitulaire, 28.
Vicaire Général, 29; consultation pour la nomination des Consulteurs, 30-31.
Vicaires Forains: profession de foi, 16, 150.
— paroissiaux: juridiction, 37, 116; nomination, 36; prédication, 87; résidence, 37, 151.
Victorius ab Appeltern, auteur officiel de Cérémonies au Canada, 127-128, 155.
Vin de messe, 126-127.
Visite au Saint-Sacrement, par les Séminaristes, 49, 151.
— canonique des maisons religieuses, 26-27; des paroisses, 21-26.
— paroissiale, par les Curés, 35, 151.

LES CHIFFRES RENVOIENT AUX PAGES

CANON LAW STUDIES

1. Freriks, Rev. Celestine A., C.PP.S., J.C.D., Religious Congregations in Their External Relations, 121 pp., 1916.
2. Galliher, Rev. Daniel M., O.P., J.C.D., Canonical Elections, 117 pp., 1917.
3. Borkowski, Rev. Aurelius L., O.F.M., J.C.D., De Confraternitatibus Ecclesiasticis, 136 pp., 1918.
4. Castillo, Rev. Cayo, J.C.D., Disertación Historico-Canonica sobre la Potestad del Cabildo en Sede Vacante o Impedida del Vicario Capitular, 99 pp., 1919 (1918).
5. Kubelbeck, Rev. William J., S.T.B., J.C.D., The Sacred Penitentiaria and its Relations to Faculties of Ordinaries and Priests, 129 pp., 1918.
6. Petrovits, Rev. Joseph, J.C., S.T.D., J.C.D., The New Church Law on Matrimony, X-461 pp., 1919.
7. Hickey, Rev. John J., S.T.B., J.C.D., Irregularities and Simple Impediments in the New Code of Canon Law, 100 pp., 1920.
8. Klekotka, Rev. Peter J., S.T.B., J.C.D., Diocesan Consultors, 179 pp., 1920.
9. Wanenmacher, Rev. Francis, J.C.D., The Evidence in Ecclesiastical Procedure Affecting the Marriage Bond, 1920 (Printed 1935).
10. Golden, Rev. Henry Francis, J.C.D., Parochial Benefices in the New Code, IV-119 pp., 1921 (Printed 1925).
11. Koudelka, Rev. Charles J., J.C.D., Pastors, Their Rights and Duties According to the New Code of Canon Law, 211 pp., 1921.
12. Melo, Rev. Antonius, O.F.M., J.C.D., De Exemptione Regularium, X-188 pp., 1921.
13. Schaaf, Rev. Valentine Theodore, O.F.M., S.T.B., J.C.D., The Cloister, X-180 pp., 1921.
14. Burke, Rev. Thomas Joseph, S.T.D., J.C.D., Competence in Ecclesiastical Tribunals, IV-117 pp., 1922.
15. Leech, Rev. George Leo, J.C.D., A Comparative Study of the Constitution, "Apostolicae Sedis" and the "Codex Juris Canonici", 179 pp., 1922.
16. Motry, Rev. Hubert Louis, S.T.D., J.C.D., Diocesan Faculties According to the Code of Canon Law, II-167 pp., 1922.
17. Murphy, Rev. George Lawrence, J.C.D., Delinquencies and Penalties in the Administration and Reception of the Sacraments, IV-121 pp., 1923.
18. O'Reilly, Rev. John Anthony, S.T.B., J.C.D., Ecclesiastical Sepulture in the New Code of Canon Law, II-129 pp., 1923.
19. Michalicka, Rev. Wenceslas Cyrill, O.S.B., J.C.D., Judicial Procedure in Dismissal of Clerical Exempt Religious, 107 pp., 1923.
20. Dargin, Rev. Edward Vincent, S.T.B., J.C.D., Reserved Cases According to the Code of Canon Law, IV-103 pp., 1924.

21. Godfrey, Rev. John A., S.T.B., J.C.D., The Right of Patronage According to the Code of Canon Law, 153 pp., 1924.
22. Hagedorn, Rev. Francis Edward, J.C.D., General Legislation on Indulgences, II-154 pp., 1924.
23. King, Rev. James Ignatius, J.C.D., The Administration of the Sacraments to Dying Non-Catholics, V-141 pp., 1924.
24. Winslow, Rev. Francis Joseph, O.F.M., J.C.D., Vicars and Prefects Apostolic, IV-149 pp., 1924.
25. Correa, Rev. Jose Servelion, S.T.L., J.C.D., La Potestad Legislativa de la Iglesia Catolica, IV-127 pp., 1925.
26. Dugan, Rev. Henry Francis, A.M., J.C.D., The Judiciary Department of the Diocesan Curia, 87 pp., 1925.
27. Keller, Rev. Charles Frederick, S.T.B., J.C.D., Mass Stipends, 167 pp., 1925.
28. Paschang, Rev. John Linus, J.C.D., The Sacramentals According to the Code of Canon Law, 129 pp., 1925.
29. Piontek, Rev. Cyrillus, O.F.M., S.T.B., J.C.D., De Indulto Exclaustrationis necnon Saecularizationis, XIII-289 pp., 1925.
30. Kearney, Rev. Richard Joseph, S.T.B., J.C.D., Sponsors at Baptism According to the Code of Canon Law, IV-127 pp., 1925.
31. Bartlett, Rev. Chester Joseph, A.M., LL.B., J.C.D., The Tenure of Parochial Property in the United States of America, V-108 pp., 1926.
32. Kilker, Rev. Adrian Jerome, J.C.D., Extreme Unction, V-425 pp., 1926.
33. McCormick, Rev. Robert Emmett, J.C.D., Confessors of Religious, VIII-266 pp., 1926.
34. Miller, Rev. Newton Thomas, J.C.D., Founded Masses According to the Code of Canon Law, VII-93 pp., 1926.
35. Roelker, Rev. Edward G., S.T.D., J.C.D., Principles of Privilege According to the Code of Canon Law, XI-166 pp., 1926.
36. Bakalarczyk, Rev. Richardus, M.I.C., J.U.D., De Novitiatu, VIII-208 pp., 1927.
37. Pizzuti, Rev. Lawrence, O.F.M., J.U.L., De Parochis Religiosis, 1927. (Not printed.)
38. Bliley, Rev. Nicholas Martin, O.S.B., J.C.D., Altars According to the Code of Canon Law, XIX-132 pp., 1927.
39. Brown, Mr. Brendan Francis, A.B., LL.M., J.U.D., The Canonical Juristic Personality with Special Reference to Its Status in the United States of America, V-212 pp., 1927.
40. Cavanaugh, Rev. William Thomas, C.P., J.U.D., The Reservation of the Blessed Sacrament, VIII-101 pp., 1927.
41. Doheny, Rev. William J., C.S.C., A.B., J.U.D., Church Property: Modes of Acquisition, X-118 pp., 1927.
42. Feldhaus, Rev. Aloysius H., C.PP.S., J.C.D., Oratories, IX-141 pp., 1927.

43. Kelly, Rev. James Patrick, A.B., J.C.D., The Jurisdiction of the Simple Confessor, X-208 pp., 1927.
44. Neuberger, Rev. Nicholas J., J.C.D., Canon 6 or the Relation of the Codex Juris Canonici to the Preceding Legislation, V-95 pp., 1927.
45. O'Keefe, Rev. Gerald Michael, J.C.D., Matrimonial Dispensations, Powers of Bishops, Priests and Confessors, VIII-232 pp., 1927.
46. Quigley, Rev. Joseph, A.B., A.M., J.C.D., Condemned Societies, 139 pp., 1927.
47. Zaplotnik, Rev. Johannes Leo, J.C.D., De Vicariis Foraneis, X-142 pp., 1927.
48. Duskie, Rev. John Aloysius, A.B., J.C.D., The Canonical Status of the Orientals in the United States, VIII-196 pp., 1928.
49. Hyland, Rev. Francis Edward, J.C.D., Excommunication, Its Nature, Historical Development and Effects, VIII-181 pp., 1928.
50. Reinmann, Rev. Gerald Joseph, O.M.C., J.C.D., The Third Order Secular of Saint Francis, 201 pp., 1928.
51. Schenk, Rev. Francis J., J.C.D., The Matrimonial Impediments of Mixed Religion and Disparity of Cult, XVI-318 pp., 1929.
52. Coady, Rev. John Joseph, S.T.D., J.U.D., A.M., The Appointment of Pastors, VIII-150 pp., 1929.
53. Kay, Thomas Henry, J.C.D., Competence in Matrimonial Procedure, VIII-164 pp., 1929.
54. Turner, Rev. Sidney Joseph, C.P., J.U.D., The Vow of Poverty, XLIX-217 pp., 1929.
55. Kearney, Rev. Raymond A., A.B., S.T.D., J.C.D., The Principles of Delegation, VII-149 pp., 1929.
56. Conran, Rev. Edward James, A.B., J.C.D., The Interdict, V-163 pp., 1930.
57. O'Neil, Rev. William H., J.C.D., Papal Rescripts of Favor, VII-218 pp., 1930.
58. Bastnagel, Rev. Clement Vincent, J.U.D., The Appointment of Parochial Adjutants and Assistants, XV-257 pp., 1930.
59. Ferry, Rev. William A., A.B., J.C.D., Stole Fees, V-135 pp., 1930.
60. Costello, Rev. John Michael, A.B., J.C.D., Domicile and Quasi-Domicile, VII-201 pp., 1930.
61. Kremer, Rev. Michael Nicholas, A.B., S.T.B., J.C.D., Church Support in the United States, VI-136 pp., 1930.
62. Angulo, Rev. Luis, C.M., J.C.D., Legislación de la Iglesia sobre la intención en la aplicación de la Santa Misa, VII-104 pp., 1931.
63. Frey, Rev. Wolfgang Norbert, O.S.B., A.B., J.C.D., The Act of Religious Profession, VIII-174 pp., 1931.
64. Roberts, Rev. James Brendan, A.B., J.C.D., The Banns of Marriage, XIV-140 pp., 1931.
65. Ryder, Rev. Raymond Aloysius, A.B., J.C.D., Simony, IX-151 pp., 1931.

66. Campagna, Rev. Angelo, Ph.D., J.U.D., Il Vicario Generale del Vescovo, VII-205 pp., 1931.
67. Cox, Rev. Joseph Godfrey, A.B., J.C.D., The Administration of Seminaries, VI-124 pp., 1931.
68. Gregory, Rev. Donald J., J.U.D., The Pauline Privilege, XV-165 pp., 1931.
69. Donohue, Rev. John F., J.C.D., The Impediment of Crime, VII-110 pp., 1931.
70. Dooley, Rev. Eugene A., O.M.I., J.C.D., Church Law On Sacred Relics, IX-143 pp., 1931.
71. Orth, Rev. Raymond Clement, O.M.C., J.C.D., The Approbation of Religious Institutes, 171 pp., 1931.
72. Pernicone, Rev. Joseph M., A.B., J.C.D., The Ecclesiastical Prohibition of Books, XII-267 pp., 1932.
73. Clinton, Rev. Connell, A.B., J.C.D., The Paschal Precept, IX-108 pp., 1932.
74. Donnelly, Rev. Francis B., A.M., S.T.L., J.C.D., The Diocesan Synod, VIII-125 pp., 1932.
75. Torrente, Rev. Camilo, C.M.F., J.C.D., Las Processiones Sagradas, V-145 pp., 1932.
76. Murphy, Rev. Edwin J., C.PP.S., J.C.D., Suspension Ex Informata Conscientia, XI-122 pp., 1932.
77. Mackenzie, Rev. Eric F., A.M., S.T.L., J.C.D., The Delict of Heresy in its Commission, Penalization, Absolution, VII-124 pp., 1932.
78. Lyons, Rev. Avitus E., S.T.B., The Collegiate Tribunal of First Instance, XI-147 pp., 1932.
79. Connolly, Rev. Thomas A., J.C.D., Appeals, XI-195 pp., 1932.
80. Sangmeister, Rev. Joseph V., A.B., J.C.D., Force and Fear as Precluding Matrimonial Consent, V-211 pp., 1932.
81. Jaeger, Rev. Leo A., A.B., J.C.D., The Administration of Vacant and Quasi-Vacant Episcopal Sees in the United States, IX-229 pp., 1932.
82. Rimlinger, Rev. Herbert T., J.C.D., Error Invalidating Matrimonial Consent, VII-79 pp., 1932.
83. Barrett, Rev. John D. M., SS., J.C.D., A Comparative Study of the Third Plenary Council of Baltimore and the Code, IX-221 pp., 1932.
84. Carberry, Rev. John J., Ph.D., S.T.D., J.C.D., The Juridical Form of Marriage, X-177 pp., 1934.
85. Dolan, Rev. John L., A.B., J.C.D., The Defensor Vinculi, XII-157 pp., 1934.
86. Hannan, Rev. Jerome D., A.M., S.T.D., LL.B., J.C.D., The Canon Law of Wills, IX-517 pp., 1934.
87. Lemieux, Rev. Delisle A., A.M., J.C.D., The Sentence in Ecclesiastical Procedure, IX-131 pp., 1934.
88. O'Rourke, Rev. James J., A.B., J.C.D., Parish Registers, VII-109 pp., 1934.

89. Timlin, Rev. Bartholomew, O.F.M., A.M., J.C.D., Conditional Matrimonial Consent, X-381 pp., 1934.

90. Wahl, Rev. Francis X., A.B., J.C.D., The Matrimonial Impediments of Consanguinity and Affinity, VI-125 pp., 1934.

91. White, Rev. Robert J., A.B., LL.B., S.T.B., J.C.D., Canonical Ante-Nuptial Promises and the Civil Law, VI-152 pp., 1934.

92. Herrera, Rev. Antonio Parra, O.C.D., J.C.D., Legislacion Ecclesiastica sobre el Ayuno y la Abstinencia, XI-191 pp., 1935.

93. Kennedy, Rev. Edwin J., J.C.D., The Special Matrimonial Process in Cases of Evident Nullity, X-165 pp., 1935.

94. Manning, Rev. John J., A.B., J.C.D., Presumption of Law in Matrimonial Procedure, XI-111 pp., 1935.

95. Moeder, Rev. John M., J.C.D., The Proper Bishop for Ordination and Dimissorial Letters, VII-135 pp., 1935.

96. O'Mara, Rev. William A., A.B., J.C.D., Canonical Causes for Matrimonial Dispensations, IX-155 pp., 1935.

97. Reilly, Rev. Peter, J.C.D., Residence of Pastors, IX-81 pp., 1935.

98. Smith, Rev. Mariner T., O.P., S.T.L., J.C.D., The Penal Law for Religious, VII-169 pp., 1935.

99. Whalen, Rev. Donald W., A.M., J.C.D., The Value of Testimonial Evidence in Matrimonial Procedure, XIII-297 pp., 1935.

100. Cleary, Rev. Joseph F., J.C.D., Canonical Limitations on the Alienation of Church Property, VIII-141 pp., 1936.

101. Glynn, Rev. John C., J.C.D., The Promoter of Justice, XX-337 pp., 1936.

102. Brennan, Rev. James H., SS., A.M., S.T.B., J.C.D., The Simple Convalidation of Marriage, VI-135 pp., 1937.

103. Brunini, Rev. Joseph Bernard, J.C.D., The Clerical Obligations of Canons 139 and 142, X-121 pp., 1937.

104. Connor, Rev. Maurice, A.B., J.C.D., The Administrative Removal of Pastors, VIII-159 pp., 1937.

105. Guilfoyle, Rev. Merlin Joseph, J.C.D., Custom, XI-144 pp., 1937.

106. Hughes, Rev. James Austin, A.B., A.M., J.C.D., Witnesses in Criminal Trials of Clerics, IX-140 pp., 1937.

107. Jansen, Rev. Raymond J., A.B., S.T.L., J.C.D., Canonical Provisions for Catechetical Instruction, VII-153 pp., 1937.

108. Kealy, Rev. John James, A.B., J.C.D., The Introductory Libellus in Church Court Procedure, XI-121 pp., 1937.

109. McManus, Rev. James Edward, C.SS.R., J.C.D., The Administration of Temporal Goods in Religious Institutes, XVI-196 pp., 1937.

110. Moriarity, Rev. Eugene James, J.C.D., Oaths in Ecclesiastical Courts, X-115 pp., 1937.

111. Rainer, Rev. Eligius George, C.SS.R., J.C.D., Suspension of Clerics, XVII-249 pp., 1937.

112. Reilly, Rev. Thomas F., C.SS.R., J.C.D., Visitation of Religious, VI-195 pp., 1938.

113. Moriarty, Rev. Francis E., C.SS.R., J.C.D., The Extraordinary Absolution from Censures, XV-334 pp., 1938.

114. Connolly, Rev. Nicholas P., J.C.D., The Canonical Erection of Parishes, X-132 pp., 1938.

115. Donovan, Rev. James Joseph, J.C.D., The Pastor's Obligation in Prenuptial Investigation, XII-322 pp., 1938.

116. Harrigan, Rev. Robert J., M.A., S.T.B., J.C.D., The Radical Sanation of Invalid Marriages, VIII-208 pp., 1938.

117. Boffa, Rev. Conrad Humbert, J.C.D., Canonical Provisions for Catholic Schools, X-211 pp., 1939.

118. Parsons, Rev. Anscar John, O.F.M. Cap., J.C.D., Canonical Elections, XII-236 pp., 1939.

119. Reilly, Rev. Edward Michael, A.B., J.C.D., The General Norms of Dispensation, X-156 pp., 1939.

120. Ryan, Rev. Gerald Aloysius, A.B., J.C.D., Principles of Episcopal Jurisdiction, XII-172 pp., 1939.

121. Burton, Rev. Francis James, C.S.C., A.B., J.C.D., A Commentary on Canon 1125, X-222 pp., 1940.

122. Miaskiewicz, Rev. Francis Sigismund, J.C.D., Supplied Jurisdiction According to Canon 209, XII-340 pp., 1940.

123. Rice, Rev. Patrick William, A.B., J.C.D., Proof of Death in Prenuptial Investigation, VIII-156 pp., 1940.

124. Anglin, Rev. Thomas Francis, M.S., J.C.D., The Eucharistic Fast, VIII-183 pp., 1941.

125. Coleman, Rev. John Jerome, J.C.D., The Minister of Confirmation, VI-153 pp., 1941.

126. Downs, Rev. John Emmanuel, A.B., J.C.D., The Concept of Clerical Immunity, XI-163 pp., 1941.

127. Esswein, Rev. Anthony Albert, J.C.D., Extrajudicial Penal Powers of Ecclesiastical Superiors, X-144 pp., 1941.

128. Farrell, Rev. Benjamin Francis, M.A., S.T.L., J.C.D., The Rights and Duties of the Local Ordinary Regarding Congregations of Women Religious of Pontifical Approval, V-195 pp., 1941.

129. Feeney, Rev. Thomas John, A.B., S.T.L., J.C.D., Restitutio in Integrum, VI-169 pp., 1941.

130. Findlay, Rev. Stephen William, O.S.B., A.B., J.C.D., Canonical Norms Governing the Deposition and Degradation of Clerics, XVII-279 pp., 1941.

131. Goodwine, Rev. John, A.B., S.T.L., J.C.D., The Right of the Church to Acquire Property, VIII-119 pp., 1941.

132. Heston, Rev. Edward Louis, C.S.C., Ph.D., S.T.D., J.C.D., The Alienation of Church Property in the United States, XII-222 pp., 1941.

133. Hogan, Rev. James John, A.B., S.T.L., J.C.D., Judicial Advocates and Procurators, VIII-200 pp., 1941.

134. Kealy, Rev. Thomas M., A.B., Litt.B., J.C.D., Dowry of Women Religious, IX-152 pp., 1941.

135. Keene, Rev. Michael James, O.S.B., J.C.D., Religious Ordinaries and Canon 198, XI-164 pp., 1942.

136. Kerin, Rev. Charles A., S.S., M.A., S.T.B., J.C.D., The Privation of Christian Burial, XVI-279 pp., 1941.

137. Louis, Rev. William Francis, M.A., J.C.D., Diocesan Archives, X-101 pp., 1941.

138. McDevitt, Rev. Gilbert Joseph, A.B., J.C.D., Legitimacy and Legitimation, X-247 pp., 1941.

139. McDonough, Rev. Thomas Joseph, A.B., J.C.D., Apostolic Administrators, X-217 pp., 1941.

140. Meier, Rev. Carl Anthony, A.B., J.C.D., Penal Administrative Procedure Against Negligent Pastors, XI-240 pp., 1941.

141. Schmidt, Rev. John Rogg, A.B., J.C.D., The Principles of Authentic Interpretation in Canon 17 of the Code of Canon Law, XII-331 pp., 1941.

142. Slafkosky, Rev. Andrew Leonard, A.B., J.C.D., The Canonical Episcopal Visitation of the Diocese, X-197 pp., 1941.

143. Swoboda, Rev. Innocent Robert, O.F.M., J.C.D., Ignorance in Relation to the Imputability of Delicts, IX-271 pp., 1941.

144. Dubé, Rev. Arthur Joseph, A.B., J.C.D., The General Principles for the Reckoning of Time in Canon Law, VIII-299 pp., 1941.

145. McBride, Rev. James T., A.B., J.C.D., Incardination and Excardination of Seculars, XX-585 pp., 1941.

146. Król, Rev. John J., J.C.L., The Defendant in Contentious Trials, XII-207 pp., 1942.

147. Comyns, Rev. Joseph J., C.SS.R., J.C.L., The Papal and Episcopal Administration of Church Property.

148. Barry, Rev. Garrett Francis, O.M.I., J.C.L., Violation of the Cloister.

149. Bolduc, Rev. Gatien, C.S.V., A.B., S.T.L., J.C.L., Les études dans les religions cléricales.

150. Boyle, Rev. David John, M.A., J.C.L., The Juridic Effects of Moral Certitude on Pre-Nuptial Guarantees.

151. Canavan, Rev. Walter Joseph, M.A., Litt.D., J.C.L., The Profession of Faith.

152. Desrochers, Rev. Bruno, A.B., Ph.L., S.T.B., J.C.L., Le Premier Concile Plénier de Québec et le Code de Droit Canonique.

153. Dillon, Rev. Robert Edward A.B., J.C.L., Common Law Marriage.
154. Dodwell, Rev. Edward John, Ph.D., S.T.B., J.C.L., The Time and Place for the Celebration of Marriage.
155. Donnellan, Rev. Thomas Andrew, A.B., J.C.L., The Obligation of the Missa pro Populo.
156. Eltz, Rev. Louis Anthony, A.B., J.C.L., Cooperators in Crimes According to Canon 2209.
157. Gass, Rev. Sylvester Francis, M.A., J.C.L., Ecclesiastical Pensions.
158. Guiniven, Rev. John Joseph, C.SS.R., J.C.L., The Precept of Hearing Mass on Sundays and Holy Days of Obligation.
159. Gulczynski, Rev. John Theophilus, J.C.L., The Desecration and Violation of Churches.
160. Hammill, Rev. John Leo, M.A., J.C.L., The Obligations of the Traveler according to Canon 14.
161. Haydt, Rev. John Joseph, A.B., J.C.L., Reserved Benefices.
162. Huser, Rev. Roger John, O.F.M., A.B., J.C.L., The Canonical Crime of Abortion.
163. Kearney, Rev. Francis Patrick, A.B., S.T.L., J.C.L., The Principles of Canon 1127.
164. Linahen, Rev. Leo James, S.T.L., J.C.L., De Absolutione Complicis In Peccato Turpi.
165. McCloskey, Rev. Joseph Aloysius, A.B., J.C.L., The Subject of Ecclesiastical Law according to Canon 12.
166. O'Neill, Rev. Francis Joseph, C.SS.R., J.C.L., The Dismissal of Religious in Temporary Vows.
167. Prince, Rev. John Edward, A.B., S.T.B., J.C.L., The Diocesan Chancellor.
168. Riesner, Rev. Albert Joseph, C.SS.R., J.C.L., Apostates and Fugitives from Religious Institutes.
169. Stenger, Rev. Joseph Bernard, J.C.L., The Mortgaging of Church Property.
170. Waldron, Rev. Joseph Francis, A.B., J.C.L., The Minister of Baptism.
171. Willett, Rev. Robert Albert, J.C.L., The Probative Value of Documents in Ecclesiastical Trials.
172. Woeber, Rev. Edward Martin, M.A., J.C.L., The Interpellations.

Imprimé au Canada

À L'Action Sociale, Limitée, Québec.

www.ingramcontent.com/pod-product-compliance
Lightning Source LLC
LaVergne TN
LVHW050236080826
844660LV00012B/542

9780813223414